北京林业大学学术专著出版资助计划资助出版

娜塔莉·泽蒙·戴维斯

史学思想研究

梁艳春　著

Natalie Zemon Davis's Historical Thought

社会科学文献出版社

SOCIAL SCIENCES ACADEMIC PRESS (CHINA)

序　言

张旭鹏

时至今日，恐怕没有人会否认这位名不见经传的马丁·盖尔比那位世人皆知的马丁·路德在历史上更不重要或更无价值。这个草根在曾经写满了精英的历史著作中实现逆袭的原因，部分是由于"新文化史"这种史学类型的出现。作为一种被冠以"新"字的历史书写方式，新文化史兴起于20世纪七八十年代的西方，其时无论是在社会领域还是在知识界，都涌动着一股变革的力量。二战后得以重建的丰裕社会已经显现出乏力和疲态，一度稳固的社会秩序逐渐成为人们自由流动的屏障。在思想领域，"后学"之风也在推波助澜，强劲地冲击着西方人固有的思维模式和价值观念。

当此之时，从意大利到法国，从英国到美国，一批富有冒险精神的历史学家脱颖而出，决心挑战历史研究的既有路径。他们将目光从政治和经济领域转向文化领域、从社会上层转向普罗大众、从追求历史的真实转向探询历史的意义。历史的客观性原则让位于叙事的技巧，历史的宏观结构被微观的心灵世界取代。这股创新之风因时因地而有着不同的称呼，它在意大利被称作"微观史"，在法国被称作"心态史"，在英国被称作"历史人类学"，在美国则被称作"新文化史"。而上述那些筚路蓝缕的历史学家们，如今都已是殿堂级的人物：卡洛·金斯伯格、罗杰·夏蒂埃、勒华拉杜里、彼得·伯克、罗伯特·达恩顿、林·亨特……当然，其中最响亮的名字非娜塔莉·泽蒙·戴维斯莫属。

将娜塔莉·戴维斯视为新文化史的象征或领军人物，首先要归功于1983年出版的那本给她带来世界声誉的《马丁·盖尔归来》。在这部堪称新文化史奠基之作的书中，戴维斯运用自己娴熟的档案和文本解读能力，重构了16世纪中叶法国乡村众多小人物的个人史。这些人中有离家出走的丈夫、有深藏隐情的妻子、有精明能干的"骗子"……他们在以往的历史书中很难被看到，即便偶有记载，也是作为一个群体而出现，被抹去了应有的个性。戴维斯让这些"没有历史的人"走上前台，讲述各自的故事，为他们在公共的话语空间中争得了一席之地。

不仅如此，戴维斯的这部书还展现了一些与众不同的特点。比如，用生动的叙事将看似破碎的材料连缀成一个引人入胜的故事、在没有史料作为证据时对事件作出合乎理性的推测、依据个体的情感和欲望而不是历史的趋势对事件作出解释、不再把追求真相而是把呈现意义作为历史写作的目的，等等。或许是戴维斯的理念过于前卫，《马丁·盖尔归来》出版后迎来的不是掌声和赞誉，而是批评和质疑。评论者指责戴维斯对史料的过分解读甚至误读，认为她在没有证据的情况下去推测人物的行为与动机无异于文学创作。总之，这部书混淆了真实与虚构的界限，很难称得上是一部严谨的历史著作。直到多年后新文化史这种范式得到人们更多的认可，《马丁·盖尔归来》一书的经典地位才得以确立下来。

戴维斯的这种遭际并非偶然，人们起初在评价卡洛·金斯伯格的微观史著作时，也认为对于个体的分析即使再深入也不具备一种代表性，无助于人们把握历史的普遍语境。或许我们只有将新文化史置于西方史学的发展脉络中，才能够更好地理解其意义和价值。

二战后，西方史学经历了两次重要的转折。第一次发生在六七十年代，标志是从政治史转向社会史。第二次发生在八十年代，标志是从社会史转向文化史。在这一被称作"文化转向"的过程中，历史学经历了一次重要重塑。一方面，历史学越来越社会科学化，它愈发依赖社会科学的理论和方法来拓展自己的疆域。如同第一次转向中，社会学的理论和方法对于推进社会史的发展起到了决定性作用一样，在"文化转向"中，人类学的理论和方法对于新文化史的兴起至关重要。戴维斯与另外一位新文化史的代表人物罗伯特·达恩顿，就都曾与人类学家格尔茨在普林斯顿大学有过密切合作，并深受其影响。具体而言，人类学对新文化史的影响主要集中在以下两点。首先是人类学意义上的"文化"概念的影响。人类学上的文化强调的不是习俗和制度，而是象征和意义。格尔茨曾指出，人类无时无刻地处在自己所编织的意义之网中，而文化就是这些意义的承载物。对文化的研究重点不在探索规律，而在寻求意义。其次是人类学文本解读方法的影响。格尔茨认为，当人类学家面对广义上的文本时，比如眨眼睛或者斗鸡，不能仅仅满足对其表象的揭示，而是要挖掘其深层的象征意义，此即所谓的"深描"。对于历史学家来说，他们应当像在田野中调查的人类学家那样，从琐碎的史料中发现意义，或者在史料阙如的情况下去建构意义。《马丁·盖尔归来》一书无疑体现了上述两种影响。

另一方面，历史学越来越远离宏大叙事，体现出细碎化和边缘性的一面。从某种意义上来说，文化转向之后的历史学与后现代史学有着难以厘清的关系。尽管渊源有所不同，但双方在实践上却走在了一起。两者都放弃了建立在启蒙理性主义之上的"大写历史"（History），转而关注各种被忽视和被压抑的"小写历史"（histories），为那些隐藏在结构和规律之下的群体和个人发声。两者也都放弃了从中心看问题的视角，将关注的焦点放在了远离中心的边缘，以此来挑战现代史学强大的规训和控制能力。在戴维斯笔下，不论是边缘中的女性、冒名顶替的骗子、请求赦罪的犯人、生死抗争中的奴隶，抑或在两个文化世界中游走的穆斯林，无不体现了碎化和边缘的特点。由此，历史学的疆界得到了极大扩展，历史学的面貌也得到极大改观。客观性、史料、论证和普遍性不再被视为历史学的要素，也不再被认为是一部成功的历史著作的标志。相反，个体意识、记忆、叙事和偶发事件成为历史学家再现过去的有力武器。

可以说，新文化史的出现让人们对于历史学的性质、史料的作用、历史知识的限度、历史学家的责任都有了不同于以往的认识，而这一切都要归功于戴维斯对这一领域的开拓和推动。作为一位勤奋多产的历史学家，戴维斯在其漫长的职业生涯中穿梭于不同的研究领域，在女性史、影视史、跨文化史中都颇有建树。但不管研究的对象和主题如何，戴维斯都能将之统摄在新文化史的主旨和意涵之内，以边缘的视角从特殊的个体中展现历史的多种可能。不过，戴维斯也没有故步自封，而是不断挑战自我，去竭力展现更为错综复杂的历史情势。在2006年出版的著作《骗子游历记：一位16世纪穆斯林的双重世界》（中译本为《行者诡道：一个16世纪文人的双重世界》）中，我们可以看到戴维斯的这一追求。

《骗子游历记》考察了一位被欧洲人称作"非洲人列奥"的穆斯林哈桑·瓦赞在两个文化世界——北非的伊斯兰世界和欧洲的天主教世

界——之间的经历和遭遇，全书内容复杂，视野宏大。较之戴维斯以往的著作，该书在研究空间上超出了作者所熟悉的法国史领域，延及整个地中海世界；该书在类型上也超出了新文化史的范畴，体现了跨文化、跨民族甚至全球史的特征。与之前那些主题单一的著作相比，该书糅合了认同、全球化、文化遭遇（cultural encounter）、文化混杂（cultural hybridity）等众多主题，体现了戴维斯全新的史学抱负。在这部颇具启发性的著作中，戴维斯着力倡导了一种"去中心的历史"（decentering history），即通过展现地方视角和地方叙事，来说明在一个全球互动业已形成的时期，没有哪个区域或哪种文化主宰着这一过程。作为两个文化世界的穿越者和联接点，"非洲人列奥"或者哈桑·瓦赞在进入或离开天主教世界时并不全然出于被动，而是有着自己清晰的文化策略。

虽然很难为《骗子游历记》归类，但该书沿承了戴维斯一贯的风格：近乎没有"历史"的小人物、边缘性的视角、生动的叙事，以及充满想象力的意义建构。因此，我们依然可以将该书看作戴维斯在新文化史领域一次全新尝试，一次融合了全球史的理念但又力图消除全球史的权力中心的尝试。戴维斯在史学上的这种进取心和开放性，来自她从未将历史作为一种封闭的话语体系的信念。在戴维斯看来，历史是过去与现在、边缘与中心、真实与虚构之间永久的对话。1987年，戴维斯当选为美国历史学会主席，做了题为"历史的两个身体"的就职演讲——题目显然仿效了中世纪学者恩斯特·康托洛维茨的经典《国王的两个身体》。在演讲的结尾处，戴维斯用形象的语言强调了对话在历史研究中的重要性："我心目中的历史至少有两个身体，至少有两个人在其中对话、争论，当他们用手指着自己的著作发表观点时，一方总是在倾听着另一方。"新文化史或许正是这样一种对话模式。

娜塔莉·戴维斯是中国学界所熟悉的一位历史学家，她的几部代表性著作《法国近代早期的社会与文化》、《马丁·盖尔归来》、《档案中的虚构》和《骗子游历记》，近年来均已译成中文，对中国史学界产生了积极的影响。梁艳春老师的这部著作是在其博士论文的基础上修订而成的。在她完成博士论文的2010年，国内对于娜塔莉·戴维斯的关注和研究尚不多见，戴维斯的著作也大多没有翻译成中文。梁艳春老师的选题因而很具前瞻性。梁艳春老师的这部著作除了对娜塔莉·戴维斯的新文化史研究作了详致的分析和讨论外，还对她的妇女史观、影视史观做了颇有分量的论述，并对戴维斯总体的史学成就和得失进行了客观的评价和总结。梁艳春老师的这部著作是国内研究娜塔莉·戴维斯的首部专著，填补了国内空白，具有开拓之功。相信这部著作的出版，能够进一步推动国内学界对娜塔莉·戴维斯以及新文化史的研究。

2019 年春于北京

目　录

导　论

一　娜塔莉·泽蒙·戴维斯史学思想的形成背景

娜塔莉·泽蒙·戴维斯（Natalie Zemon Davis）是美国著名的历史学家，她不仅是 16 世纪法国史和早期近代社会文化史方面的知名历史学家，而且在妇女史领域、影视史学领域也具有一定的影响力，更是新文化史学的积极倡导者和先行者。她的史学思想与新史学的发展有着密不可分的联系。因此要更好的理解戴维斯史学思想的形成，有必要对新史学的发展作一论述。20 世纪，西方历史学总体上发生一次巨大变化，19世纪以兰克为代表的传统史学在 20 世纪以后被所谓的新史学所代替，这次转折在 20 世纪 60 年代基本完成。19 世纪的史学总体来说是以兰克（L. Ranke，1795－1886）为代表的实证主义的史学，它统治西方史坛近一个世纪，其影响可谓根深蒂固。20 世纪上半叶新史学已经逐步兴起，所以这一时期也是新旧史学斗争、抗衡、交替的时期。二战以后，新史学的地位才开始确立，英国历史学家巴勒克拉夫（G. Barraclough，1908－1984）在《当代史学主要趋势》一书中提出："1955 年"为新史学正式确立的年代。[①]新史学与传统史学在以下几方面都有着明显的不同。从认识论的角度看，传统史学反对在历史认识过程中认识主体（历史学家）的介入，强调史学研究的客观性、公正性，而新史学突出了历史学家作为认识主体在历史研究中的地位与作用，反对将认识主体和认识客体割裂开来；从史学观念看，传统史学强调自身的自主性，忽视与其他学科的结合，而新史学主张打破学科之间的界限，提倡跨学科研究；从研究对象和范围看，传统史学注重"自上而下看历史"，即只关注"精

---

① 〔英〕巴勒克拉夫：《当代史学主要趋势》，杨豫译，上海译文出版社 1987 年版，第27 页。

英人物"与政治史,而新史学强调要把历史研究扩大到人类文明发展的全过程,扩大到人类生活的方方面面;从研究方法看,传统史学运用归纳、分析、比较等实证主义方法,而新史学借鉴并吸收其他社会科学和自然科学的新技术、新方法,如计量法、电子计算机的运用、心理分析、口述法等;从写作技巧看,传统史学主要是叙述,而新史学更注重分析、解释。正是基于以上不同,新史学范型被称作"哥白尼式的革命"。新史学发展的阵地主要是在西欧和后来的美国。新史学最为主要和突出的代表就是法国的"年鉴学派",新史学当中的许多理论和概念就是由年鉴学派提出的。

年鉴学派第一代的代表人物是法国历史学家马克·布洛赫(Marc Bloch)[①] 和吕西安·费弗尔(Lucien Febvre)[②]。他们在 1929 年创办了《经济与社会史年鉴》(*Annalesd' histoire économique et sociale*)杂志,提倡一种新的研究方法,由此得到了"年鉴学派"这个称呼。年鉴学派第二代的代表人物是布罗代尔(Fernand Braudel),其影响主要在二战以后。学术界公认布罗代尔时期是年鉴派的顶峰时期。他的理论中最重要的是以"长时段"为核心的三种历史时间概念。"长时段"概念主要是指研究一百年、几百年的问题,研究对象是很少变化的地理与自然环境;"中时段"研究大约几十年间社会结构、经济结构的变化,可以说是研究"局势";而"短时段"就相当于一般历史研究的时间概念,几年、十几年,主要研究事件和人物。他所提出的这种研究模式与传统史学的研究模式很不相同。

另外,布罗代尔还推行由年鉴学派第一代史家提出的"总体史"观,即不能单纯从一个角度看社会历史,而是要把历史当成一个整体,对经济、文化、政治、思想和社会各个方面进行考察。布罗代尔不仅继

---

① 〔法〕马克·布洛赫(Marc Bloch)是国际知名的一代大史学家,当代最大史学流派——法国年鉴学派——的奠基人之一。20 世纪末法国出版的《历史科学辞典》称他为"本世纪两到三位最伟大的历史学家之一,或许,是他给予了历史科学的变革以最具决定意义的也最为持久的影响"。令史学界痛惜的是,这位公认的国际史学大师 1944年 6 月死于德国法西斯的屠刀之下,时年 58 岁。

② 〔法〕吕西安·费弗尔(Lucien Febvre),年鉴学派的创始人。1878 年 7 月 22 日生于法国南锡,1956 年 9 月 11 日辞世。他与布洛赫(Marc Bloch)共同创办了年鉴学派的核心刊物,也就是后来的《年鉴:经济、社会与文明》。

承了"总体史"的概念，而且通过自己的著作将"总体史"具体体现出来，如他的博士学位论文《菲利普二世时代的地中海和地中海世界》（*The Mediterranean and the Mediterranean World in the Age of Philip II*）。[①] 这篇博士学位论文并没有具体着眼于西班牙王国，而是以"地中海"本身为主题，考察了地中海的气候、人口、城市和各种历史变化，从整体上反映了菲利普二世时期地中海的历史。他的另一部巨著《15 至 18 世纪的物质文明、经济和资本主义》（*Civilization and Capitalism*：15*th* – 18*th Century*）[②] 讲到了经济生产、物质文明和资本主义等总体性的历史问题。"总体史"的观念通过他的作品得到了充分的反映，布罗代尔的影响之大，可谓开创一代风气。美国著名社会学家沃勒斯坦专门成立了"布罗代尔中心"，其影响可见一斑。

　　研究中时段和长时段的历史也就成为一种潮流，许多学者也开始研究历史的结构和规律。自 1968 年布罗代尔退出《年鉴》杂志主编职务以后，年鉴学派发生了巨大变化。因为布罗代尔的著作基本上是结构主义的，他过分重视长时段，这样就导致了他的著作中没有历史人物，因为他认为人物只是短时段的产物。同时，他的书中也没有历史事件，大都是有关历史的数字、图表，导致他的著作比较枯燥。同时他也忽视了历史学本身长久以来的特性，比如历史学与文学曾经有过很相似的特点，等等。这就引起有关历史学特性是什么以及如何体现它的问题，由此在新史学内部引发了一场关于方法论的大讨论。历史人类学和心态史就是这种新尝试中比较成功的两种。

　　20 世纪 70 年代以来，年鉴学派第三代史学家注重心态史研究，体现了与前两代不同的研究取向。在布罗代尔称心态史为"长时段的囚牢"的基础上，拉布鲁斯（Labrousse）称之为史学的"第三层次"，后者于 1965 年召开的社会史讨论会上，要求史学家大力开发史学的第三层次。自此，年鉴学派的历史研究出现了法国著名历史学家米歇尔·伏维尔（Michel Vovelle）所谓的"从地窖到顶楼"的变化，即从经济史和社

---

①　Fernand Braudel, *The Mediterranean and the Mediterranean World in the Age of Philip II*, Berkeley：University of California Press, 1996.

②　Fernand Braudel, *Civilization and Capitalism*：15*th* – 18*th Century*, Berkeley：University of California Press, 1993.

会史转向心态史。① 伏维尔认为，心态史可以看作对经济史与社会史研究的一种深化，"作为一个心态史学家，我同其他一些同行一样认为，心态史远不是社会史的对立面，而最多只是研究社会史的终结和归宿：在这一层次上，社会史的研究对象最后都表现为人们的态度和群体的表象"②。法国历史学家雅克·勒高夫（Jacques Le Goff）也认为，心态史"吸引人的主要之点是为那些过分局限于社会经济史（特别是庸俗马克思主义）的史学家打开了新的局面"③。以《蒙塔尤》闻名于世的法国历史学家勒华拉杜里（Ladurie），由于受到了文化人类学将人类社会文化视作一种象征体系之观念的影响，在《蒙塔尤：1294 - 1324 年奥克西坦尼的一个山村》（Montaillou: Village Occitan de 1294 - 1324，1975 年）一书中运用了象征主义方法解读法国中世纪农民的文化、宗教观念与行为，注重人的心态活动和感情，代表了年鉴心态史中采取的人类学取向。④

在年鉴学派于 20 世纪六七十年代达到顶峰之后，便开始受到来自新史学内外的批评与质疑，单纯强调计量方法和社会史研究、片面夸大"长时段"结构及热衷于所谓"静止的历史"的倾向受到严峻的挑战，甚至出现了"史学危机"之说。同时，新史学的线性历史观的一些内容与历史发展观相混合，如认为历史由低向高一线发展或按照一定规律发展，后来便受到了批评。此外，新史学过于注重物质、环境、长时段而忽略了历史学的一些基本特点，如历史的叙事性等，也常为人们所诟病。在这一方面，英国历史学家劳伦斯·斯通（Lawrence Stone）在 1979 年发表《叙事史的复兴》一文对新史学提出批评，比较具有代表性。劳伦斯·斯通教授是英国著名史学杂志《过去与现在》的编委之一，同时长期在美国普林斯顿大学任教。在斯通看来，按照布罗代尔研究历史的方法，历史中不需要人物和故事，因而也不需要叙述和描写。而从希罗多德开始，历史是讲究叙述的，但在新史学这里，历史主要在于分析结构。

---

① 〔法〕雅克·勒高夫等编《新史学》，姚明译，上海译文出版社 1989 年版，第 136、133 - 134 页。

② 〔法〕雅克·勒高夫等编《新史学》，姚明译，上海译文出版社 1989 年版，第 142 页。

③ 〔法〕雅克·勒高夫、诺拉主编《史学研究的新问题新方法新对象》，郝名玮译，社会科学文献出版社 1988 年版，第 269 页。

④ 〔法〕埃马纽埃尔·勒华拉杜里：《蒙塔尤：1294 - 1324 年奥克西坦尼的一个山村》，许明戈、马胜利译，商务印书馆 1997 年版。

新史学认为，叙述史虽然很生动，但却居于表面，不能接触实质。仿佛流淌的河水，叙述的事情就是河面的波浪，然而决定河水的却是下面的河床，历史学家应该挖掘深层的东西，去考察历史怎么发展，而不应该看重表面。不过，新史学的这种强调一旦过度，就会导致完全忽视和否定表面，立时就会变得干巴枯燥，变成没有人物的历史。所以，劳伦斯·斯通认为叙事史要复兴，断言新的"叙事史"将会诞生来代替年鉴派的史学①。总而言之，90年代以前年鉴学派达到顶峰时，已经有不同意见产生出来，与之进行辩论。

继年鉴学派之后，20世纪八九十年代西方史学又发生了一次明显的转变。这次转变并不是历史学领域中的一个孤立现象，而是70年代以后，西方思潮在各个领域（如哲学、语言学、文化研究等领域）都发生重大变化的一个反映。这次转变的一个重要背景是科技的发展。科学技术的进步促进了社会形态的巨变，工业社会逐渐进入所谓的后工业社会或信息社会，这种社会性的变化必然会导致思想领域内新思潮的出现。后现代主义就是其中之一。"后现代"这一术语在19世纪时就已经出现，20世纪四五十年代，历史学家汤因比也用过这个词②。而我们现在意义上所理解的后现代主义的含义，在20世纪60年代末和70年代初才开始出现。作为一种思潮，后现代主义显得过于庞杂，其内部也存在很多矛盾而难以统一起来，但其发展趋向却很清楚。具体到对历史学的批判上，后现代主义否定的过多，激起的反应也不一。不过，可以肯定的一点就是，后现代的冲击所导致的争议已然盘旋在历史学家的脑海中，这种影响且已体现在历史学家的思维方式和实践中。最明显的就是史家对精英

---

① Lawrence Stone, "The Revival of Narrative: Reflections on a New Old History," *Past and Present*, No. 85, Nov. 1979, p. 20.

② 汤因比在出版于1947年的《历史研究》前6卷的节录本中说道，西方继经历了黑暗时代（675~1075年）、中世纪（1075~1475年）和现代（1475~1875年）后，"有充分的理由认为大概从1875年左右我们已经进入一个新的历史阶段"，他将之命名为"后现代"（Post-Modern）。参见 Arnold J. Toynbee, *A Study of History*, New York & London: Oxford University Press, 1947, p. 39. 在1954年出版的《历史研究》后几卷中，汤因比发展了这一概念，指出"西方历史的现代时期结束后，将开启一个孕育着即将到来的悲惨体验的后现代时期，其悲惨程度不亚于历史上已有的记录"。参见 Arnold J. Toynbee, *A Study of History*, Vol. IX, London/New York/Toronto: Oxford University Press, 1954, p. 421.

史学、宏大叙述的抵制，以及对线性进化论史学的摒弃，不再把追求过去历史之真相作为终极诉求，而是寻求对历史做出多样性的解释；更具有建设性的，也是后现代主义在历史学上留下的最成功烙印，则是历史学家愈来愈关注书写历史中的小人物及历史上的"他者"。

在后现代主义思潮的影响下，历史研究的重点从宏观领域转移到微观领域，从强调规律转为强调例外，不再强调一致性而是强调多样性，不再强调确定性而是强调不确定性，不仅强调自我还强调他者，强调细节、断裂、变化。其中一个重要表现就是 20 世纪 70 年代微观史学的兴起，微观史学通过研究很小的题目来尽量反映出大的问题。意大利的微观史学最为著名，影响最大。意大利金斯伯格有一本非常著名的书《奶酪与蛆虫——一个 16 世纪磨坊主的精神世界》（*The Cheese and the Worms：The Cosmos of a Sixteenth - Century Miller*，1992 以下简称《奶酪与蛆虫》）。这部书十分生动，通过此书可以了解到 16 世纪意大利南部老百姓的世界观。同一时期，在意大利以外的其他西方国家，类似的微观史学研究也先后问世，如法国年鉴派历史学家，被看作是微观史学先驱之一的乔治·杜比（George Duby）的《布汶的星期天：1214 年 7 月 27 日》[*La Dimanche de Bouvines*（*27 juillet 1214*），1973 年]；埃马纽埃尔·勒华拉杜里（Emmanuel Le Roy Ladurie）的微观史学经典《蒙塔尤》；美国历史学家史景迁（Jonathan Spence）讨论中国史的著作《妇人王氏之死》（*The Death of Woman Wang*，1978 年），等等。可以说，在 20 世纪 70 年代末，微观史学在整个西方史学界形成一种独特的史学趋势，尽管在一些具体的研究方法上并不一致，甚至存在种种争论，但仍有许多共同的特点。一般说来，微观史学是指这样一种历史研究，从事这种研究的史学家，不把注意力集中在涵盖辽阔地域、长时段和大量民众的宏观过程，而是注意个别的、具体的事实，一个或几个事实，或地方性事件。这种研究取得的结果往往是局部的，不可能推广到围绕某个被研究的事实的各种历史现象的所有层面。但它却有可能对整个背景提供某种补充的说明。也就是说，微观史学家的结论记录的或确定的虽只是一个局部现象，但这个看似孤立的现象却可以为深入研究整体结构提供帮助。总之，微观史学的特点并不在于它的研究对象的微小和分析规模的狭窄或带有地方性。90 年代以后微观史的研究更加得到学者的关注。另外一个转变是注重个人、个人的情感世界和个人与个人的关系。过去长时段的研究注重体系和规律，对人的注意较少，因而更不可能关注人的生活甚至情感。现在则转变为关注个人和个人的情感世界。此时，在"心智史学"的基础上发展出一种"新心智史学"，其重点就是研究人的心智活动，包括人的情感。还有对"记忆"的研究，包括历史记忆和人的记忆。法国年鉴学派著名历史学家诺拉编了一套7卷本的《记忆的地点》，前面几卷就讲历史上对咖啡馆的记忆，比如：历史上如何记忆咖啡馆，后来的人又是怎样记忆，等等。受到后现代主义思潮的影响，对以布罗代尔为代表的年鉴学派在鼎盛时期的观点的反思和批判，是90年代以后西方历史学发展的明显转折，研究方向重点关注于细微的、断裂的、变化的内容，这些都是同以往史学研究所不同的特点。

　　20世纪60年代以来，受到西方学术界"语言学转向"（Linguistic turn）的影响，历史学家日益认识到语言的模糊性与文本的不确定性，越来越注意个人的主体性因素。个人是历史的主体而非客体，他们至少在日常生活和长时段里影响历史的发展。1973年，美国历史学家海登·怀特（Hayden White）的《元史学：19世纪欧洲的历史想象》成为最典型的代表。海登·怀特在《元史学》一书中分析了黑格尔、马克思、尼采和克罗奇四位历史学家的文本和话语结构，得出结论，认为所有历史学、哲学、经济学等都离不开想象，一切历史都是思想史，本质上与文学创作没有区别。历史学家不可能完全恢复历史的本来面貌，历史研究必然经过历史学家自身的加工和组织，因此历史的客观性是不存在的。历史在本质上是一种语言的阐释，撰述历史时离不开想象，这样历史叙述和历史文本都带有虚构成分。因此，历史学的本质是与文学一样的，因为它们的话语形式以及构成话语的技巧和手段大致一样。这种观点事实上也就否定了历史学的科学性，或者说那只是个次要的东西。在《元史学》中，怀特阐释了其"历史若文学"的思想，他"将历史作品视为叙事性散文话语形式中的一种言辞结构"，"史学家表现出一种本质上是诗性的行为"。海登·怀特进一步指出，历史书写中包含了一种不可回避的诗学——修辞学的成分，历史著作在叙述的形式上，与文学叙述是没有什么实质区别的，只不过"历史"与"小说"之间的差别在于：史学家"发现"故事，而小说家"创造"故事①。《元史学》中表达的思想后来被认为是历史学"叙述转向"（narrative turn）的标记，也被认为是后现代史学的奠基之作。

对叙述的重提，主要是想说明叙述是传达历史学家睿智和见识的手段，也是向读者表明史家工作之意义与价值的途径，它可以展现以抽象之形式所不能言传的意涵。伴随着对历史叙述的研究以及对其重要性的认识，重视历史所具有的修辞的或文学性质的叙述史学开始勃兴。正如劳伦斯·斯通在《叙事史的复兴》一文中指出的："目前我却察觉出有一股暗潮，正将许多'新史家'拉回历史叙述的形式"②。尽管斯通与后现代主义哲学家如罗兰·巴特、海登·怀特所强调的"叙述"存在着差别③，但双方共同的合力还是促成了"叙述史学"（narrative history）的复兴，历史学家"已经改变了要献身严谨的研究来如实地重建历史的过去"的这种兰克式的态度和做法④，越来越注意到历史材料的"文本"性质及历史书写的文学性质，越来越注意借鉴和吸收来自文学、人类学、民族学、社会学等相关学科的理论与方法来研究和叙述历史。这其中特别以文化人类学对历史的叙述和文本的分析影响最大。克利福德·吉尔兹的《地方性知识——阐释人类学论文集》⑤、《文化的解释》⑥强调深描，把文本之后的文化内涵和象征意义挖掘出来。戴维斯就是这个新史学潮流的"导夫先路者"与身体力行者。

作为新文化史学代表人物的戴维斯，其史学思想受新史学思想的影响很大，她所惯用的许多研究方法承继于新史学的传统。新史学派批评传统史学是一种精英史学，忽视了创造历史的广大普通人民。新史学著作中出现的"人"往往是社会底层的普通民众，戴维斯继承了这一史学

① Hayden White, Metahistory, *The Historical Imagination in Nineteenth - Century Europe*, Baltimore and London: Johns Hopkins University Press, 1973, pp. 1 - 2.
② Lawrence Stone, "The Revival of Narrative: Reflections on a New Old History," *Past and Present*, No. 85, Nov. 1979, pp. 3 - 24.
③ 陈新：《论20世纪西方历史叙述研究的两个阶段》，《史学理论研究》1999年第2期。
④ 〔美〕伊格尔斯：《二十世纪的历史学》，何兆武译，辽宁教育出版社2003年版，第4页。
⑤ 〔美〕克利福德·吉尔兹：《地方性知识——阐释人类学论文集》，王海龙等译，中央编译出版社2000年版。
⑥ 〔美〕克利福德·格尔兹：《文化的解释》，韩莉译，南京译林出版社1999年版。

研究的视角，她的著作中都是处于这个社会中的没有什么身份地位的普通人。对于新史学派跨学科研究的倡导，戴维斯更是始终奉为圭臬，在她的全部著作中都使用了跨学科的研究手法，只是不同阶段的著作中所借鉴其他学科的方法有所不同罢了。

娜塔莉·泽蒙·戴维斯（Natalie Zemon Davis）1928 年出生于美国底特律一个犹太家庭，在学期间学业优异，性格活跃反叛，政治态度"左倾"激进，50 年代曾与丈夫同受麦卡锡主义①恐怖之害，多年辗转，于 70 年代后期在学界崛起，并曾于 1987 年荣获美国历史学会会长的学术桂冠。作为犹太女性被主流社会视为"局外人"的感受，后来在她的研究与写作中被转化为一种极具创造性的经验。戴维斯曾任教于多伦多大学、加州大学柏克莱分校、斯坦福大学、普林斯顿大学；现于普林斯顿大学高级研究院从事研究。娜塔莉·戴维斯是 16 世纪法国史方面无可争议的权威，也是当今不仅在现代早期的社会文化史的领域，而且在妇女史领域最负盛名、也最受敬重的历史学家。加之戴维斯注意把人类学、文学、心理学等学科的理论成果运用于历史研究中，认真对待"文化转向"对历史学的冲击，戴维斯也成为 20 世纪 80 年代以来盛极一时的新文化史（New Cultural History，简称 NCH）学派的开山②。新文化史学派旗手

---

① 麦卡锡主义是 1950～1954 年美国国内反共、反民主逆流的典型代表，它恶意诽谤、肆意迫害共产党和民主进步人士直至有不同意见的人。从 1950 年初麦卡锡主义开始泛滥，到 1954 年底彻底破产的前后五年里，它的影响波及美国政治、外交和社会生活的方方面面。麦卡锡主义作为一个专有名词，也成为政治迫害的同义词。

② 关于新文化史（大陆学界亦常称之为"社会文化史"）及其在中文学界的译介等情况，可参看 Peter Burke, *What Is Cultural History?* Cambridge: Polity Press, 2004, pp. 49－73；林·亨特编《新文化史》江政宽译，麦田出版 2002 年版；李宏图选编《表象的叙述——新社会文化史》，上海三联书店 2003 年版；陈恒、耿相新主编《新史学·第四辑·新文化史》，大象出版社 2005 年版，该书收录的文章以前几乎都在台湾发表过；杨豫等《新文化史学的兴起——与剑桥大学彼得·伯克教授座谈侧记》，《史学理论研究》2000 年第 1 期；彼得·伯克《西方新社会文化史》，刘华译，《历史教学问题》2000 年第 4 期；周兵《当代西方新文化史研究》，复旦大学历史系博士学位论文，2005 年，等等。中文学界在新文化史的译介和实践方面，中国台湾学者所做的工作更多，贡献也更大，有关的一些情况可看卢建荣《台湾史学界的后现代状况》，《汉学研究通讯》21：1（总 81 期）；李孝悌《明清文化史研究的一些新课题》，李孝悌主编《中国的城市生活》，联经出版公司 2005 年版，第 i～xxxv 页；卢建荣《新文化史的学术性格及其在台湾的发展》，陈恒、耿相新主编《新史学·第四辑·新文化史》，大象出版社 2005 年版，第 138～159 页。

林·亨特（Lynn Hunt）在其主编的《新文化史》一书里，特意在扉页的献词里声明：献给娜塔莉·泽蒙·戴维斯——我们所有人的灵感源泉①。连同为新文化史研究巨匠的罗杰·夏蒂埃（Roger Chartier）也亲自撰文为之揄扬："在《档案中的虚构》里，戴维斯打破了学科之间的壁垒，而且提出了对叙述的'文学家'读法和对文学杰作之'历史学家'的理解法，她迫使我们做出如福柯所说的去'解除学科藩篱'的努力。"② 戴维斯不仅在妇女史、新文化史方面有很重要的影响，在影视史学也有自己独到的见解。在当前的西方史学史研究中，戴维斯的思想对英语国家和整个世界都有很大的影响力。可见，对于娜塔莉·泽蒙·戴维斯的史学思想研究是一个非常重要的研究课题。

二　娜塔莉·泽蒙·戴维斯史学思想研究综述

（一）国外研究

国外学者对戴维斯的研究可以分为两方面，一方面是对戴维斯具体作品的研究及评价，另一方面是从宏观上对戴维斯在西方史学史上地位的评价。

对戴维斯具体作品的研究及评价：丹尼尔·斯诺曼（Daniel Snowman）就是以戴维斯的主要著作为基础，以"历史是什么？历史是关于什么的？历史应该如何被描述？"等问题为评价出发点，精辟地分析了戴维斯是如何在其著作中诠释上述问题的，在斯诺曼看来，很少有历史学家能够像戴维斯那样更为连贯性地和想象性地思考这些问题。同时，作者也在文中推崇戴维斯对于早期近代法国史、社会史、文化史、妇女史和影视史所做出的突出贡献③。通过搜索 JSTOR 西文过刊全文数据库得到对戴维斯七部著作的61篇书评。这些书评大多出自英美史学领域的专家，对戴维斯著述的结构、观点、风格等方面进行了评论，有助于本研

---

① Lynn Hunt, ed. , *The New Cultural History*, Berkeley, 1989.

② Roger Chartier 的书评，见 *The Journal of Modern History*, Vol. 62, No. 2, Jun. 1990, p. 384。

③ Daniel Snowman, "Natalie Zemon Davis", *History Today*, Vol. 52, No. 10, 2002. pp. 18 – 20.

究从侧面了解相关著述的学术水平和研究特色。还有的来自 Periodical Archive Online 和 Proquest 数据库,两者共有 41 篇相关书评。其中对于《马丁·盖尔归来》(*The Return of Martin Guerre*)① 这本书的评论最多。总之,她的每一部新书的问世都会为她带来赞美或批评的声音。由于书评、文章数量众多,本课题将着重讨论那些影响力较大的研究者的评论。从国外学界对戴维斯的评价和介绍来看,目前还没有从整体上讨论戴维斯新文化史学思想,都只是在文中或多或少的提及或评价。

从宏观上对戴维斯在西方史学史上的地位的评价。对这一方面的研究自然是美国学界起步较早。早在 1983 年,美国"激进历史学家组织"(The Radical Historians Organization) 就出过一本访谈录,该书集结了历年刊登在其刊物《激进历史评论》(*Radical History Review*) 上的几位著名历史学家的访谈,其中就有对戴维斯的专访②。还有一篇对戴维斯最近一个阶段的专访③。不过,国外对戴维斯的集中研究真正起步于 20 世纪 90 年代,林·亨特主编的《新文化史》收录了苏珊·德山的《E. P. 汤普森与娜塔莉·泽蒙·戴维斯著作中的群众、社群与仪式》一文,在文中,德山主要探讨了戴维斯如何详细地考察作为无语和无权群体的社会大众,以其固有的文化资源和仪式行为来凸显他们在社群中的积极作用。作者盛赞戴维斯对于历史上弱势群体的积极关注。在这篇文章中,苏珊·德山将戴维斯和汤普森一起看作是 20 世纪 70 年代率先突破社会史局限、探索新文化史的先驱。她认为,戴维斯和汤普森"对于大众行为及态度的文化分析所提供的方向、有效性以及方法,有极大的影响力。尤其,他们讨论群众暴力的作品,对于社会史的新文化研究取向之定义与形构,是不可或缺的"④。

1993 年她的学生共同撰文纪念戴维斯对于早期近代法国文化和认同(culture and identity) 这一研究课题的贡献,对其评价道:"非但没有把

① 〔美〕娜塔莉·泽蒙·戴维斯:《马丁·盖尔归来》,刘永华译,北京大学出版社 2007 年版;又译《马丹·盖赫返乡记》,江永宽译,联经出版公司 2000 年版。

② "Interview with Natalie Zemon Davis", *Visions of History*, MARHO: The Radical Historians Organization, New York: Pantheon Book, 1983.

③ *Journal of the Australian Historical Association*, Vol. 3, No. 3, Dec. 2005.

④ 〔美〕苏珊·德山:《E. P. 汤普森与娜塔莉·泽蒙·戴维斯著作中的群众、社群与仪式》,载〔美〕林·亨特编《新文化史》,江政宽译,麦田出版 2002 年,第 81~111 页。

文化的经验看作是存在于首先是经济的、再是社会的现实之上的某种东西，甚至最终还从属于它们，戴维斯坚持认为文化的实践和过程不仅不是社会经验的反映或表述，而且还构成了它"①。他们还指出，在戴维斯的文化史观中一个核心的概念就是"文化与认同"，这是其连通社会史与文化史之间的桥梁，并且体现在她的大部分著作当中②。

1997 年，罗杰·艾德尔森（Roger Adelson）的《话谈历史：与历史学家的对话》出版。在书中，作者与 14 位历史学家进行了对话。戴维斯是他对话的 14 位历史学家之一，他从很多角度（如家庭背景、教育、职业生涯、主要研究领域、作品等等）对戴维斯的个人生活经历和主要的史学思想进行了探讨。艾德尔森称戴维斯之所以在国内外有很大的知名度，主要是由于戴维斯通过对 16 世纪法国档案的研究，对早期现代欧洲文化的解释，对历史中的文化和性别的复杂性进行分析，积极运用跨学科知识，以及对历史电影制作的参与等等做法，帮助人们进一步拓宽了对历史的理解③。

2000 年，马尼·休斯 - 沃林顿（Marnie Hughes-Warrington）在他的《50 位历史学的重要学者》中，称赞戴维斯把被大多数历史学家忽视的妇女、不识字的工匠、农民、修女等纳入她的研究范围。戴维斯认为对这些下层人物的了解，会有助于加深我们对早期现代社会的理解。这篇文章篇幅较短，其中主要介绍了戴维斯对《马丁·盖尔归来》这个历史故事的重新阅读和重构。作者还简要介绍了她的人类学研究方法和研究专长，让我们在一定程度上了解了戴维斯④。但是，这篇介绍性的文章还没深入她的丰富的史学思想世界。

英国的玛丽亚·露西娅·帕拉蕾丝 - 伯克编的《新史学：自由与对

---

① Barbara B. Diefendorf and Carla Hesse, *Culture and Identity in Early Modern Europe*, 1500 – 1800: *Essays in Honor of Natalie Zemon Davis*, Ann Arbor: University of Michigan Press, 1993, p. 1.

② Barbara B. Diefendorf and Carla Hesse, *Culture and Identity in Early Modern Europe*, 1500 – 1800: *Essays in Honor of Natalie Zemon Davis*, Ann Arbor: University of Michigan Press, 1993, p. 1.

③ Roger Adelson, ed., *Speaking of History: Conversation with Historians*, East Lansing: Michigan State University Press, 1997, pp. 40 – 59.

④ Marnie Hughes-Warrington, "Natalie Zemon Davis", Marnie Hughes-Warrington, *Fifty Key Thinkers on History*, New York: Routledge, 2000, pp. 55 – 63.

话》中对戴维斯也有专访。这本书主要介绍了在"新史学"（社会史和文化史）领域中占有显赫地位，且影响深远的九位历史学家的杰出成就，戴维斯是其中唯一的女性。这是几篇对戴维斯的访谈中相对比较详细和深入地探讨戴维斯史学思想的作品。在书中，帕拉蕾丝同戴维斯探讨了其史学取向和她的经历中最为丰富多彩的各个方面①。这篇访谈不仅仅是生平传记式的介绍，其间的谈话不时地透露出戴维斯深刻的史学思想，这也是笔者获取其思想的重要来源。作者盛赞"戴维斯是 16 世纪法国史方面无可争议的权威，也是当今不仅在现代早期的社会文化史的领域，而且在妇女史的领域最负盛名、也最受敬重的历史学家"②。这是几篇对戴维斯的访谈中相对比较详细和深入地探讨戴维斯史学思想的作品。

其他还有诸如彼得·伯克的《西方新社会文化史》③ 等以戴维斯为对象进行学术研究的论文。此外，美国参考工具出版商 Thompson Gale 公司在编的《当代作家》（*Contemporary Authors*）的工具书中，收录了娜塔莉·戴维斯的千余字的英文传记④，这篇 2007 年 12 月 16 日在互联网上架销售的电子文献更可谓新鲜出炉，同时为本研究提供了最新的素材。

（二）国内研究

随着国内史学界对新文化史兴趣的增长，中国学者对戴维斯也有了一定的了解和认识。不过，总体上看，到目前为止，人们对戴维斯史学思想及其贡献的认识还十分有限。根据笔者对《中国期刊网数据库》（1994～2009 年）的全文检索，发现只有 7 篇文章提到戴维斯或其著作。浙江大学哲学社会科学系刘为的《当代西方史学转向文化史的最新趋势》⑤ 一文中提到了新文化史中的骁将戴维斯，认为左翼历史学家戴维斯的写作关注到"不会说话的"下层人民特别是妇女的真实状况，补充了以往政治史为主的传统史学所忽视的部分，试图反映历史的全貌；复

---

① 〔英〕玛丽亚·露西娅·帕拉蕾丝 – 伯克编《新史学：自白与对话》，彭刚译，北京大学出版社 2006 年版，第 53～89 页。
② 〔英〕玛丽亚·露西娅·帕拉蕾丝 – 伯克编《新史学：自白与对话》，彭刚译，北京大学出版社 2006 年版，第 53 页。
③ 〔英〕彼得·伯克，《西方新社会文化史》，刘华、李宏图译，《历史教学问题》2000 年 04 期。
④ *Biography-Davis*，*Natalie Zemon*（*1928 –　*），Gale Reference Team，Contemporary Authors，Thompson Gale，Dec. 16，2007.
⑤ 刘为：《当代西方史学转向文化史的最新趋势》，《史学理论研究》1992 年第 1 期。

旦大学历史系张仲民的《典范转移：新文化史的表达与实践》①，文中将戴维斯 1965 年出版的《近代法国早期的社会与文化》视作文化史研究明确出现的标志，并提出新文化史有四个特点，他在后文《"讲故事"的文化史研究——读〈档案中的虚构〉》②中进一步就戴维斯的另一本代表作发表了自己的见解，就历史的真实与虚构、历史的叙述及历史的疆界进行了探讨，通过对戴维斯著作的分析，预测了未来文化史发展趋势将走向"超越文化转向"；四川大学历史系王挺之在《社会变动中的群体与个人——新微观史学述评》③中，从微观史学的角度评析了戴维斯对于新文化史的贡献，称戴维斯的历史写作放弃"新史学"的计量分析而重新采纳了传统史学中最富人文性的表达方式，对历史演进过程中的事件和个人进行有声有色的叙事性描述。而在这 7 篇文章中，大部分论文只是略带提及一下，只有两篇文章比较详细地考察了戴维斯个别著作的特征和评价了她的史学理论与方法。其中一篇是温州大学瓯江学院夏小娜的《戴维斯妇女史研究的社会性别视角》④，这篇论文集中讨论了戴维斯的社会性别理论。另有一篇复旦大学周兵于 2005 年撰写的博士学位论文《当代西方新文化史研究》⑤，其中专门有一章节比较详细地介绍了戴维斯与新文化史之间的关系，作者根据她的论著和研究领域论证了她与新文化史的渊源。作者分别从叙述史学、微观史学、影视史学和妇女史四个方面对戴维斯的代表著作《马丁·盖尔归来》予以了简要的评述，指出这些要素是新文化史的主要特征。不过，这两篇文章也仅仅局限于书评式的介绍，缺乏对戴维斯史学思想的深刻评价与分析。周兵继博士论文后，随后发表了《新文化史与历史学的"文化转向"》⑥，在这篇文章中他对戴维斯的新文化史研究有所阐发，认为在"新史学"及历史学其他分支向"新文化史"的转向过程中，戴维斯对于大众行为及态度的

---

① 张仲民：《典范转移：新文化史的表达与实践》，《社会科学评论》2006 年 04 期。
② 张仲民：《"讲故事"的文化史研究——读〈档案中的虚构〉》，《史学理论研究》2007 年 02 期。
③ 王挺之：《社会变动中的群体与个人——新微观史学述评》，《史学理论研究》2002 年 02 期。
④ 夏小娜：《戴维斯妇女史研究的社会性别视角》，《国外社会科学》2009 年第 05 期。
⑤ 周兵：《当代西方新文化史研究》，复旦大学博士学位论文，2005 年。
⑥ 周兵：《新文化史与历史学的"文化转向"》，《江海学刊》2007 年 04 期。

文化分析所提供的方向、有效性以及方法有极大的影响，尤其是讨论群众暴力的作品，对于社会史的新文化研究取向之定义与形构，是不可或缺的。

台湾史学界对戴维斯的著作引入和传播同大陆学界的情况又略有不同。前者投入了更大的热情，对戴维斯的论著进行翻译和介绍。1997 年戴维斯应中研院历史语言研究所世界史经典名著研习营的邀请去台湾讲学。她的思想在台湾被广泛传播，并产生了许多反响和共鸣。娜塔莉·戴维斯的一些代表著作，更早时候即译成中文在台湾出版，如《马丁·盖尔归来》、《档案中的虚构》①、《奴隶、电影、历史》②。戴维斯史学思想中最具特征的新文化史方法与理论在实践上对台湾历史学界的新文化史研究产生了较大的影响，其中以中研院历史语言研究所卢建荣主编的两本新文化史为典型代表。③ 在这两部著作中，卢氏将新文化史的研究理念和方法嫁接到了本土的历史研究领域。在《档案中的虚构》的导论中，卢建荣坦言：“戴维斯的历史学从九〇年代中期开始影响台湾，卢建荣在一九九五年一篇讨论北朝中国乡民社会意识一文中，在方法论上指出受惠于戴维斯的启发。”④ 在 2002 年为《新文化史》中译本所撰写的导读中，卢建荣将戴维斯和 E. P. 汤普森看作公认的新文化史家先行者，称他们两人的著作都以讲故事的方式来表现宏观的历史，两人的作品风格都强烈地透露出“叙述史学”的写作倾向。⑤ 2005 年，国内出版了由陈恒、耿相新主编的以“新文化史”为主题的《新史学·第四辑·新文化史》。这本书选录了海外新文化史学名家经典之作，其中也包括了一些在台湾发表过的评论性和介绍性文章，卢建荣的《新文化史的学术性格及其在台湾的发展》就是其中一篇。卢氏的这篇文章专门考察西方新文化史的发展趋势及其对台湾史学界的影响，其中有相当篇幅分析戴维斯的新文化史

① 〔美〕娜塔莉·泽蒙·戴维斯：《档案中的虚构：16 世纪法国司法档案中的赦罪故事及故事的叙述者》，杨逸鸿译，麦田出版 2001 年版。
② 〔美〕娜塔莉·泽蒙·戴维斯：《奴隶、电影、历史：还原历史真相的影像实验》，陈荣彬译，左岸文化 2002 年版。
③ 卢建荣主编《文化与权力：台湾新文化史》，麦田出版 2001 年版；卢建荣主编《性别、政治与集体心态：中国新文化史》，麦田出版 2001 年版。
④ 〔美〕娜塔莉·泽蒙·戴维斯：《档案中的虚构：16 世纪法国司法档案中的赦罪故事及故事的叙述者》，杨逸鸿译，麦田出版 2001 年版，第 18 页。
⑤ 卢建荣：《与文学共枕的历史学》，载〔美〕林·亨特编《新文化史》，江政宽译，麦田出版 2002 年版，导读，第 11 页。

理论与方法。作者把戴维斯、勒华拉杜里与阿兰·柯尔本（Alain Corbin）并称为引领人类学调查研究范式的三位新文化史家代表人物，认为戴维斯的著作不仅受人类学的影响，而且具有较强的文本理念，使用各种文学材料探询故事背后的文化逻辑。[①] 作者对戴维斯的作品评价甚高："从戴维斯的三本专著看来，她贴近下层社会，在倾听其声音，这是前述萧尔斯基、斯通以及盖伊做不到的层次。还有，戴维斯研究的难度大大高过纯做上层精英。"[②] 另一学者温桢文于 2006 年发表的《书评——评娜塔莉·泽蒙·戴维斯著；杨逸鸿译，〈档案中的虚构〉》一文，称赞戴维斯在作品中的"虚构"本事，以及其所具有的文化解构本领。她认为历史学家都应该向戴维斯学习解构档案，分析各种行动策略背后的文化逻辑。[③] 从台湾史学界对戴维斯的评价和介绍来看，台湾的史学界还没有从整体上讨论戴维斯史学思想，都只是在文中或多或少地提及。

　　由以上简述可以看出学界对于娜塔莉·戴维斯的研究具有以下特点：在戴维斯的七十年学者生涯中，她始终是学界"关爱"的对象之一，无论是赞美还是批评，她的每一项研究都在西方史学界产生了一定的反响。然而研究者大多以戴维斯的某一文本为研究对象，由于戴维斯一生撰文数百，编著的书也有十几部，因此目前的研究成果显得十分分散，对戴维斯思想的纵深面挖掘不够。从研究价值上说，国内外学界还缺乏对戴维斯进行全面深入的研究，尤其缺乏对其思想发展变化的纵向梳理，以及横向的比较研究。从借鉴价值上说，有必要分析文化史学家在研究文化史时的认识论、方法论特色，结合历史学家之所长，吸收其认识论和方法论的合理因素，提高文化史的研究水平。

三　娜塔莉·泽蒙·戴维斯史学思想研究内容及方法

　　以往的研究者着重对戴维斯各个时期的著作进行评论，本书的研究

---

① 卢建荣：《新文化史的学术性格及其在台湾的发展》，载陈恒、耿相新主编《新史学·第四辑·新文化史》，大象出版社 2005 年版，第 138～159 页。

② 卢建荣：《新文化史的学术性格及其在台湾的发展》，载陈恒、耿相新主编《新史学·第四辑·新文化史》，大象出版社 2005 年版，第 144 页。

③ 温桢文：《书评——评娜塔莉·泽蒙·戴维斯著　杨逸鸿译〈档案中的虚构〉》，《中国历史学会史学集刊》2006 年第 38 期，第 335～240 页。

重点是在纵览西方史学史研究的基础上，从妇女史、影视史学和新文化史学来关注戴维斯的研究志趣，通过对其研究领域和内容的深入梳理，解读其妇女史、影视史学和新文化史学的内容、成因、方法及特点并分析其间的相互联系，确定其史学思想在西方史学上的地位。应当承认，史学思想研究不能脱离历史实证研究而孤立存在，但是，史学思想的构建又不能局限于实证研究的水平和层次。① 因此，本书将以娜塔莉·戴维斯的史学思想与实践的发展为线索，以她的著述为样本来分析其不同阶段的史学思想的特点、合理性与局限性。

本书的正文分为三大部分。

导论是第一部分，这一部分首先在一个动态的变化过程中研究发生在 20 世纪西方史学的几次变化，正是这些变化影响了戴维斯的史学观点，从而确立了她独一无二的史学地位。接下来对题目来源和戴维斯史学思想研究的意义、内容、方法以及当前国内外研究现状与研究的突破点等进行了一般性说明和阐述。

第一、二、三、四章构成第二部分，是全书的核心内容，也是第三部分进行理论探讨的基础。这几章是本书的重点章节。这一部分主要是对戴维斯史学思想的具体研究。即通过分析戴维斯不同时期的著作来发现她不同时期史学思想的独特性，并且把戴维斯放在整个西方史学变化的学术背景中进行考察，同时试图通过尽量丰富的资料把戴维斯不同的史学思想和其他著名的同时代的史学家的思想观点进行比较，来发现戴维斯的不同史学思想的独特性。但每章的侧重点又有所不同。

第一章主要是就戴维斯史学思想产生的社会历史背景、学术动因以及戴维斯的人生和学术经历及其何以为史学家的个人条件进行叙述和分析。为此，对她所处的社会历史与学术发展的时代背景以及她的个人不平凡的经历与职业条件展开了必要的叙述和分析。

第二章主要是对戴维斯妇女史的研究。戴维斯本人就是国际妇女史研究的拓荒者，她在 20 世纪 50 年代即已投入妇女史研究。由娜塔莉·戴维斯和她的同事吉尔·克尔·康威在加拿大开出的第一门妇女史课程

---

① 于沛主编《现代史学分支学科概论》，中国社会科学出版社 1998 年版，第 3 页。

成了 20 世纪七八十年代西方大学中最受欢迎的课程之一。《法国前近代的社会与文化》（*Society and Culture in Early Modern France：Eight Essays*）是戴维斯研究法国史方面最具影响力的代表作，也是最集中体现"妇女史"主题思想的作品。她的博士论文是关于十六世纪法国宗教战争时期的女性。这也是她将注重家庭价值的女权运动者的关注精神回头省视受旧教迫害的新教妇女，很能跟她自己一时困顿的生命经验取得共鸣。《边缘妇女：三个十七世纪的女性》（*Women on the Margins：Three Seventeenth-Century Lives*, 1995），在这部书中，她比较了三位 17 世纪妇女的生涯——一个犹太人、一个天主教徒和一个新教徒——以及他们不只是在法国还有欧洲以及其他大洲的冒险经历。这一章主要是通过以上所提的几部作品来分析和阐述她的妇女史观。

第三章是对戴维斯的影视史的研究。在这一章，笔者想以戴维斯于 2000 年出版的著作《奴隶、电影、历史》、《马丁·盖尔归来》两部著作作为个案分析的例证，并以此作为切入点，来讨论戴维斯的影视史学观点，陈述若干我的肤浅的认识。

第四章是对戴维斯新文化史的研究。戴维斯不仅在法国史、妇女史领域建树卓著，她从 70 年代起便率先尝试结合历史学和人类学进行研究，是新文化史最早的开拓者之一。在《档案中的虚构》里，戴维斯打破了学科之间的壁垒，而且提出了对叙述的"文学家"读法和对文学杰作之"历史学家"的理解法，她迫使我们做出如福柯所说的去"解除学科藩篱"的努力。[①] 为了更好地理解戴维斯所主张的这种新文化史，本章从她具体的研究实践入手，结合她的作品《档案中的虚构》来阐述她的新文化史观。

第三部分结语，对戴维斯的史学思想进行总结，并指出她的史学思想给其他的历史学家带来的启示，即戴维斯史学思想的特点、影响和不足。主要是就戴维斯及其史学思想的地位和影响进行评析性的研究和论述。戴维斯的史学思想不仅为西方新文化史学奠定了理论基础，更为近代西方史学的发展开辟了新领域和新方向。戴维斯不仅是新文化史学的

---

① Roger Chartier 的书评，见 *The Journal of Modern History*, Vol. 62, No. 2, Jun. 1990, p. 384。

开创者，更是近代西方史学的推动者。因而，戴维斯的史学思想在西方近现代史学史上的地位和影响具有划时代的意义。

本书遵循"反对阐释"的理念，尝试真实地再现戴维斯本人的史学思想原貌。主要研究方法如下。

（一）个案分析法——回归文本

本书拟采用将娜塔莉·戴维斯的文本的解读与社会、思想背景相结合的方法，因为文本中的思想是特定时代和社会的产物，只有从产生这些文本的社会背景和知识背景出发，才可能最为准确、客观地把握所要研究的历史人物的思想。因此，本书要探讨的内容包括以下几个层次：①娜塔莉·戴维斯的主要文章、著作如何在历史中产生，它们得以诞生的历史语境究竟是什么；②这些文章、著作中所蕴含的思想内涵；③戴维斯的思想与同时代其他类似的重要历史人物思想的对比与反差，进而挖掘戴维斯思想的深层成因；第四、这些思想如何置身于历史，也即它们的意义和影响。从历史的角度而非哲学的角度对娜塔莉·戴维斯的作品进行研究是本书的基本出发点。

（二）纵横相结合的比较研究——回归历史

本书的写作拟遵循历史与逻辑相统一的原则，既注意从历史的角度梳理戴维斯历史书写理论的学术渊源，又重视对那些影响戴维斯理论的同时代理论家及其研究方法与成果的分析；既以历时态角度对西方史学史的发展过程中的得失予以总结，又从共时态的视角对西方史学的诸流派予以分析、评述。同时，本书的写作还力争将静态的分析与动态的把握相结合，将对具体、个别对象的研究与所处整体、时代的关照相结合；在研究方法上运用辩证思维的方法，力求对问题的把握更准确、更全面。比较戴维斯与其他文化史家（特别是历史学家）在认识论、方法论等问题上的异同。

（三）通过系列访谈深化理解、丰富资料——回归作者。

史学理论和史学史研究一般是避免以健在学者为研究对象的，毕竟其思想仍在发展过程之中。不过本书的目的并不是简单地追溯戴维斯的学术思想，一劳永逸地构建思想体系，而是希望通过对戴维斯在妇女史学、影视史学和新文化史学的理论特点，分析她在这几方面的研究视角和方法；通过访谈回溯戴维斯的学术生涯，分析其研究志趣的转向和各种史学思想的特点，归纳其带给后世历史学家的启示。这有助于把握戴维斯思想的内在逻辑发展，厘清自身思想发展的脉络，确立她在西方史学中的地位。

第一章　娜塔莉·泽蒙·戴维斯的
生平事略与学术历程

　　综观戴维斯的史学思想发展轨迹，其史学认识一直是随着时代变迁和社会发展而不断跃进的。作为一个率先倡导并积极践行新文化运动的先锋，她在诸多学术领域，特别是在妇女史、影视史和新文化史等史学领域的学术成就尤为突出，而且是独树一帜。戴维斯史学思想的形成与当时西方史学发展应当有着一定的关联。英国历史学家爱德华·卡尔（Edward Hallett Carr）[1] 说："我们一生下来，这个世界就开始在我们身上起作用，把我们从纯粹的生物单位转变成社会单位"，因此，"在研究历史之前，应该先研究历史学家。……在研究一个历史学家之前，应该先研究他的历史环境和社会环境。历史学家是单独的个人，同时又是历史和社会的产物"[2]。所以，在研究娜塔莉·泽蒙·戴维斯的史学思想之前，需要首先考察戴维斯早年的成长环境及当时的社会环境。戴维斯的思想是深邃的，学识是渊博的。成因何在？动因何在？让我们循着她的人生历程，溯其源、探其本吧！

　　娜塔莉·泽蒙·戴维斯（Natalie Zemon Davis，1928 – ）是当代美国犹太裔左翼史学家，美国历史协会史上的第二位女性主席（1987 年）。是当代美国著名思想史家、历史学家。她将毕生的精力献给了学术研究，著述甚丰，先后出版了《近代早期法国的社会与文化》（*Society and Culture in Early Modern France*，1975），《马丁·盖尔归来》（*Le Retour de Martin Guerre*，1982），《档案中的虚构》（*Fiction in the Archives*，1987）、《边缘妇女》

---

①　英国历史学家、政治学家。毕业于剑桥大学圣三学院。1916~1936 年供职于英国外交和情报部门，1936~1947 年任威尔士大学国际关系教授，其间（1941~1946 年）任伦敦《时代》杂志副主编。1953~1955 年在牛津大学巴利奥尔学院任政治指导教师。1955年以后一直在他毕业的剑桥大学圣三一学院任高级研究员。1956 年当选为英国学术院院士。擅长苏俄史和国际政治研究。代表性历史著作是 1950~1971 年陆续出版的 10 卷本《苏维埃俄国史》，史学理论方面的代表作即《历史是什么?》。

②　〔英〕E. H. 卡尔：《历史是什么?》，陈恒译，商务印书馆 1982 年版，第 29、44 页（Edward Hallett Carr, *What Is History?* London：Penguin Books，1961，1987）。

(*Women on the Margins: Three Seventeenth-Century Lives*, 1995)、《银屏上的奴隶》(*Slaves on Screen*, 2000)与《16 世纪法国的礼物》(*The Gift in Six-teenth-Century France*, 2000) 等,2006 年,她以望八十之高龄,出版了《骗子游历记:一位处于两个世界间的穆斯林信徒》(*Trickster Travels: A Sixteenth-Century Muslim between Worlds*) 一书。她的主要著作被翻译成法、德、葡、意、日等多种文字,她的名声超出了英语与法语世界,成为拥有国际声誉的学者。她还与法国年鉴派女史家阿勒特·法日 (Ar-lette Farge) 主编了多卷本《妇女史》(*A History of Women*) 的第三卷《文艺复兴与启蒙时期的吊诡》(*Renaissance and Enlightenment Paradoxes*, 1993) 一书。合著、翻译 6 部著作,发表论文 130 余篇,撰写评论、随笔等 50 余篇,获得了令人瞩目的骄人成绩,享誉世界。她的代表性论著或是颠覆了史学界的传统观点,或是该领域的开拓之作,均在学术界引起过强烈的反响。由于她的相关论著主题贴近时代,视野广阔,观点鲜明,叙事生动流畅,文笔优美贴切,极具可读性,因而在学术界之外也拥有广大的读者。她因此还获得了各种学术荣誉:1976 年,当选法国史学研究协会主席;1979 年,当选美国艺文及科学院院士。1987 年,当选美国历史学协会主席;1995 年,当选国际历史科学大会第一副主席;她还是英国科学院通讯院士 (1995)、皇家历史学会通讯院士 (2002),她于 2010 年被授予霍尔堡国际纪念奖 (于 2010 年 6 月 9 日在挪威的比尔根授予) 等。她分别执教于布朗大学、多伦多大学、加州大学伯克利分校、巴黎高等人文社会科学研究院、惠特尼人文科学中心、耶鲁大学、牛津大学贝列尔学院、普林斯顿大学和多伦多大学,戴维斯教授讲授近代早期的法国史、历史学和人类学交叉课程、历史和电影、历史和文学、女性和性别研究、近代早期的欧洲犹太史和犹太研究等课程。此外,戴维斯还被包括哥伦比亚大学、芝加哥大学在内的三四十所大学授予名誉学位,获得多项奖章,担任《社会与历史的比较研究》(*Comparative Studies in Society and History*) 等重要刊物的编委。

取得如此不凡的成就,与戴维斯本人的人生阅历和学术生涯有着更为必然的联系,从其人生经历 (尤其是学术生涯) 中我们不难发现,戴维斯兴趣较为广泛,涉猎面广,在政治、经济、历史、哲学、宗教、文学等诸多领域都有较为深入的研究;她善于思考,反对墨守成规,富于创新精神，尤其注重将不同领域内的知识融会贯通；她喜爱文学艺术与历史，这为其以后用借鉴文学理论的方法，在更为广阔的视野下研究历史问题奠定了雄厚的学术功底；另一方面，她凭借敏锐的洞察力和富有创意的思辨能力，能及时而准确地捕捉社会变迁中各个学科悄然发生的变化，并将这一切纳入其研究视野予以梳理、分析、归纳、综合，在研究中，借鉴各学科发展的最新成果与方法，予以融会贯通，大胆创新。

戴维斯的丰硕成果更是其不懈努力、笔耕不辍的必然结果。戴维斯自步入知识殿堂，就开始广泛涉猎各个领域，对文学情有独钟，酷爱历史，一方面徜徉于文学的海洋，一方面沉浸于历史的反思，尤其是通过对文学、历史研究的回顾，结合自然科学的飞速发展对社会产生的巨大影响，揭示出"历史危机"背后的真正原因，并指明了走出历史困境之路，那就是打破文学与历史之间长期存在的壁垒，站在当代社会的高度审视历史，这使其研究具有了实践品格。

戴维斯的人生轨迹应该说是比较简单的，可以概括为三句话：从学校到学校，从学生到教师，从教学到研究。从宏观上说，她致力于"一件事"：那就是毕生从事学术研究。结合戴维斯学术发展的具体情况，我们将其学术生涯分做三个阶段：前期探索、中期辉煌和后期完善。在过去的十年里，戴维斯留下了至少两份访谈录，一份自传性学术回顾。这些访谈和回顾涉及她生活和学术的一些重要方面，为我们理解她的学术发展轨迹提供了重要的线索①。

第一节　前期潜心研读

从出生、求学到步入学界，直到 20 世纪 60 年代末，是娜塔莉·泽

① 这两份访谈录是：(1) 玛利亚·露西娅·帕拉蕾丝－伯克 (Maria Lucia Pallares-Burke)：《娜塔莉·泽蒙·戴维斯》，玛利亚·露西娅·帕拉蕾丝－伯克编《新史学：自白与对话》，彭刚译，北京大学出版社 2006 年版，第 53～89 页。此书英文版 (*The New History：Confessions and Conversations*) 刊行于 2002 年；(2) Martyn Lyons and Monica Azzolini, "Natalie Zemon Davis: An Email Interview with Martyn Lyons and Monica Azzolini," *History Australia*, Vol. 2, Dec. 2005, pp. 91.1～91.10。戴维斯的自传性回顾是：Natalie Zemon Davis, *A Life of Learning*, American Council of Learned Society Occasional Paper No. 39, http://www.acls.org。这是戴维斯 1997 年在 American Council of Learned Society 所做的 Charles Homer Haskins 讲座。

蒙·戴维斯的学术积累期，这一时期，她潜心攻读、注重文史相通。

戴维斯于1928年11月8日出生于美国底特律一个没有被30年代的大萧条所裹挟的富裕犹太家庭。其父朱利安·泽蒙是一个商人，非常喜欢戏剧。其母海伦·兰普特专心照顾家庭。父母均为祖籍东欧的犹太移民。戴维斯从小就非常聪颖，兴趣很广泛。戴维斯受父亲的影响很大，从小就痴迷于历史、文学与写作。她思维活跃、善于思考，经常独坐思索问题。这为其日后富有开创性的学术研究奠定了良好的基础。

她开始人生求学道路是在底特律郊区一家优等的私立女子学校——克兰布鲁克·金斯伍德（Kingswood School Cranbrook）中学接受的教育。金斯伍德是一个专属学校，学生都是来自底特律富裕家庭的女孩，而且一个班的犹太人限额是两个。戴维斯非常热爱在金斯伍德学校的学习，在那里学习拉丁语和法语、莎士比亚戏剧、代数等。她一方面陶醉于自己钟爱的文学世界，不仅大量阅读古希腊罗马神话、中世纪神学、文艺复兴时期文学作品，尤其是较为全面地阅读、研究莎士比亚的著作，而且潜心研究启蒙时代文学作品，文学素养不断提高，这也为她日后的研究能够运用文学理论方法来研究历史打通了道路；另一方面，戴维斯开始阅读希腊和欧洲历史、启蒙运动、法国和美国革命等。后来她回忆说："我就是在那个时候突然觉得自己属于这些遥远的时间，并将自己置身于那些纯然是欧洲的过往之中。与此同时，我开始被了解人们过去所具有的种种情怀的想法深深吸引住了。我上了大学后，这种兴趣依然继续保留着，而在那个时候我还痴迷于文学和写作，那方面的兴趣可以说是家传的，因为我父亲就是一个受人欢迎的剧作家。至于历史，它之所以重要，不仅是它给了我所缺少的对于过去的感受，而且还因为它符合我对于政治的浓厚兴趣。自上大学起，为着政治的原由而去了解历史不是作为一个女人或者一个犹太人就是必不可少的。"① 马克思说过，历史乃是唯一一门能够指导人们走向未来的科学，并且这样一种想法让她入了迷，那就是——，这些身份在那个时候似乎并不是什么让人感兴趣的问题，而是作为一个个体——处于奔涌不息的人类的大潮之中。这种对历史的

---

① 〔英〕玛利亚·露西娅·帕拉蕾丝－伯克编《新史学：自白与对话》，彭刚译，北京大学出版社2006年版，第57页。

兴趣毕生激励着戴维斯。

　　二战结束后不久的 1945 年，戴维斯进入美国著名的女子大学史密斯学院（Smith College），那是所谓的"七姐妹"之一——美国七所最负盛名的女子文科学院——学习，由此正式拉开了她学术生涯的序幕。这是一个令人兴奋的地方，在这里戴维斯接触到社会主义思想，她称开始了解这一学说时，感觉有如"神启"，她的社会和政治良知越来越敏锐。同时，她还广泛、积极地参与政治辩论和各种左派政治活动，反对种族主义，要求表达自由、建立工会，等等。她乘坐公共汽车时，总是有意地坐到某个黑人的身旁。她与一些左翼学生共组马克思主义讨论团体，并担任召集人，也是"进步青年"（the Young Progressives）的主席，同时还参加了"美国民主青年"（American Youth for Democracy，此乃共产党支持的团体）。当时，她和同伴一起抗议马歇尔计划①，主张应当通过联合国来做国际援助，而非借此成为美国扩张霸权的工具。这些政治活动的参与的经验，对于戴维斯日后的研究工作有着深远的影响。这使她开始以全新的方式看待革命和历史，关切阶级和阶级冲突、社会世界如何跟知识世界产生关联，历史发起的巨大动力等问题。但戴维斯在政治上的行动主要限于在请愿书和书信上签名、寄钱，而很少参加持续进行的有组织的运动。

　　她初次接触法国年鉴派创始人之一马克·布洛赫的著作，也是在这个时期。充实的大学生活与宽松的美国式教育使戴维斯得以拥有坚实的专业基础和渊博的知识背景，这是她以后步入学术研究必不可少的条件和资本。

　　1948 年夏天，戴维斯在哈佛大学参加暑期班学习期间，认识了未来的丈夫、数学家钱德勒·戴维斯。他在战争期间曾在美国海军 V - 12 服役，他英俊、聪明，是个左派人士，喜欢有才智的女性。除了数学和科学，他对音乐、诗歌、科幻小说都感兴趣，所以他们有很多话题可谈。他同时也是戴维斯见过的第一个激进的男生，但他不是犹太人。他的祖先是古老的马萨诸塞州的神教派信徒和宾夕法尼亚州的教友派信徒，而

---

①　马歇尔计划（The Marshall Plan），官方名称为欧洲复兴计划（European Recovery Program），是二战后美国对被战争破坏的西欧各国进行经济援助、协助重建的计划，对欧洲国家的发展和世界政治格局产生了深远的影响。

且，他家境并不富裕。她们相识三个星期之后，钱德勒向戴维斯求婚，但这遭到了戴维斯家庭的反对。六周后，戴维斯没有告诉自己的父母，也没有告知史密斯学院，他们在波士顿市政厅结了婚，当时戴维斯刚刚19岁，钱德勒刚满22岁。未经许可而结婚是违反史密斯学院的校规的，然而由于戴维斯的成绩极为出色，校方法外施恩并未将她开除。不过，学校的教师不大赞同她此时结婚，因为如此年轻便要面对兼顾婚姻生活和研究工作，对她显然不利。然而，时间证明她成功地兼顾了两者。钱德勒的家庭非常欢迎这个犹太籍儿媳进入他们的家庭。后来他们的家庭总是挤满了犹太难民和犹太左派人士。而戴维斯的父母，尤其是她的母亲，对戴维斯嫁给一个非犹太人而震惊。这也致使戴维斯跟家里的关系断绝了很长一段时间。直到多年之后，她的母亲才接受了他们的婚姻。

第二节　中期成果丰硕

1949 年，戴维斯进入另一所著名女子大学拉德克利夫学院（Radcliffe College，今属哈佛大学）攻读历史学硕士学位。此时，她一方面着手研究 16 世纪法国人文学者的文化计划与其竞逐社会地位之间的关系，另一方面则师从于乔丹（W. K. Jordan）[①] 学习英国史。她对革命、社会转型、工人、黑人、反犹太主义等议题，也有高度的兴趣。1950 年毕业后，入密歇根大学攻读博士学位。在攻读博士学位期间，她开始阅读布洛赫的《封建社会》，阅读对"人民"和"阶级斗争"的讨论，阅读从档案、家庭和行会记录中摘抄出来的反映手工业者和乡民家庭参与宗教和政治活动的记载。戴维斯还广泛涉猎各个社会科学的各个领域，历史学是其主攻方向，为了更好地研究历史，她还大量阅读文学、政治学、文化学、法律、宗教、人类学、心理学等，如维柯、尼采、叔本华、克罗齐、萨特、列维－施特劳斯、福柯、海德格尔、伽达默尔、皮亚杰、内布里奇、弗莱、米什莱、兰克、托尔维尔、布克哈特、黑格尔、马克思等人的学术论著。她不仅批判地吸收各个学科的已有研究成果，还积

---

① 著有 *Development of Religious Toleration in England*, 4 Vols., Cambridge, Mass.: Harvard U. P., 1932 – 40; *Philanthropy in England 1480 – 1660: a Study of the Changing Pattern of English Social Aspirations*, London: G. Allen and Unwin, 1959 等书。

极借鉴他们的研究方法。在这十年研究生学习时期，她的兴趣逐渐从观念史转向社会史。

1952 年春，戴维斯前往里昂，在当地档案馆进行了长达六个月的研究。这使戴维斯跟档案材料结下了不解之缘。当时，美国学者大都依靠已刊资料研究法国史，戴维斯则是较早利用法国档案从事法国史研究的学者之一。她在没有任何指导的情况下，费力地学会解读 16 世纪的手稿，为她日后的研究工作打下了基本功。隔年回到美国后，戴维斯夫妇遭遇到了政治迫害，由于他们对政府违宪做法的批评，钱德勒被逮捕、关押，夫妻俩的护照均被没收了。对于以法国近代史和社会史为主要研究领域的戴维斯而言，此举无疑是一种学术惩罚。这样一来，戴维斯就无法前往法国查阅档案了，这是令她最为绝望的一件事情。为了克服这个限制，她只好奔波于纽约各大图书馆，查阅 16 世纪里昂出版的著作，想不到，这反倒给她提供了不少灵感，让她开始思考书籍史，尤其是养成了将档案资料与不同文类的印刷文本相结合的研究方法。在此期间，她发表了关于 16 世纪的商业中的荣辱的文章。在法国近代著名经济史家亨利·豪瑟（Henri Hauser）① 的论著中，她了解到 16 世纪里昂的桀骜不驯的民众，如他们组织的粮食骚乱，印刷工人的罢工，1562 年的新教徒起义。她发现"这就是我的论文题目。我需要的东西，里昂是应有尽有。在这里，我可以检验马克思的宗教是物质利益在上层建筑中的反映的观点与马克斯·韦伯的新教激励资本主义精神的看法"②。她的博士学位论文《新教教义与里昂印刷工人：宗教改革运动中的宗教与社会阶级问题》（*Protestantism and the Printing Workers of Lyon*） 就是在分析里昂档案与这些出版物的基础上写成的。在 20 世纪 50 年代，从事宗教改革研究的大都是宗教界人士，这些讨论往往戴着有色眼镜，研究主题集中于教义的讨论，社会经济因素则基本不予考虑。戴维斯的论文突破了这些局限。她将问题的焦点从对宗教派、教义的讨论，转向对新教徒的社会、

---

① 亨利·豪瑟（Henri Hauser, 1866 - 1948），法国社会史家，著有《法国古代的工匠与商人》（*Travailleurs et marchands dans l' ancienne France*, 1920） 和《16 世纪的现代性》（*La modernité du 16e siècle*, 1930）。

② Natalie Zemon Davis, *A Life of Learning*, American Council of Learned Society Occasional Paper, No. 39, http://www.acls.org.

职业构成的分析。她发现，这些新教徒来自里昂社会的各个阶层，经济上的敌人在此成为宗教上的盟友，但从职业构成看，新教徒主要来自新兴职业，来自技术要求较高和识字率要求较高的职业。因此，她认为，宗教改革不是围绕"经济阶级"，而是围绕"情感－精神阶级"（emo-tional-spiritual class）组织起来的。多年以后，在回忆博士学位论文时，戴维斯重申了论文写作过程中的一个心得："我喜欢坚持说，在某种意义上看，人们的解释应当与我们的研究对象在过去所说过的话保持一致：尽管我们可能希望在解读时超越他们本身的自述，但我们永远必须与这些自述妥协。"[①] 20 世纪 60 年代纳塔莉·戴维斯正是以 16 世纪里昂历史的专家身份获得声誉。那时她写了一系列开创性的论文来从各个角度审视那个城市，如城市空间、贸易、移民、天主教—新教关系、性别关系等。在那个时候，她坦承自己主要是对工人阶级感兴趣，而里昂工人的暴动使她可以追寻让她入迷的那些重大问题——阶级、阶级冲突、宗教变迁以及社会和思想世界之间的关联——的理想素材。

在戴维斯的早期学术生涯中，马克思主义对她的影响是相当大的，阶级分析方法在她的博士学位论文中就得到了鲜明体现，该文以马克思主义观点为基础，探讨了社会阶级和阶级冲突在宗教变迁过程中的重要性[②]。1959 年，戴维斯将其博士学位论文提交给密歇根大学，于同年获得博士学位。

1956 年，在攻读博士学位期间，戴维斯第一次开始了教书生涯，在美国哥伦比亚大学的综合研究学院教了一个学期的晚间历史课。在那里，戴维斯碰到了罗莎莉·科利[③]，这个人对戴维斯的影响很大，她使戴维斯记住自己是一个学者，也是一个母亲。戴维斯有一本书[④]的献词是怀

---

① Natalie Zemon Davis, *A Life of Learning*, American Council of Learned Society Occasional Paper, No. 39, http://www.acls.org.

② 转引自〔美〕苏珊·德山《E. P. 汤普森与娜塔莉·泽蒙·戴维斯著作中的群众、社群与仪式》，载〔美〕林·亨特编《新文化史》，江政宽译，麦田出版 2002 年版，第 85 页。

③ 罗莎莉·科利（Rosalie Colie, 1924 - 1972），北美文学批评家，著有《流行的悖论：文艺复兴的悖论传统》（*Paradoxica Epidemica: The Renaissance Tradition of Paradox*, Princeton, Princeton University Press, 1966）和《莎士比亚的鲜活艺术》（*Shakespeare's Living Art*, Princeton, Princeton University Press, 1974）。

④ Natalie Zemon Davis, *Women on the Margins: Three Seventeenth-Century Lives*, Cambridge, Mass., Harvard University Press, 1995.

念罗莎莉·科利的。戴维斯认为，她们之间的谈话在思想上对戴维斯来说是很重要的。罗莎莉·科利于戴维斯而言，与其说是教师，而不如说像一个年长的朋友。这使得两个女人之间能够多少以平等的地位来进行独立的讨论。

20世纪50年代是戴维斯最艰难的岁月，也正是美国反共如火如荼的发展时期。凡学界同情左派的学者和研究生都是美国情报单位专管的对象。就在她为撰写学位论文远赴法国收集资料期间，她为某左翼宣传手册签名，因此她和她的丈夫遭到了麦卡锡主义的迫害。她丈夫甚至上了黑名单而无法在任何一家美国大学找到教职，并最终因为蔑视国会而入狱几个月，他们的护照也被没收了。因为被列入黑名单，没有大学愿意给钱德勒全职的教席，他便在白天从事广告工作（在未告知业主因思想问题而官司缠身的情况下，得到这份工作），晚上到纽约社会新学院（New School for Social Research）和哥伦比亚大学兼课。同一时期，她有了孩子并且取得了密歇根大学的博士学位。她说她很擅长瞬间从儿童玩的沙堆转变到学习室，从阅读加尔文教徒小册子转变到《拍拍小兔子》。有时打字时，她的膝盖上还坐着一个孩子。中断成为一种生活的方式，这对于她后来那些年的教授生活是很好的训练。她说："生养孩子的快乐远远超过了我们所经历的政治磨难。"她毫无窘色地补充说，"生养孩子帮助我成为一名历史学家。它使我更加人性化；它教会我心理学和人际关系，并且令'物质需要'和'身体'这些抽象的名词血肉丰满；它向我展露了家庭的力量，而那个时候很少有历史学家去研究的"[①]。戴维斯在这一时期，陆续译介、编辑出版了几部论著，并相继发表了几篇学术论文。

第三节　后期日臻完善

20世纪70年代的十年是戴维斯学术丰收的时期，硕果累累，使她一鸣惊人，由此奠定了她在学术界的泰斗地位。从此，不论是赞同她的

---

① 〔英〕玛丽亚·露西娅·帕拉蕾丝－伯克编《新史学：自白与对话》，彭刚译，北京大学出版社2006年版，第56页。

观点的学者还是反对她的学者，都无法漠视她的存在。

　　获得博士学位后，戴维斯在布朗大学工作了四年（1959～1963年）。政治迫害问题直到1963年才解决，那一年钱德勒在多伦多大学获得教职，她们举家迁往这个加拿大城市。不久，她也在多伦多找到位置，先是在政治经济学系工作，1968年转到历史系，至1971年离开，她在这所大学任教达八年。在多论多大学任教期间，戴维斯继续接触年鉴派著作，如古贝尔的《博韦与博韦人》、勒华拉杜里的《朗格多克的农民》等书，但当时她接触到的年鉴派研究集中于区域史或乡村史，而不是城市劳工或宗教史，他们对手工业行会及其习俗兴趣不大。于是，她将眼光转向人类学和妇女研究。在《混乱的理由》一文的写作过程中①，她发现以本身的社会史训练，已无法分析里昂的大声喧哗、嘉年华会等论题，她无意中发现了法国近代著名民俗学家阿诺尔德·凡·根纳普（Arnold Van Gennep）七卷本的巨著《法国民俗手册》（*Manuel de folklore français*），了解到她在里昂发现的习俗曾流行于法国乃至整个欧洲，从而激起了她对人类学与民俗学的兴趣。以此为契机，她研习了伊文斯－普里查德（E. E. Evans-Pritchard）、特纳（Victor Turner）、格尔兹、西敏司（Sidney Mintz）等许多现当代著名人类学家的著作②。与人类学的邂逅，不仅让戴维斯在处理民俗、节庆等问题时显得得心应手，还为她日后对马丁·盖尔的"民族志"研究提供了重要的灵感来源。因此，可以说人类学强化了纳塔莉·戴维斯的主要特点，也即运用地方史来寻机探索更具普遍性的问题。

　　1971年，她被聘为美国加州大学伯克利分校历史系教授，1977年离开。从1963年至多伦多大学任教，至1977年离开加州大学伯克利分校，总共有十五年的时间，这无疑是她学术生涯中最关键的时期。在此期间，她在分析里昂档案的基础上，在欧美核心史学刊物上发表了一系列颇有分量的社会文化史论文，不少已收入1975年刊行的《近代早期法国的社会与文化》一书。这本书奠定了戴维斯在早期近代法国史研究领域的权

①　Davis, "The Reasons of Misrule," Davis, *Society and Culture in Early Modern France*, California: Stanford University Press, 1975, pp. 97 – 123.

②　Natalie Zemon Davis, *A Life of Learning*, American Council of Learned Society Occasional Paper, No. 39, http://www. acls. org.

威地位，此书收录的论文主要是于 1965 年至 1975 年间完成和发表的。
该书共收入八篇论文，其中五篇先前已发表，其余三篇则属首次刊行，
其内容涉及工人罢工、济贫、嘉年华会、宗教冲突、印刷史、民间文学
等。其研究焦点集中于宗教改革运动时期印刷工人、城市妇女和农民等
普通人物和社会群体的日常生活、工作经历、性别关系与文化认同之间
的互动关系。其中最为经典的是她对宗教改革中暴力问题的讨论，这一
研究堪与英国著名新社会史家汤普森（E. P. Thompson）对 18 世纪欧洲
粮食骚乱的研究相媲美①。这篇文章的题目是"暴力的仪式：16 世纪法
国的宗教骚乱"②。戴维斯将自己的声音或多或少地穿插在此部著作中。
她试图以一种并非还原论的方式来使得那些粗野而残酷的暴力行动呈现
其意义。她说："一个人的价值观在所有的时候都会影响到他所写作的东
西，然而我并不认为，历史学家每时每刻都应当是自觉的和干预的，就
像当代某些论著所说的那样。其实，那可能会让人很厌烦的。"③ 在这本
论文集中，戴维斯已经开始尝试性地利用人类学、人种学和女性主义的
相关理论与方法考察一贯被历史学家忽视的普通人物和社会群体的社会
与文化面向，其中对于群众在日常生活和节庆时节中的仪式行为的"深
描"手法已经开始显露。这些论文奠定了她作为社会文化史学家在国际
学术界的地位④。这一阶段对她的研究影响较深的是人类学与妇女研究。
人类学对于宗教的研究方法以及对于宗教更多形式的研究，开阔了戴维
斯的眼界。这使得她不再将天主教视作一个行将衰亡的体系，而是与新
教同样活跃着。至于妇女学，在 20 世纪 50 年代早期戴维斯开始攻读博
士学位时，写了一篇论克里斯蒂娜·德·皮桑（Christine de Pisan）的论
文，然而她却决定不选择妇女史来做学位论文。后来她在玛利亚·露西

① E. P. Thompson, "The Moral Economy of the English Crowd in the Eighteenth Century," *Past and Present* 50, 1971, pp. 76 – 136; reprinted in E. P. Thompson, *Customs in Common: Studies in Traditional Popular Culture*, New York: The New Press, 1991, pp. 185 – 258.

② Davis, "The Rites of Violence: Religious Riot in Sixteenth-Century France," *Past and Present* 59, 1973, pp. 51 – 91; reprinted in Davis, *Society and Culture in Early Modern France*, pp. 152 – 187.

③ 〔英〕玛丽亚·露西娅·帕拉蕾丝－伯克编《新史学：自白与对话》，彭刚译，北京大学出版社 2006 年版，第 60 页。

④ Natalie Zemon Davis, *Society and Culture in Early Modern France*, Stanford: Stanford University Press, 1975.

娅·帕拉蕾丝－伯克的访谈中解释道:"首先,我觉得更重要的是去继续研究新教改革中的工匠、阶级和社会变迁,那个时候没有人会在这个领域有兴趣来做我那种档案工作。其次,我当时并不认为妇女史是给历史研究增添了一个新的维度。在我考察这第一个女子职业文学家时,我试图从社会角度来给她定位,然而,从我的马克思主义观点来看,我不会觉得研究这么一位身居高位的妇女能有多大的新意。比如说,我更被在早期的工会中所发现的思想问题所吸引,更愿意去探索某些尚未被人涉足过的地方。那就是我从没有修订或刊行关于克里斯蒂娜的那篇论文的原因之一,虽然《观念史杂志》表示过对这篇文章的兴趣。那时候,我把它放在一边,又回到了我的工匠研究上来了!还有第三点,我不会因为我是个女人,就想要做和妇女有关的事情。我的选择还有政治方面的理由。在50年代早期我写作那篇论文的时候,我们正处于冷战和朝鲜战争期间,当时真正成问题的是和平,而不是妇女。"① 在多伦多大学任教后,她遇见美国新妇女史研究的先驱吉尔·克尔·康韦 (Jill Ker Conway),开始思考妇女在历史上扮演的角色。1971年,她们共同开设了加拿大有史以来第一门妇女史课程:"近代早期欧洲与美国的社会与性别"(Society and the Sexes in Early Modern Europe and in America)。对她而言,这是另一个"跨学科的跳跃",因为"要是不从生物学跳进文学,就无法将社会性别的主题加以概念化"②。可以想见,这一跳跃的结果,是对文学批评理论的阅读。美国新文化史主要倡导者林·亨特 (Lynn Hunt)在1989年宣称,日后史学家的主要盟友不再是社会学,而是人类学与文学理论③,而戴维斯早在70年代已着手进行相关的实践了。戴维斯尝试结合历史学和人类学的研究,历经整个60年代。

　　在加州大学伯克利分校的任职行将结束时,戴维斯的一位研究生给她看了一本书。这本从法律图书馆借来的书,是让·德·科拉 (Jean de Coras) 的《难忘的判决》。这本书激起了她浓厚的兴趣,她认为这应该

① 〔英〕玛丽亚·露西娅·帕拉蕾丝－伯克编《新史学:自白与对话》,彭刚译,北京大学出版社2006年版,第62页。

② Natalie Zemon Davis, *A Life of Learning*, American Council of Learned Society Occasional Paper, No. 39, http://www. acls. org.

③ Lynn Hunt, "Introduction," Lynn Hunt, ed., *The New Cultural History*, Berkeley and Los Angeles: University of California Press, 1989, pp. 10–11.

拍成一部电影。戴维斯认为历史学家在过去的事件或具有戏剧性又有通俗吸引力的事件中，很少看到如此完整无缺的叙事结构。巧合的是，她听说电影剧本作家让·克劳德·卡里埃（Jean-Claude Carriere）和导演丹尼尔·维涅（Daniel Vigne）正开始着手同一主题的电影剧本，于是戴维斯先是作为顾问参与了法语影片《马丁·盖尔归来》（*Le Retour de Martin Guerre*）的制作。这部电影于 1982 年公映，获得了轰动的效应。但是戴维斯在参与拍摄的过程中认为这部电影脱离了历史记载，例如盖赫氏的巴斯克人（Basque）背景被牺牲掉了、乡村的宗教信仰（Protestantism）被忽略，尤其是妻子与法官在替身竞赛（double game）中的内心冲突也被削弱了。所以 1982 年戴维斯写成了同名著作，此书于 1982 年推出了法文版，其英文版是次年由哈佛大学出版社刊行的。在《马丁·盖尔归来》这本书中，戴维斯以微观的视角叙述了 16 世纪一个法国南部小山村农民冒名顶替的故事，以当事人的生活和心态为基础考察了身份认同与阶级关系的形成与互动过程，其中也不乏想象与虚构因素的融合。她再一次显示出擅长用地方史来提出普遍性问题的艺术①。《马丁·盖尔归来》与意大利史学家金斯伯格的《奶酪与蛆虫》和法国史学家勒华拉杜里的《蒙塔尤》被称为西方微观史和新文化史研究的典范。20 世纪 80年代早期，娜塔丽·戴维斯作为销售业绩最佳的学术著作《马丁·盖尔归来》的作者和由丹尼尔·维涅执导的同名电影顾问，国际知名度更大了，成为西方为数不多的一位既能被学术界认可又能被大众所认可的历史学家。同时，她还是一个著名的散文家。她的散文具有很强的艺术性，颇具历史深度和美学意味，因此广受读者欢迎。这种才能也使得她成为当代最著名的史学讲演者。

　　1978 年到 1981 年，戴维斯受聘于普林斯顿大学。1981 年，荣升为讲座教授（Henry Charles Lea Professor of History）；1987 年荣膺美国历史学会会长的学术桂冠。美国历史学会一向是最大的民间学术团体，会员有一万五六千人，每年经由全员票选年度会长，这种全员直选的会长可说是实至名归的一代大师。女性会长，更是历届获得此专业桂冠中的少数，戴维斯

① 〔美〕娜塔莉·泽蒙·戴维斯：《马丁·盖赫返乡记》，江政宽译，联经出版公司 2000年版。

曾说:"我希望,我是个知识分子,而不只是专业人士。"① 由于戴维斯独特的历史研究方法和研究领域,把文学的叙述手法运用到历史的写作中,她于 2010 年被授予霍尔堡国际纪念奖。在其职业生涯中,她坚守自己的政治立场和道德情操,从不在学术准则上妥协。就是在这样一种令人嫉妒的环境里,戴维斯写出了后半生最重要的一系列的著作。

1987 年戴维斯出版了《档案中的虚构》一书。这本书的写作发端于作者开设的系列讲座,即斯坦福大学 1985~1986 年度的"哈利·坎普讲座"(Harry Camp Lectures)②。这部著作讨论的是从法国流传至今的数以百计的 16 世纪请求国王赦免杀人罪行的赦免书。戴维斯提醒大家,这些赦罪档案所载的故事纯属虚构,历史学家不可轻易据此重建历史;读者也不可视之为凶案发生的始末。本书的目的是要透过对这些虚构档案的解构,来探讨存在赦免状利益背后的文化因素,而且试图表明当时社会接受赦免书(letters of remission)的叙述策略是为了满足人们对某种凶杀故事能够接受的心态。戴维斯一反历史学家(包括她本身)惯常的做法,即从历史文献中爬梳资料,讨论文献提到的论题,如 16 世纪的日常生活、节庆、礼仪、经济活动、宗教冲突等;她讨论的出发点,是赦免书这种文献本身:它们是在何种情形下被制造出来的,它们是谁制造的。具体来说,赦免书与 16 世纪法国的司法程序有何关系,它们是由谁编撰出来的,赦免书中的叙事方式与叙事技巧有何特点,这些方式和技巧,与 16 世纪法国人的叙述能力与风格、与当时的文学创作有何关联,它们是如何影响司法审判的,在近代早期,赦免书经历了哪些变化。这样一来,传统史学借以建构历史过程的"透明的"媒介——"史料",本身成为历史学家考察的焦点,这种方法论取向,与美国著名历史哲学家海登·怀特对所谓的"形式的内容",亦即历史编纂中"情节设置"(emplotment)等问题的兴趣颇为类似③,不过,戴维斯的目的倒不是要解构历史与文学之间的鸿沟,戴维斯最感兴趣的是这些赦免书的书写、塑造

① Natalie Zemon Davis, *The Return of Martin Guerre*, Cambridge, Mass., Harvard University Press, 1983, p. 1.

② Natalie Zemon Davis, *Fiction in the Archives: Pardon Tales and Their Tellers in Sixteenth-Century France*, Stanford: Stanford University Press, 1987.

③ Hayden White, *The Content of the Form: Narrative Discourse and Historical Representation*, Baltimore: The Johns Hopkins University Press, 1987.

和形成的方式与过程，因为在她看来，这些涵盖虚构和想象的档案提供了了解当时人们的思考方式和心理观念的重要视角。这一研究提供了"虚"题"实"做的一个优秀的个案，也是文学理论影响戴维斯的也许是最为显著的一个例证[①]。

1995年，戴维斯出版了在风格与研究方法上跟《马丁·盖尔归来》最为接近的《边缘妇女》。戴维斯以17世纪欧洲女性的作品与史料为基础，叙述了三位不同背景女性的生活：一位是来自欧洲的有十二个孩子的母亲犹太女商人格莉克尔（Glikl bas Judah Leib），一位是来自北美洲的天主教神秘主义幻想家玛丽（Marie del' Incarnation），来自南美洲的新教徒，画家和博物学家玛丽亚（Maria Sibylla Merian）。作者根据她们留下来的回忆录、手稿等资料，通过重构这三位来自不同地区、身份差别甚大的女性的生活，展示了17世纪女性生活的多样性。在这本书中，戴维斯已走出了她最为熟悉的时代和国家（16世纪，法国），踏入新的时代与新的土地（17世纪，南、北美洲），接触全新的研究素材（犹太文献等）。在书中戴维斯探讨了她们处在社会边缘劣势的地位时，如何去挑战残酷的现实环境，从而创造自我价值与意义的问题。[②]

或许是因为对于早期近代法国史的情有独钟，戴维斯在比较了三个来自不同世界和到过不同世界的妇女的故事之后，将视角转向发生在16世纪法国日常生活中的礼物的故事。戴维斯于2000年出版了《十六世纪的法国礼物》，对该书主题的研究开始于80年代初。[③] 其最初成果曾作为讲座主题，先后在1983年和1998年宣读。在这本书中，戴维斯根据信件、账本、日记等资料，考察了16世纪法国社会中礼物的精神，礼物实践与公众时间的关系，礼物实践在不同社会场景中的意义，礼物与商品的关系，送错礼物的情形，礼物与政治体制、不同宗教仪式的关系等问题，对礼物在16世纪法国的地位、意义和用途进行了深入分析，用戴维斯自身的话来说，此书是"16世纪法国礼物的民族志"，也是对所谓"礼物模式"

---

① 我们注意到，这部著作是献给劳伦斯·斯通的，而斯通不仅是杰出的社会史学家，而且是历史编纂学中"叙事复兴"最早的倡导者之一。

② Natalie Zemon Davis, *Women on the Margins*：*Three Seventeenth-Century Lives*, Cambridge, M. A.：Harvard University Press, 1995.

③ Natalie Zemon Davis, *The Gift in Sixteenth-century France*, Oxford：Oxford University Press, 2000, p. 284.

（gift mode）的社会文化史研究。① 而本书更令人回味的是戴维斯对于礼物馈赠和礼物接受过程中所体现的权力关系的深度考察。②

　　2002 年戴维斯出版了《奴隶、电影与历史：还原历史真相的影像实验》一书。这本来源于戴维斯与电影的邂逅，更来源于她在长期教学的过程中对电影语言与史学语言进行比较与思考的心得。自 80 年代以来，戴维斯在普林斯顿大学开设了十多年的讨论课"历史与电影"（History and Film），她讨论的例子是反映奴隶制与反抗奴隶制的影片。③ 这些讨论成为《奴隶、电影与历史》一书直接的灵感来源。戴维斯在书中讨论了尽管电影制作可以自由地在真实与虚构之间进行选择，但也可以尽量照顾历史真实性，以不违背历史真实为原则，倘若措置得当，"电影可以揭示——或更准确地说，揣测——过去是如何被体验，如何被表演的，在具体而微的、地方的层面，人们是如何经历大的历史动力与主要的事件的。"④ 这种电影完全可以收到微观史学的效果。而且促使戴维斯一直反思历史真实（historical truth）与影视呈现（film representation）之间的关系。在本书中，戴维斯认为电影作为一种历史叙事（film as historical narrative）是现代人对于过去的"思想实验"（thought experimentation），并以历史上的奴隶为主题探讨电影如何诠释奴隶在历史上的形象⑤。此书也被公认为当前不断兴起的影视史学的重要代表作。

　　而于 2007 年出版的《骗子游历记：一位处于两个世界间的穆斯林信徒》⑥ 则延续了戴维斯对于非法国史和跨文化研究的兴趣。这本书叙述了一位欧洲穆斯林外交家和商人——阿尔 – 哈山·阿尔 – 瓦赞（al-Hasan al-

---

①　Natalie Zemon Davis, *The Gift in Sixteenth-century France*, Oxford：Oxford University Press, 2000, p. 14.

②　Sheila Ffolliott, "Review of The Gift in Sixteenth-Century France," *Renaissance Quarterly*, Vol. 55, No. 4, 2002. pp. 1412 – 1414.

③　Natalie Zemon Davis, *Slaves on Screen：Film and Historical Vision*, Cambridge, Mass.：Harvard University Press, 2000, p. xi.

④　Davis, *Slaves on Screen Film and Historical Vision*, Cambridge, Mass：Harvard University Press, 2000, p. 7.

⑤　〔美〕娜塔莉·泽蒙·戴维斯：《奴隶、电影、历史：还原历史真相的影像实验》，陈荣彬译，左岸文化 2002 年版。

⑥　Natalie Zemon Davis, *Trickster Travels：A Sixteenth-century Muslim between Worlds*, New York：Hill and Wang, 2006.

Wazzan）的故事。他 1492 年出生于西班牙的格拉纳达（Granada），以在非洲（在当时非洲对于欧洲人来说还是一个神秘的大陆）各地出任外交家和经商而闻名。一件偶然的事件完全改变了他的一生，1518 年作为摩洛哥非斯（Fez）苏丹（Sultan，某些伊斯兰国家最高统治者的称号）的外交使节时在地中海地区被西班牙海盗俘获，并随后送交教皇利奥十世（Pope Leo X）收监。当他皈依基督教（由教皇亲自洗礼）之后，随即释放并改名为利奥·阿非利加纳（Leo Africanus）。在接下来的十年间，他一直生活在意大利并与很多基督徒学者一起工作。在这段时间，他撰写了一本后来在整个欧洲不断印刷和出版的有关非洲的著作——《非洲印象》（*Description of Africa*）①。戴维斯找到了他出版的著作和手稿，甚至还在图书馆找到了他曾读过的书，他在这些书的边上作的批注，为重构这位阿拉伯人一生的奇特遭遇和生活提供了可能。这本书对欧洲人对于非洲的认识与理解的影响长达几个世纪。戴维斯试图向我们展示利奥的生命经历以及他如何能够嫁接和协调伊斯兰非洲和基督教欧洲的两个不同世界。② 这种对于两种不同世界、不同文化和不同宗教的整合思考，戴维斯称其为 "文化混合" 的尝试③。她的这些主要著作被翻译成法、德、葡、意、日等多种文字，她的名声超出了英语世界与法语世界，成为拥有国际声誉的学者。1976 年，戴维斯当选法国史学研究协会主席；1987 年，当选美国历史学协会主席；1979 年，当选美国艺文及科学院院士；1995 年，当选国际历史科学大会第一副主席；另外，她还是英国科学院通讯院士（1995）、皇家历史学会通讯院士（2002）等。戴维斯还被包括哥伦比亚大学、芝加哥大学在内的三四十所大学授予名誉学位，获得多项奖章，担任《社会与历史的比较研究》（*Comparative Studies in Society and History*）等重要刊物的编委④。这是个名副其实的 "收获" 时期。娜塔莉·戴维斯 1996 年从普林斯顿大学退休后，又被聘为荣休讲座教授至今。她自 1978 年以来就在那里任教（在加州大学伯克利分校待了六年之后），戴维斯对普林斯顿大学的学

---

① Leo Africanus, *Description of Africa*, Kessinger Publishing, LLC, July 25, 2007.

② http://www.amazon.com/Trickster-Travels-Sixteenth-Century-Muslim-Between/dp/0809094347.

③ 〔英〕玛丽亚·露西娅·帕拉蕾丝-伯克编《新史学：自白与对话》，彭刚译，北京大学出版社 2006 年版，第 55 页。

④ 上述论述基于戴维斯提供给笔者的履历。

术圈子甚为满意。当时,英国著名社会史学家劳伦斯·斯通(Lawrence Stone)主持史学研究中心,文化史学家卡尔·朔尔斯克(Carl Schorske)组建了欧洲文化研究计划。但戴维斯的学术圈子不仅限于历史系,她还与人类学系及文学系的几个同事进行频繁的交流与合作,在她曾一同合作开课的同事中,包括著名人类学家格尔兹(Clifford Geertz,我们知道,他也曾与《屠猫记》的作者罗伯特·达恩顿一同开课)。她还与女同事共同创建了普林斯顿大学的妇女研究计划。在1997年回顾中,她特地指出:"就我在20世纪70年代对人类学的兴趣而言,伯克利是块宝地;同样,就我在20世纪80年代对电影与文学的兴趣而言,普林斯顿也是块宝地。"①

在1997年的一次讲座中,戴维斯以"求知的一生"为题,总结了自己的学术生涯。从她的回顾中,我们可以发现戴维斯不仅在法国史、妇女史领域建树卓著,更从70年代起便率先尝试结合历史学和人类学进行研究,是社会史、文化史较早的开拓者之一。她涉及的题目非常广泛:从里昂的印刷工人到比利牛斯山的农妇,从犹太女商人到阿拉伯骗子,从工商业行会到宗教战争,从赦罪故事到礼物,等等。从研究兴趣看,我们大致可以说,她早期从事的是相对纯粹的社会史研究,接着转向人类学影响较为明显的社会文化史,后期则在历史编纂学上,进行了民族志、微观史学、历史叙事等几个方面的实践。而她的叙述史学的写作风格,更是令其学术性很强的历史著作在广大普通读者当中产生共鸣。尤其令人钦佩的是她孜孜不倦的学术探索精神,或许帕拉蕾丝·伯克的以下这段评论能够体现戴维斯的学术风范与人格魅力,帕拉蕾丝·伯克指出:"她一直是一个完美无缺的角色典范,不仅对于新一代的女学者,而且对于普遍而言的历史学家来说,都是如此。她传达给历史学家和一般公众的信息是,可以将研究过去视作是学会希望,因为它表明,无论社会多么专横无道,总是有着可供选择的余地来让人们创造自己的历史。无论现状看起来多么陈腐不堪和不可救药,过去总是在提醒我们,变化是可以发生的"②。以下各章就戴维斯在妇女史学、影视史学和新文化史学方面的独特贡献进行逐一阐述。

---

① Natalie Zemon Davis, *A Life of Learning*, American Council of Learned Society Occasional Paper, No. 39, http://www. acls. org.

② 〔英〕玛丽亚·露西娅·帕拉蕾丝–伯克编《新史学:自白与对话》,彭刚译,北京大学出版社2006年版,第56页。

第二章　娜塔莉·泽蒙·戴维斯的妇女史观

新文化史家戴维斯本人就是国际妇女史研究的拓荒者，她在20世纪50年代即已投入妇女史研究。在加拿大她和美国新妇女史研究的先驱吉尔·克尔·康韦（Jill Ker Conway）共同开设了加拿大有史以来第一门妇女史课程："近代早期欧洲与美国的社会与性别"（Society and the Sexes in Early Modern Europe and in America）。那成了在20世纪70、80年代西方大学中最受欢迎的课程之一。戴维斯是较早使用社会性别的少数历史学家之一。早在1975年她就以自己的妇女实证研究为基础，提出了有关的理论性和解释性问题，其中影响最大的就是对于生理性别与社会性别群体的强调。这也成为其他妇女史学家进一步发展社会性别理论的基础。在她的学术著作中，"妇女"这一主题占有相当重要的地位，而且在研究中清晰地呈现出所提倡的社会性别及其与生理性别差异的视角。本章将以戴维斯的《马丁·盖尔归来》和《边缘妇女》作为文本，来分析阐述她的妇女史观。

第一节　妇女史学的兴起

占人口一半的妇女是世界文化的重要创造者，对人类历史的发展做出了巨大贡献。然而，妇女"无史"，广大妇女在传统的历史研究中，曾长期处于被淹没的状态，成了历史叙述的"失语者"。20世纪六七十年代，随着西方女性主义运动和理论的发展，新史学的兴盛，以及女性学者队伍的扩大，妇女史得到了历史学家从未有过的重视，出现了蓬勃发展的局面。妇女史学的繁荣是20世纪后期史学研究取得的最突出成就之一，它的兴起对当代史学产生了巨大的影响，在诸多方面对史学的发展做出了贡献。

史学发展的历史表明，所有的史学关怀和分支学科的出现都与时代关怀的引发和学术风气转向有关，而"科学"的历史学自19世纪建构以来，是在不断地挑战反思、推陈出新、吸纳融贯中发展起来的。如社会史对政治史的反拨，文化史对社会史的超越，经济－社会史对经济史和社会文化史的交叉整合都是如此。同样，妇女史在20世纪70年代的兴起，也是时代关怀、学风转向和学科整合交叉所致。

一　社会思潮的影响

西方妇女史不是一种书斋学问，它开始时是伴随着妇女社会运动发展而兴起的。西方的女性主义理论肇始于近代资产阶级革命，随着女性主义运动与其他社会运动而不断发展，日趋成熟。18世纪中期，欧洲社会动荡不安，处于激烈的变革之中，在资产阶级启蒙思想影响下，女性意识开始觉醒，英国、法国、美国妇女运动蓬勃兴起，广大女性起来争取与男性平等的经济权利与政治权利。19世纪末20世纪初的第一次妇女运动，以资产阶级人权、自由、平等思想为理论依据，关注两性的平等问题，她们侧重批判两性的不平等地位，强调男女的共性，要求给予女性与男性平等的受教育权、工作权和选举权。代表这一思想的论著有1792年英国女作家玛丽·沃斯通克拉夫特（Mary Wollstonecraft）[1] 撰写的《女权辩护》一书，为受压迫的妇女呐喊出了第一声强音，强烈要求女性应拥有同男子一样的三种独立权利，即"工作权""受教育权""参政权"[2]。英国政治学家、经济学家、哲学家约翰·斯图尔特·穆勒（John Stuart Mill）1869年出版了《妇女的屈从地位》。他在书中明确地指出："我确认，规范两性之间的社会关系的原则——一个性别法定地从属于另一性别——其本身是错误的，而且现在成了人类进步的主要障碍

---

[1]　玛丽·沃斯通克拉夫特（Mary Wollstonecraft, 1759－1797）是18世纪的一位英国作家、哲学家和女权主义者。在她短暂的写作生涯中，她写就了多篇小说和论文、一本旅行书简、一本法国大革命史、一本行为手册以及一本童书。《女权辩护》（1792年）是沃斯通克拉夫特最知名的作品。在这本书里，她提出：女性并非天生低贱于男性，只有当她们缺乏足够的教育时才会显露出这一点。她认为男性和女性都应被视为有理性的生命，并继而设想了建立基于理性之上的社会秩序。

[2]　Mary Wollstonecraft, *A Vindication of the Rights of Woman with Strictures on Moral and Political Subjects*, London: Joseph Johnson, 1792.

之一。"①他从妨碍社会进步角度，指出性别歧视是错误的，不仅要给予妇女选举权、参政权，还应该接纳妇女进入迄今为止男人独占的一切职务和职业。这一论断为妇女的觉醒、为她们认识自身所处的不公平的地位起了促进作用。

经过长期的努力，美国妇女在1920年全部获得了选举的平等权利。按照西方自由平等理论，在政治自由平等之后，如何实现生活理想全凭个人奋斗。自由派女性主义认为，妇女受压迫的根源是两性没有均等的机会，只要机会平等，女性是可以与男性平等竞争的，她们否认将两性不平等归结为生理差异，是天生不可改变的。但是，因历史、文化、阶级、种族等原因，现实中男女个人奋斗的起点和环境在实际上是不一样的。自由派女性主义虽然主张妇女的命运是可以靠妇女自身的努力来改变的，但这种理论不仅以抽象和形式的平等无视和掩盖了现实社会中男女实际上的不平等，也忽视了男女固有的生理上的差异。因此，它被认为本质上是一种中产阶级白人妇女的解放理论，不能解决其他妇女的问题。

自由女性主义并未能给妇女带来预想的自由平等的气候。当20世纪60年代黑人民权运动、反战运动和学生运动蓬勃兴起时，在对整个社会制度和现存政府政策的不留情面的批判潮流中，沉寂了几十年的女性主义为自己选择了更激进的形式。这一号称女性主义运动"第二次浪潮"的妇女解放运动成为激进派诞生的直接来源。而对自由主义的批判和与马克思主义的对话则为之提供了理论前提。

20世纪60年代兴起的第二次妇女运动以西方马克思主义为理论武器，围绕种族平等、男女经济平等和实际生活平等展开。第二次妇女运动浪潮发生于20世纪60年代，起源于美国。说它是第二次，是相对于20世纪初英美妇女为争取选举权而进行的大规模妇女运动，然而在1920年选举权法（修正案）通过之后，妇女运动进入了一段较长时期的沉寂，直到60年代才再度形成了一个活跃的高潮。相对于第一次高潮，第二次势头更猛烈，直将女权声音渗透到男权社会的各个角落，继续反对传统的男女不平等，反对男性对女性的歧视和奴役，争取更广泛的妇女选举

---

① 〔英〕约翰·斯图尔特·穆勒：《妇女的屈从地位》，王溪译，商务印书馆1995年版，第45页。

权和就业权，并要求妇女"性解放""性自由"的权利。这一时期的主要特征是"不分青红皂白"肯定女性（她们的身体、心理、感觉、思维方式、价值观等）的价值，力图使女性的品质和特征成为文化的主导因素。强调女性和男性的差别，高扬女性的独特价值。第二次浪潮最早的参加者主要是白色人种中受过良好教育的中产阶级妇女。这些妇女在自己受教育和寻找工作的过程中发现，经过争取选举权的斗争，获得了一些平等权利，但这些权利并未给她们带来平等的机会，不管是在教育领域，还是在政治、经济和社会领域中，妇女仍然面对不同程度的性别歧视，有些甚至是对她们权利的践踏和对她们劳动的剥削。于是妇女们组织起各种各样的妇女组织和妇女小组，交流各自的生活经验，相互启发和提高觉悟，并通过开会、讨论、上街游行等方式宣传自己的政治主张，甚至影响舆论，形成了新的大张旗鼓的妇女运动。尽管这一时期妇女在反对种族歧视，争取就业机会平等、同工同酬等方面取得了法律的认可和保障，但在社会生活的实际平等方面仍有不尽如人意之处。妇女意识到了传统文化的作用，感觉她们被置于男性文化的罗网之中，意识形态、价值观念、传统习俗甚至标榜为"科学""客观"的知识体系都成了她们争取平等的一道道障碍。例如，有的妇女史学家感到，不对史学传统在历史观、理论与方法上进行一番改造，很难写出真正的妇女史。或者说，写妇女史本身就需要重新认识和解释历史。[①] 因此，她们需要新的理论武器来冲破文化罗网，建立一种新的社会批判理论。在这里女性主义和后现代主义相遇了，这也就是历史上的第三次浪潮。

后现代主义（Post-modernism）思潮自 20 世纪五六十年代在法国兴起以后，以其激烈的反传统观念对西方学术界乃至社会生活的许多方面产生了强烈的冲击，对妇女史学的兴起也产生了很大的影响。后现代主义是哲学层次的社会批判理论，它认为，那些被主流文化当作必然的、普遍存在的原则、信条、真理，不过是些偶然的、局部的、某些历史阶段的东西。与以往思想史上的批判不同，后现代主义不是以一套新的理论体系来代替现有的，而是从根本上否定任何宏观历史哲学和社会理论

---

① Joan Wallach Scott, *Gender and Politics of History*, Columbia University Press, 1988, pp. 17 – 18.

所存在的基础。它怀疑、批判社会科学理论标榜的"客观性"和"公正性"，主张抛弃对普遍性、规律性的探索，转向更为实际的、特别的、局部的、多元的和具体过程的研究。后现代主义妇女史学家认为，性别差异、性别角色及性别歧视是在历史上长期的"社会话语"（social discourse）影响下形成的。社会话语相对于日常语言，它强调语言的社会性功能，也泛指传统文化意识形态方面的内容。社会话语是人为的，也是可以改变和"解构"（deconstruction）的，只要解构有关社会话语并阐发新意，就可以改变人们的性别观念，进而改变现实中男女的社会地位。例如，有的学者认为，破除传统性别角色的一个有效方法是"男女混装"（cross-dressing），即对广义上的"服装发式"等一切能体现性别差异的外在形式不加区别。这与妇女运动、妇女史学的发展现状有相似之处。在后现代主义史学和后现代女性主义的共同作用下，妇女史增添了新的内容和特点，传统历史的"宏大叙述"被分解、被拆散，重新塑造了关于妇女和性别、种族、阶级和两性的历史。后现代主义确实使妇女史的研究进入了崭新的阶段。

二　史学转向的影响

妇女史学的兴起除了有妇女运动的原因以外，还有学术原因。可以说，妇女史在某种程度上是西方史学变革的产物，而不仅仅是西方女权运动推动的结果。史学观念的变革使妇女史研究不仅仅成为迫切的需要，而且具有实际可能。

20世纪50年代中期以来，西方社会科学经历了一个繁荣时期。史学也经历了一次重要转型，其实质是以政治事件和精英人物为中心内容的史学，让位于以平民百姓日常生活为主的社会生活史学。随着史学观念的改变，出现了新的史学理论与方法和新的史学分支。这些学术上的发展与变化在各方面促成了妇女史学作为一个独立学科的出现。对妇女史学影响最大的也许要算社会史，因为妇女史研究初期是在社会史领域进行的。社会史对妇女史的促进是多方面的。首先，社会史批判了传统政治史学观念，极大地扩展了研究领域，一扫传统史学只偏重精英政治史的沉闷空气，而广泛地开展了对于黑人史、劳工史、妇女史、家庭史、儿童史、城市史和各种地方史、社会史乃至性史的研究，为研究以往被史学家忽视的群体提供了理论依据；其次，社会史还提供了研究群体和日常生活细节的计量方法，和来自社会学、人口统计学、人种学等跨学科方法，提供了研究诸如家庭关系、人口出生率、性别关系等历史现象的概念化工具；最后，社会史改变了传统史中以男性、以精英人物为中心的叙述方式，将视线集中在传统史学中被忽视、遭排斥的社会群体，通过对他（她）们的分析说明历史的变迁，使妇女和她们的经历成为历史的主体。[①] 新社会史在 20 世纪六七十年代成为西方史学的"显学"，它不仅对 19 世纪实证主义史学进行了彻底的抨击与改革，而且在相当程度上突破了 20 世纪 40 年代屈威廉所创立的传统社会史的局限性。新社会史突破了传统史学过分注重精英人物的做法，强调底层人物与普通人集团在历史中的地位与作用，即所谓的"底层的历史"或"自下而上的历史"。正如英国一位历史学家所指出的，"历史不是纸上的文字，不是国王和总理大臣们的活动，不单是事件，历史是普通人民，我们的人民的血和汗、悲痛和狂欢的历史。……掌握历史文明的是长满老茧的劳动人民的粗大手掌，而不是戴着手套的纤细的贵族指尖"[②]。正是由于这种史学观念的影响，妇女史也随之发生了深刻的变革。

新政治史对妇女史的贡献也很重要，除了全面系统地批判传统政治史外，它极大地扩展了"政治"一词的含义，政治不再是男人的专利，传统上公共与私人、国家与家庭的划分，实际上是对男女活动领域的划分，日益受到质疑和批判。妇女们提出"个人的即政治的"口号。越来越多的妇女认识到，她们的许多"个人私事"，实际上有着社会原因和政治原因。比如，丈夫虐待妻子，往往不是丈夫个人品质所能解释的，有为社会所认可的大男子主义思想在作祟；厨房水管堵漏，垃圾无人运，很可能是市政管理混乱、官员渎职；妇女查禁妓女，不仅是捍卫个人和家庭利益，也在规范社会道德。从这个角度看，历史上妇女们的许多活动就有了新的社会政治意义。

在谈论新政治史学的时候，提到史学家构成的改变，史学家从以前的贵族、绅士向平民等下层人士转化，同时史学家的性别比例也在发生

---

① Joan Scott, "Women in History: The Modern Period", *Past and Present*, Vol. 101, 1983, pp. 234 – 236.

② 转引自庞卓恒主编《西方新史学述评》，高等教育出版社 1992 年版，第 54 页。

变化。以美国为例，美国妇女接受高等教育一般在 19 世纪后期，如 1892 年堪萨斯大学社会学系开设妇女社会地位的课程，当然以前也有专门的女子学院提供一些初级教育，但是在美国内战以前，没有一所大学接受女生，只是在内战后，高等教育才向美国妇女开放。在 19 世纪末，女生在整个学生中的比例上升到了 1/4 ~ 1/3。二战后美国大学扩招，大批女生进入学校，除了学习技术知识改变生活外，很多女性走向了专业史学的道路。历史系开始出现女讲师、女教授，女性教职人员的比例明显提高，目前，女史学家已经相当多了。以上就是妇女史学兴起的社会原因和学术背景。

作为一个在史学变革中兴起的新兴学术领域，妇女史十分注意吸取马克思主义史学、西方新史学、后现代主义等不同学派和社会学、心理学、人类学、语言学等不同学术领域的研究成果。在史学实践中，妇女史家不断地丰富和发展妇女史理论和方法，使妇女史在研究的对象、途径、范围和分析范畴等方面都取得了突出的进步。在研究对象方面，它把目光对准了全体妇女，在继续研究知名妇女和上层妇女的同时，也开始了对城市和乡村普通妇女的研究，女工、女奴、女仆、修女、女巫、寡妇、娼妓等不同群体的妇女都受到了妇女史家的关注。在研究的途径方面，它从孤立地考察妇女状况，或者简单地把妇女的历史活动填入以男性为中心的传统历史中的做法发展到结合男性状况和两性关系来进行研究。在研究的范围方面，妇女史研究从研究妇女的政治、经济活动、家庭婚姻进一步扩展到她们的宗教、文化活动以及日常生活的方方面面。在研究的分析范畴方面，妇女史最重要的成就是把社会性别概念引入历史研究之中，并把它用作历史分析的一个基本范畴。

第二节　戴维斯的"社会性别理论"

社会性别理论的形成有一个历史过程。在 20 世纪 60 年代末，社会性别概念与第二次女性主义浪潮几乎是同时出现的，至少从那时开始，它不再仅仅是一个简单的词语，而是被作为一个分析类别，用来解释女性气质的社会构成，并从社会性别的相互关系的角度来分析男性权力和男性特权得以维持的原因，并进而成为西方女性主义理论中的一个中心概念。尽管直到 20 世纪 70 年代，社会性别的概念才在女性主义者中间流行起来，但是"男女之间的差别并不完全是由生物学决定的"这样一种认识却有着更长的历史。提出这个概念的先驱者应该属于《女权辩护》（*A Vindication of the Rights of Woman with Strictures on Moral and Political Subjects*）的作者，英国女权运动中最著名的领导人、被称为世界妇女运动的鼻祖——玛丽·沃斯通克拉夫特。针对法国大革命前启蒙主义思想家卢梭的著作《爱弥儿》（*Emile*）中提到的妇女要有"温柔""服从""脾气好"等所谓的"妇女气质"，沃斯通克拉夫特在批判卢梭人权观的同时，提出关于"社会塑造妇女"的论述。这可以说是最早的社会性别概念的萌芽。社会性别概念在拓展的过程中，突出所谓的"妇女气质"是由人为造成的这种状况，逐步地强调性别的社会性、性别歧视的社会性问题。社会性别概念的进一步发挥是由西蒙娜·德·波伏娃（Simone de Beauovir）在被称为女权主义的圣经的《第二性》（*The Second Sex*）中阐述的。她的著名的"女人并不是生就的，而宁可说成是逐渐形成的"①的论点正是针对生物决定论和弗洛伊德主义关于妇女的解释，而进行了尖锐的批判。波伏娃希望女性拒绝社会和文化强加给她们的各种框框，超越"女性气质"的束缚与限制，从而推动了社会性别概念的产生。应当注意到的是，因为波伏娃是用法语写作，她在当时并没有使用今天提到的性别和社会性别这样的词语，但是她的《第二性》作为西方女性主义的理论经典，全面和历史地分析了妇女的处境、权利与地位，指出了当时西方社会对妇女自由的种种限制，而"妇女是被造就的"这一论点在此后的社会性别理论发展中始终处于中心地位。自 20 世纪 60 年代以来，随着第二波女权主义高潮的到来，一些西方女权主义学者在马克思主义唯物史观启发下，投身于女权运动的学者们基于女权主义概念和性别角色的概念，提出了社会性别（gender）概念。② 这一概念主张社会性别是社会建构妇女与社会的，最终体现了父权制社会中两性之间不平等的权力关系，并且作为一种强大的意识形态影响着人们的生活模式以及个体的生活选择。至此，社会性别作为揭示社会性别关系的一个概念，成为女权主义学术和女权主义理论的核心概念。

---

① 〔法〕西蒙娜·德·波伏娃：《第二性》，陶铁柱译，中国书籍出版社 1998 年版，第 309 页。

② 王政：《浅议社会性别学在中国的发展》，《社会学研究》2001 年第 5 期。

一　戴维斯社会性别的内涵

社会性别在英文中是"gender"，这个词的词义本身为"性"，英文词典中，它的第一解释是指语言学中名词和代词的词性。然而"gender"这个词作为女性主义理论中的一个概念，它所具有的含义就绝不仅仅是这么简单了。在 2000 年出版的由洛兰・科德主编的《女性主义理论百科全书》中，有关社会性别的词条中谈道：在普通字典的定义中所遗漏的正是社会性别——基于生物学的性别基础上的社会角色——对于女性主义思想的意义。[1] 而在另一本在此前出版的工具书——由索尼娅・安德马赫尔等人主编的《女性主义理论词汇汇编》——中，对社会性别是这样解释的：在第二次女性主义浪潮初期，女性主义者采用心理学家罗伯特・斯托勒（Robert Stoller, 1968）[2] 所提出的性别与社会性别的划分方法，将性别差别的社会文化意义从其生物学基础上区分出来。[3] 除了这些工具书中的解释之外，在美国女性主义学者坎达斯・韦斯特和唐・H. 奇默尔曼撰写的文章《行动着的社会性别》中还可以找到一种更为浅显易懂的解释。她们讲道：在讲授相关课程中，我们告诉学生，性别（sex）是由生物学所描述的东西，如人体、荷尔蒙和生理学等，而社会性别（gender）是一种获得的地位，这一地位是通过心理、文化和社会手段构建的。[4] 另一位女性主义学者娜塔莉・戴维斯首先将性（sex）与性别（gender）做出区分，认为前者是生理范围，表明男女之间由于基因、解剖、荷尔蒙分泌不同而造成的生理差异；后者是社会范畴，指社会文化环境所规定的与性别身份相适合的角色分工、行为举止等。这一概念将性别研究的注意力从生物学转向社会领域，认为所谓"永恒不变的女性气质"是不存在的，决定性别特征及性别差异的主要来自社会文化因素而不是生理因素，因此可以通过改变社会文化环境来改变女人的

---

[1] Code, Lorraine, ed., *Encyclopedia of Feminist Theories*, London: Routledge, 2000, p. 220.

[2] 李银问：《两性关系》，华东师范大学出版社 2005 年版，第 25 ~ 30 页。

[3] Andermahr, Sonya, Lovell, Terry and Wolkowitz, Carol, *A Glossary of Feminist Theory*, London, Arnold, 1997, p. 102.

[4] West, Candace, Zinmmerman, Don H., *Doing Gender*, Myers, Kristen A., eds, *Feminist Foundations: Toward Transforming Sociology*, Thousand Oaks, California, 1998, pp. 167 – 190.

命运，甚至改变男性中心文化所造成的文明危机。

总之，性别，作为生物的构成，指的是与生俱来的男女生物属性；而社会性别是一种文化构成物，是通过社会实践的作用发展而成的女性和男性之间的角色、行为、思想和感情特征方面的差别。

社会性别作为一个分析的范畴，对它的诠释也是多层次、多含义和多角度的。1972 年，英国社会学家安·奥克利出版了《性别、社会性别和社会》一书，论证了生物上的性别（sex）与心理和文化上的社会性别（gender）之间的差异。1975 年，盖尔·卢宾在《女人交易：性的"政治经济学"初探》一文中提出了"性/社会性别制度"的概念，表达了对两性不平等关系的深层透视，认为性/社会性别制度是一种与经济政治制度密切相关但又有自身运作机制的人类社会制度。她在文中最后指出："对某个社会中的妇女或历史上任何社会中的妇女作大规模的分析，必须把一切都考虑进去：女人商品形式的演变、土地所有制、政治结构、生存技术等等。同样道理，经济和政治的分析如果不考虑妇女、婚姻和性文化，那是不全面的"①。盖尔·卢宾的"性/社会性别制度"概念对西方女性主义发展社会性别理论起了很大的推动作用。另一个对社会性别做出重要论述的是美国历史学家娜塔莉·泽蒙·戴维斯，她在 1975 年10 月举办的第二届波克夏妇女史会议（The Second Berkshire Conference on the History of Women）上的演讲中就曾提出："对我来说，我们似乎应该对妇女和男人的历史同样感兴趣。正如研究阶级的史学家不应只关注农民一样，我们不应单单研究被迫屈从的性别。我们的目的是认识性别的意义，历史中的性别群体，我们的目的是去发现在不同社会和不同时期性别角色和性别象征的范围。认识它们的意义以及在维系社会制度或促进它的变化时是如何起作用的。"② 同年，在《转变中的妇女史：欧洲个案》一书中，她全面地评估了当时妇女史研究的基本情况，并以自己有关妇女的实证研究为基础提出了有关的理论性和解释性问题，其中影

---

① 〔美〕盖尔·卢宾：《女人交易：性的"政治经济学"初探》，载王政、杜芳琴主编《社会性别研究选译》，生活·读书·新知三联书店 1998 年版，第 42 页。

② 中文翻译转引自〔美〕琼·凯利－加多《性别的社会关系：妇女史在方法论上的含义》，载王政、杜芳琴主编《社会性别研究选译》，生活·读书·新知三联书店 1998 年版，第91～92 页。

响最大的就是对于生物性别与社会性别群体的强调，她认为在妇女史研究中应当关注女性与男性的双重历史。[①] 而这也成为包括斯科特在内的妇女史学家所发展的社会性别理论的重要理论基础。[②] 正如戴维斯所指出的："我们的目标是理解生物性别（sex）和社会性别群体（gender groups）在历史中的重要性。我们的目标是为了发现生理性别角色的维度，以及在不同的社会和阶段中生理性别的象征主义，而且找出它们所具有的意义，以及它们如何去维持社会秩序或促进变化。我们的目标是解释生理性别角色为什么有时候被严格地规定，而有时候却是变动的；有时候是明显的不对称的，而有时候却是一致的"[③]。而随后几位更为明确和完整地提出与发展社会性别概念及其相关理论的历史学家都在其著述中引用戴维斯的这段经典论述以及《转变中的妇女史：欧洲个案》一文的相关结论。如1976年，美国著名妇女史学家琼·凯利－加多（Joan Kelly-Gadol）发表了《性别的社会关系：妇女史在方法论上的含义》一文，她指出："性别之间的关系是社会的，而不是自然的。"并认为这一概念是颠覆传统的历史分期、社会分析范围及社会变迁理论的核心概念，[④] 主张把社会性别看作如同阶级和种族一样的分析社会制度的基本范畴。而同样是在戴维斯的影响下，美国后现代女权主义史家理论家琼·斯科特（Joan W. Scott）在1986年发表的《性别：历史分析中的一个有效范畴》一文中则完整地阐释了社会性别概念的起源、发展过程与理论特征，社会性别"是组成以性别差异为基础的社会关系的成分；是区分权力关系的基本方式"[⑤]。社会性别"是代表权力关系的主要方式"，

① Natalie Zemon Davis, "'Women's History' in Transition: The European Case", *Feminist Studies*, Vol. 13, No. 3/4, 1975 – 1976, pp. 83 – 103.

② 〔美〕琼·斯科特：《性别：历史分析中一个有效范畴》，载李银河主编《妇女：最漫长的革命——当代西方女权主义理论精选》，生活·读书·新知三联书店1997年版，第151~175页。

③ Natalie Zemon Davis, "'Women's History' in Transition: The European Case", *Feminist Studies*, Vol. 13, No. 3/4, 1975 – 1976, p. 90.

④ 〔美〕琼·凯利－加多：《性别的社会关系：妇女史在方法论上的含义》，载王政、杜芳琴《社会性别研究选译》，生活·读书·新知三联书店1998年版，第83页。

⑤ 〔美〕琼·斯科特：《性别：历史分析中的一个有效范畴》，载李银河主编《最漫长的革命——当代西方女权主义理论精选》，生活·读书·新知三联书店1997年版，第168、170页。

"社会性别是权力形成的源头和主要途径"①。进一步讲，社会性别是男性和妇女之间权力关系的反映，"这种权力关系直接体现为男子的统治和支配地位，妇女的被统治和被支配地位；男子的主体地位，妇女的客体地位。通俗一点，社会性别可以理解为'社会文化中形成的对男女差异的理解，以及社会文化中形成的属于女性或男性的群体特征和行为方式'"②。可以说这是对自 20 世纪 70 年代开始发展起来的社会性别概念的最为完整和系统的解释，并把女性作为历史的主体来研究，在女性主义史学理论探索中迈出了重要一步。

总之，把性别作为一种如同阶级、种族等一样的分析社会制度的基本范畴，把两性关系看作能够影响历史事件和社会变化的重要力量，这是研究妇女史乃至人类历史的一个新的视角。性别关系不只是单纯的生理差异，而是一种需要解构的社会结构。历史学家要把性别放在其赖以存在的社会背景及其心态构成中去考察，关注人们的体验，关注性别被建构的社会政治、经济、文化环境。社会性别概念深刻地揭示了男女两性不平等的社会文化根源，促使人们去探索隐藏在社会制度之中的两性关系，也激励着历史学家去撰写包括男女两性的历史经验在内的全新的人类发展史。

二　摆脱男女二元对立，走向两性融合

社会性别概念深刻地揭示了男女两性不平等的社会、文化与制度根源，促使人们去探索隐藏在社会制度中的两性关系，同时也激励着历史学家去书写包括男女两性的历史经验在内的全新的人类历史。③ 正是在这个意义上，上述提到的几位历史学家都提倡和强调社会性别作为一种历史分析范畴的重要性。而对于社会性别的强调，并不是仅仅重视性别的其中一个面向，即片面地突出妇女的主体性和能动性，大部分社会性别史学家都认为社会性别概念并不是以牺牲和排斥男性为代价的，正如

---

① 〔美〕琼·斯科特：《性别：历史分析中的一个有效范畴》，载李银河主编《最漫长的革命——当代西方女权主义理论精选》，生活·读书·新知三联书店 1997 年版，第168、170 页。

② 〔美〕琼·斯科特：《性别：历史分析中一个有效范畴》，载李银河主编《妇女：最漫长的革命》，生活·读书·新知三联书店 1997 年版，第 151 ~ 175 页。

③ 裔昭印：《妇女史对历史学的贡献》，《史学理论研究》2004 年第 3 期。

戴维斯在 1985 年所指出的，"妇女史领域正在发生的是它正在向男性延伸"①，"我更乐意看到不将妇女视为牺牲品的妇女史（我在说这一点的时候，心目中并没有某一本具体的书），许多情形下妇女在与男人合作甚至于共谋熟视无睹的妇女史。我们应该在更加广阔的视野下来审视女人"。② 显然，这种观点与她在 1975 年所强调的"应该对妇女和男人的历史同样感兴趣"的认识是如出一辙的。1985 年，戴维斯在《作为妇女教育的妇女史》一文中强调妇女史研究中坚持差异的重要性，她指出，"这种差异未必是生理性别之间的，在某种条件下这种生理差异可能是最小的，而是我们称之为性别系统、性别文化与性别经济之间的差异"。③ 我们应将妇女的声音和经历放置于她们生活与劳作的特定时空之中。

1997 年，罗杰·艾德尔森（Roger Adelson）的《话谈历史：与历史学家的对话》出版，书中作者与十四位历史学家进行了对话。戴维斯是他对话的十四位历史学家之一，他从很多角度（如家庭背景、教育、职业生涯、主要研究领域、作品等）对戴维斯的个人生活经历和主要的史学思想进行了探讨。根据访谈，戴维斯声称自己研究妇女史的方法同其他方面一样都是比较独特的，女性工人、下层女性是她写作的主要对象，并认为妇女同整个社会密切相关，要把她们与男性一道而不是作为独立分离的主体来考察，摆脱过去的二元对立的方法，对两性的研究应该走向融合。④ 戴维斯称："我们必须记住的是妇女所处的关系和网络的范围，否则，就有看不到他们置身何处的危险。生活中有若干个系统笼罩在他们身上，我们必须记得这些系统的存在，好看得到全貌。"⑤ 在我们

---

① Natalie Zemon Davis, "What is Women's History", *History Today*, Vol. 35, June 1985, p. 42.

② 引自〔英〕玛丽亚·露西娅·帕拉蕾丝 - 伯克编《新史学：自白与对话》，彭刚译，北京大学出版社 2006 年版，第 70 页。

③ Joan Scott, "Women's History as Women's Education", Natalie Zemon Davis and Joan Scott, *Women's History as Women's Education: Essays by Natalie Zemon Davis and Joan Wallach Scott*, From a Symposium in Honor of Jill and John Conway, Northampton: Sophia Smith Collection and College Archives, Smith College, 1985, p. 16.

④ Roger Adelson ed., *Speaking of History: Conversation with Historians*, East Lansing: Michigan State University Press, 1997, pp. 40 – 59.

⑤ 引自〔英〕玛丽亚·露西娅·帕拉蕾丝 - 伯克编《新史学：自白与对话》，彭刚译，北京大学出版社 2006 年版，第 70 页。

之中每个人都有两个力量支配一切：一个男性的力量，一个女性的力量。在男人的脑子里男性胜过女性，在女性的脑子里女性胜过男性。最正常、最适宜的境况就是在这两个力量在一起和谐地生活、精神合作的时候。若是男人，他脑子里女性那部分一定也有影响，而一个女人也一定和她里面的男性有来往。虽然，由于千百年父权社会性别体系的作用和历史文化的影响，两性形成了鲜明对立而互补的社会性别特征：男性勇猛坚强、积极能干、富于竞争、充满活力、重理性；女性柔弱、温和、被动、消极、顺从。但是，戴维斯认为，男人应该走向女人，女人应该走向男人，只有两性融合，才能使人类得到真正的全面发展。

　　社会性别理论的提出对于妇女史的发展有积极的意义。首先，社会性别在女权主义研究中不仅构成重要的理论范畴，而且为研究性别平等政策提供了一个基本的分析方法。作为一个可变量和分析范畴，社会性别理论以一种批评的姿态指向男权社会的性别歧视，并向19世纪西方盛行的生物决定论以及女性的传统社会角色提出了有力的挑战。其次，这一理论所指出的形成性别不平等关系的重要因素，在一定意义上是对父权制下两性不平等关系的总结和深化，因而成为当代女性主义研究的基础和独特的分析方法。再次，"社会性别"概念的引入标志着女权主义学术研究的一个新阶段的开始，为社会科学的研究提供了一个新的视角。最后，从理论意义上讲，以 gender 取代 sex，把性别研究从生物学领域转向社会文化领域，批判了生物决定论的观点，为妇女解放和男女平等指出了希望，因为改变社会结构和文化观念总比改造生理结构更加可行——既然男女的差异是在社会文化和习俗中形成的，那么变革落后的社会文化和习俗可消除男女之间的不平等，无论男女都可以在不受传统性别分工、偏见及歧视的限制之下，自由地做出自己的选择，自由地发展个人的能力。所以说社会性别理论是人类发展到以人为中心的社会发展模式中产生的，以人的基本权利为出发点，反省传统的社会性别，旨在促使男女两性全面健康发展，终结男女间的不平等，实现社会性别平等的一种理论观念和学说，同时这一概念的引进也避免了女权主义所反对的生物决定论问题。

第三节 戴维斯的妇女史实践

戴维斯对于妇女史研究的贡献不仅体现在她对于妇女史与社会性别史理论的探讨，而且在她的妇女史实证研究中，都清晰地呈现出她所提倡的社会性别与差异的视角。通过整理娜塔莉·泽蒙·戴维斯的学术著作和回顾她的学术生涯，我们可以发现"妇女"这一主题在其研究中占有相当重要的地位。戴维斯学术思想的形成时代，正值女权思想高涨之时，加之她本人的犹太人身份让她得以远离主流社会的经验，其个性反叛、"左倾"、热衷于政治运动，虽然主要致力于16世纪法国史、英国史的研究，但她对革命、社会转型、工人、黑人、反犹太主义、女性主义等问题一直兴趣浓厚。在她的著作中充满了鲜明的人物形象、生动的故事情节，这使她的剧作既生动又好看，深受当时和后世观众的欢迎。另一方面她作为美国女历史学家的代表人物，长期致力于提高女历史学家的学术地位，在研究中强化女性的主体意识。1987年，戴维斯在她作为美国历史学会主席所作的演说中，以"历史学的两个主体"为题，提出历史女神克丽奥应该成为一个没有性别的保护神，而不再是附属于男性、听命于男性的侍婢的形象，女性的视角和研究在史学中应占有平等的地位。她说，历史学的形象"从本质上说必然具备复杂性、责任感和多重的视野……将至少有两个正在交谈和争论的人，当他（她）们用著作示意时，一方总是倾听另一方的讲话；它将是一部动态的影片，而不是一幅静止的画面，这样，诸位就可以发现，他（她）们有时悲哀落泪，有时惊愕不已，有时心领神会，有时开怀大笑"。[1] 在戴维斯的笔下，各式各样的妇女形象与生活都生动地呈现在读者面前，有面对宗教改革运动的16世纪法国的城市妇女[2]、以象征与仪式行为对抗社会不公的蛮横妇女（unruly women）[3]、16

---

[1] 〔美〕纳塔莉·戴维斯：《历史学的两个主体》，《现代史学的挑战：美国历史协会主席演说集（1961—1988）》，王建华等译，上海人民出版社1990年版，第528~529页。

[2] Natalie Zemon Davis, "City Women and Religious Change in Sixteenth-Century France", *Society and Culture in Early Modern France*, Stanford: Stanford University Press, 1975, pp. 65 – 95.

[3] Natalie Zemon Davis, "Women on Top", *Society and Culture in Early Modern France*, Stanford University Press, 1975, pp. 124 – 151.

世纪里昂行业工会中的妇女①、与假冒自己丈夫的冒名顶替者共谋的农村妇女②、通过撰写和虚构赦免书向国王请求赦免的女罪犯③以及三位 17 世纪的边缘妇女④。

一　男权制下的妇女形象

人类男女两性的差异是先天发生的生物学区别，与生俱来。男女自然差异本是自然界生态平衡在人类生活上的天作之合，也是最早的、最自然的原始分工，并且因此在长时间内使女性称雄于历史。但自女性边缘化、男性中心化的父权制确立，男女差异的自然特性构成了男性统治女性、女性作为男性附属品而存在的依据："男人身体的构造和女人不同是有意义的，女人的构造缺乏重要性。没有女人，男人能独立思想，没有男人，女人就无所适从。女人正如男人所宣布的：纯粹是另一个不同的性别而已，对男人来说女人所表现在他们眼中的只是一个性感的动物，她就是性，其他什么都没有，丈夫拥有支配妻子的权威，对妻子的支配权便像私人财产权那样不可侵犯。只有引用男人去解释女人的论调。没有人会引用女人去解释男人，因为男人是主要的，有绝对的权威，女人只是附属品而已"。⑤ 在西方文化中，男女生理差别是构成男女性别二元论、性别角色规范的基础，并认为女性先天具有母性的养育的本能、牺牲和爱的本能，而男性则具有竞争性、智慧和创造性。女性在父权社会中承受性别、宗教、政治、经济等多重压迫，处于意义生产体系的边缘。这样一些大男子主义言论，陈陈相因，不绝如缕，女性成了在世界民主化潮流以及宪政改革的进程中受到忽略最久也最深的一类，许多妇女也

---

① Natalie Zemon Davis, "Women in the Crafts in Sixteenth Century Lyon", *Feminist Studies*, Vol. 8, No. 1, 1982, pp. 47 – 80.

② 〔美〕娜塔莉·泽蒙·戴维斯：《马丹·盖赫返乡记》，江政宽译，联经出版公司 2000 年版。

③ 在《档案中的虚构》一书中，就有一章《流血与女性的声音》专门分析女性罪犯恳求赦免的独特方式与策略。详细内容可以参阅〔美〕娜塔莉·泽蒙·戴维斯《档案中的虚构：十六世纪法国司法档案中的赦罪故事及故事的叙述者》，杨逸鸿译，麦田出版 2001 年版。

④ Natalie Zemon Davis, *Women on the Margins: Three Seventeenth-Century Lives*, Cambridge: Harvard University Press, 1995.

⑤ 〔法〕西蒙·波娃：《第二性——女人》，桑竹影、南珊译，湖南文艺出版社 1986 年版，第 23 页。

按上述言说来理解与模塑她们自身的存在。同时，这种一半高于另一半的等级制，也毒害了人类的所有关系。20世纪60年代（第二波妇女运动兴起）以前，世界是一个超级的由男人主宰的世界。这一现象随着女性主义运动的开展不断受到质疑，戴维斯的作品《法国社会与文化》一书中收录了8篇文章，虽然文章主题、内容各不相同，写作时间也相隔甚远，但是都与男性权力、意识形态有关，都表现了戴维斯对父权制下的女性形象的不同层面的思考。她认为男权制下的妇女也参与了各种社会活动。这本书是戴维斯在多伦多和里昂两地奔波十余年之后写成的。戴维斯天性同情弱小，更使她在左派史学处取得共鸣和滋养，但她又带入了人类学家观察"他者"的眼界。里昂是法国纺织业和印刷业重镇，在工业革命之前纺织工人和印刷工人合力打造了有别于农村社会的都市文明。工人们往往是新思潮和异教文化的承载者，他们在从事两边作战：既要对抗城市的权势者，又要应付正统宗教——天主教的压迫。面对政治、文化的双重压迫，工人们建构出"抵抗是社群权利"的文化。这样的抵抗文化是16世纪才有的产物。抵抗自古就有，但一直不具正当性。随着阶级、信仰线的延伸，里昂妇女在性别的战场也有所斩获。在戴维斯雄健的笔触之下，16世纪里昂的文化景观见证了现代文明的胎动。该书成为女性主义批评史上的一部重要著作，戴维斯也由此奠定了她在女性主义史学中的先锋者地位。

1973年，戴维斯关于妇女史的第一篇论文《城市妇女与宗教变迁》出版，当时正值女性主义第二次浪潮（the second wave）兴起，第二次浪潮与前不同，主要关注男女的差异，并探讨妇女因与男性有别而遭受的压迫以及压迫的历史根源。戴维斯的杰出就在于她将反思的触角伸向城市中的妇女——这一贯被认为是男人的领地。这些状况数百年来被人们当作"现状"所接受，如果对这所谓"自然"的状况不加以质疑，将是一个知识上的硬伤。戴维斯认为，从一个简单的问题便可以揭示出这所谓的"自然"底下掩藏的真实——在父权制下女性的社会地位如何。城市的发展为妇女提供了一个崭新的世界，现代性逐渐瓦解了父权制。城市使妇女可以摆脱对丈夫或父亲的依靠，自己挣钱糊口。工业革命、启蒙运动和法国大革命，使广大单个的妇女组织起来，开始向父权制传统宣战。因为工厂劳动强化了男女之间的社会分离，也为妇女的经济独立、摆脱家庭束缚提供了某种基础，使妇女逐渐认识到了欧文主义者所宣扬的社会主义是妇女摆脱男性压迫的最好途径。法国大革命自由、平等、博爱及"天赋人权"的口号，则鼓舞了妇女争取平等的愿望，也使她们看到了集体斗争的重要性，学到了集体斗争的策略。在这篇文章中，戴维斯就展示了一种不同于当时学者关于妇女与宗教改革研究中的传统妇女形象。对于妇女参与大众政治这个问题，作者认为传统的史学解释忽略了妇女的主观能动性，没有从妇女自身出发看问题。妇女的价值观和意识有时不同于男人，她们在政治行动中有自己的目标和诉求。如果从女性视角来看，妇女卷入大众政治源于她们对身为妇女所肩负的社会责任的认识，源于女性意识。她们意识到自己同男性一样，有着共有的权利和公共的义务；她们还意识到，作为女人，她们被期望与男人的反应不一样。[①] 戴维斯的研究显示，妇女并不是如有些学者所认为的是面对宗教变革与社会变迁的消极应对者，反之，妇女积极地参与了当时的宗教改革运动。而且，当时的妇女还能够以自己的不同身份（比如她在家庭中的经济角色，作为她的工匠丈夫的助手以及作为宗教游行的参与者与组织者等）来参与宗教改革运动的不同层面。正是如此，戴维斯想象性地描述了一系列适用于妇女的可能性选择与行为："在一个天主教的庆祝日，一位新教妇女如何能够通过炫耀地坐在她的窗口以表示对其天主教邻居的蔑视……如果她是一个印刷工人的妻子或寡妇，她能够帮助出版一份新教版本以传播有关残暴的教士的言语。她可以利用她的房子举行非法的新教秘密聚会。她可以撇开她的放荡的裙子和整套睡袍，并开始穿上深色衣服。她可以在街上长篇大论地指责教士。她可以唱着歌行进，以蔑视皇家敕令（royal edicts）。她可以打破塑像，她可以打破洗礼盆，也可以破坏圣像"。[②] 戴维斯选取城市中的普通妇女作为考察对象，以此来探讨妇女与宗教改革运动的关系及妇女社会地位的改变。这些普通妇女可能是天主教徒、新教徒、工匠妻子、工厂女工或家庭主妇等，她们有着不同的阶级、宗教与职业等背景的差异。当然，需要强调的是，

---

① Sara Mendelson and Patricia Crawford, *Women in Early Modern England*, *1550 – 1720*, Oxford: Clarendon Press, 1998, pp. 382 – 387.

② Natalie Zemon Davis, "City Women and Religious Change in Sixteenth-Century France", *Society and Culture in Early Modern France*, Stanford: Stanford University Press, 1975, p. 92.

为全面考察妇女在宗教改革运动中的作用以及宗教改革给妇女造成的影响，戴维斯并没有忽视城市中的上层妇女，她们可能是富裕商人、律师或财政官员的女儿。[①]她在《16世纪里昂行会中的妇女》一文中结合当时里昂人口增长、经济扩张与宗教变迁等社会背景，详细地考察了妇女在16世纪法国各种行业工会（比如纺织业、制鞋业、铸造业、印刷业和冶炼业等）中的角色与作用。

二　身处社会底层的妇女形象

在西方妇女史学界，戴维斯是为数不多的较早倡导妇女史研究对象应该实现从知名妇女向普通妇女转变的历史学家之一。在1975年发表的《转变中的妇女史：欧洲个案》一文中，她就强调新的妇女史研究应该超越传统的"知名妇女"汇编的写作方法。[②]2000年，马尼·休斯-沃林顿（Marnie Hughes-Warrington）在他的《50位历史学的重要学者》中，称赞戴维斯把被大多数历史学家忽视的妇女——不识字的工匠、农民、修女等纳入她的研究范围，她们有的是挣工资的独立女工；有的是依附于家庭，充当丈夫、父亲或儿子助手的没有领取工资的女性工匠。为了解释这些妇女在不同行会中的流动与分布，戴维斯不仅考察了当时影响妇女选择何种行会的主要考虑因素——工资的多少，而且探讨了当时社会强加于妇女的文化准则与禁忌（cultural norms and taboos）等文化与习俗因素。戴维斯认为对这些下层人物的了解，会有助于加深我们对早期现代社会的理解。

戴维斯笔下的妇女已经不再是传统妇女史研究中的受压迫者和受剥削者的"受害者"形象，他们也不再是逆来顺受的被控制者与传统习惯的坚持者。她们的行为可能会因为其婚姻、家庭、宗教与职业等状况的差异而有所不同，而且，她们也会利用尽可能有的社会资源来实现自己的目标。因此，戴维斯笔下的妇女是具有能动性的女性，而不仅仅是活在父权主义的指示之下。而戴维斯对于妇女能动性的生动描写在《马

---

① Natalie Zemon Davis, "City Women and Religious Change in Sixteenth-Century France", *Society and Culture in Early Modern France*, Stanford: Stanford University Press, 1975, pp. 65 – 96.

② Ntalie Zemon Davis, "'Women's History' in Transition: The European Case", *Feminist Studies*, Vol. 13, No. 3/4, 1976, p. 90.

丁·盖尔归来》一书中对于女主人公贝尔特朗德的形象性刻画中得到淋漓尽致的展示。[1] 在她的历史叙述与虚构中，戴维斯突破了传统故事中对于这位农民妇女的形象的被动描述。传统资料都认为贝尔特朗德在马丁·盖尔冒名顶替案中并没有与冒名顶替者阿尔诺·居·迪诺共谋的可能性。而戴维斯通过搜集当时的大量婚约、遗嘱、土地契约、教堂与法庭记录，赋予贝尔特朗德在这个案件中以一种关键和主动性的角色，即一贯被以男性为中心的历史所忽视的妇女的能动性与独立性。

在戴维斯的叙述中，女主人公贝尔特朗德在整个事件中扮演着双重的身份，作为女性的她也自然而然地受到了女性历史学家更多的关注。从最初有关马丁的描写中，可以明显地感受到贝尔特朗德是一个非常独立和有主见的女性，对于父母包办的同马丁的并不愉快的婚姻，她默默地、矜持地接受了，在那个时代婚姻不是一个女人能够自主选择的，何况当时她还只是一个十几岁的小女孩。然而当这段婚姻因为马丁的不育而出现危机时，她却勇敢地自己把握了命运，坚持拒绝解除婚约，而与马丁一起想方设法解除了"巫咒"，用怀孕生子反驳了流言蜚语、嘲弄讥讽；在马丁失踪的日子里，她完全可以选择离开，带走自己的嫁妆择人另嫁，但她选择了留下，宁愿一个人带着孩子生活。种种迹象表明，贝尔特朗德是一个倔强、高傲、有主见而且受人尊敬的聪明女人。就像戴维斯在《马丁·盖尔归来》的前言中写道："而就马丁·盖尔的真实故事而论，浪漫的因子我想也不输于好莱坞电影，然更为复杂与隐讳，特别是马丁·盖尔之妻——贝尔特朗德，在整件事件压力下如何巧妙地自处，并且以她特有的方式，去维护她与'新'马丁·盖尔——亦即假冒者'阿尔诺·居·迪诺'间所谓私定的婚姻。很明显地，依据此本书的考证，两人之间是有爱情存在的，也正是这个因素，在这桩冒名顶替事件的诉讼过程中，贝尔特朗德的角色转换与心理挣扎，构成了一出特殊的女性心理剧。她是否为一个单纯并符合一般想象的，所谓易受骗的女子？她最初在受迫的情况下提出诉讼，为何其后却转为主动诉追的原告？还有她到底是不是这整件冒名顶替事件的共谋者？她是如何在阿尔

---

① 〔美〕娜塔莉·泽蒙·戴维斯:《马丹·盖赫返乡记》，江政宽译，联经出版公司 2000 年版。

蒂加的社会背景与结构下，借由这样的方式，自尊且自觉地维护自身的名誉、地位并同时追求自己的爱情？这些心理转折与隐讳的情愫，让同样身为女性的我，产生一种奇异的共鸣。"① 戴维斯认为贝尔特朗德完全有可能为了争取有夫之妇的社会名誉与经济利益，而主动接受新马丁，与她共谋共同创建新生活和新身份。戴维斯这样概括了她性格中的基本特征："一种作为女人对自身名誉的关注，一种倔强的独立性，一种在置于其性别之上的种种限制中如何应付处置的精明的现实主义。"② 作为女人，贝尔特朗德过早地与马丁结成了一段并不幸福的婚姻，双方缺乏理解、信任，以及和谐的性生活，加上因丈夫出走而遭到抛弃，又经历了漫长而痛苦的等待，这使得"贝尔特朗德梦想一个全然不同的丈夫或情人的归来"。③ 而假马丁——阿尔诺的出现正迎合了她身心长期压抑的需要，令其沉寂的心灵重新燃起了火焰，"或许有明确的约定，或许只是心照不宣，她（贝尔特朗德）帮助他（阿尔诺）成为自己的丈夫。贝尔特朗德从新马丁那里得到的正是自己的梦想成真，一个可以一起平静而友善并且充满激情地共同生活的男人"。④

　　显然，戴维斯对于贝尔特朗德角色与身份的叙述与建构考虑到了在当时社会历史背景下，作为社会底层与从属地位的妇女在面对传统文化与社会习俗压制而做出的可能性的主动选择与应对，妇女的这种主动性摆脱了关于妇女"柔弱气质"的刻板形象。在这本书里，我们还可以感受到字里行间传达的强烈的女性主义观点。妇女的主体地位在书中处处可见，这不仅体现在作者纳塔莉·戴维斯本人就是一个女历史学家，而且书中的中心人物贝尔特朗德在整个事件中扮演了极其关键的角色，她的心态、情感、为人、行事在戴维斯的笔下得到淋漓尽致的表现，她是书中最复杂、最富有争议也是最生动的一个人物。戴维斯对于妇女的这

① Natalie Zemon Davis, *The Return of Martin Guerre*, Cambridge, Mass: Harvard University Press, 1983, p. 4.
② Natalie Zemon Davis, *The Return of Martin Guerre*, Cambridge, Mass. : Harvard University Press, 1983, p. 28.
③ Natalie Zemon Davis, *The Return of Martin Guerre*, Cambridge, Mass. : Harvard University Press, 1983, p. 34.
④ Natalie Zemon Davis, *The Return of Martin Guerre*, Cambridge, Mass. : Harvard University Press, 1983, p. 44.

种多重角色与生理性别、社会性别认同的建构对于妇女史和社会性别史研究是具有相当重要意义的。

戴维斯从女性的视角出发，展示下层妇女的真实声音的观点在她的另外一本书《档案中的虚构：十六世纪法国司法档案中的赦罪故事及故事的叙述者》中也有真切体现。女性主义法学者认为，妇女的推理不同于男子，妇女对情境和联系更具敏感性，她们更坚持普遍性和概括性，相信每日生活的实践性不能因为抽象正义而被忽视，宣称个人式的事实发现方法比单纯的规则运用要优越，而且那种从上下联系中推理的方法更尊重差异和无社会地位者的观点。女性主义法学的实际推论方法并不绝对排斥规则，也不反对演绎推理，她们只是强调对特殊的联系予以关注，因为什么是必须做的、为什么做和怎样做等都是未知问题，取决于每个案件的具体情形，而不是来源于事先的定义和规定；特殊的细节和事实不是破碎而不相关的，相反这些细节和事实代表着提高理解和统一的机会，新的情境会引起新的观点和新的法律后果。按照罗宾·威斯特（Robin West）的观点，男性法学理论家们展示了一种特殊的推论模式，因为他们首要地、根本地讲是作为分离而自治的人来体验世界的，传统法理学和"批判的"男性法理学的基础都是"分离"的理论，而女性则是从"联系"之中进行思考的，她们的经验是联系的而非个体性，而这种"联系"是男性所不可能体验的。按照戴维斯的观点，女性看待关系的方式不同于男性，男性把关系看成等级，而女性把关系看成网；对男性而言等级是不稳定的，他们的愿望是攀上顶峰，他们担心某个人也接近顶峰的位置，而对女性而言，网络是稳定的，她们的愿望是处在网络的中心，担心远离中心而处于边缘；女性的伦理是关爱或责任，她们用相冲突的责任来看待道德困境，关爱是解决冲突过程中的最重要的指引，而男性的伦理是权力或正义，他们认为权力和正义是解决冲突的关键。卡罗尔·吉利根（Carol Gillian）提出了以关爱伦理（任何人都不应该受到伤害）来补充正义伦理（每个人都应受到同等的对待）的立法。

在《档案中的虚构》一书中，戴维斯同样娴熟地从底层女性的视角来分析当时的女性罪犯如何利用自己的生理性别特征以及社会赋予女性的行为规范与传统习俗来组织赦免书的书写形式、结构与内容，以增强获得赦免的说服力。女性在 16 世纪的法国因做错事而获得赦免的比例很小，在4000多封赦免书中，大约只有1%是授予妇女的。与女性最有关系的两种死罪——巫术与杀婴是不被赦免的，"但她们的赦罪故事可以由一种明显的复杂的结构以与男性的故事有所区别"①，在戴维斯看来，由于妇女的文化认知和刻板形象，在许多情况下，她们难以套用男性的求赦方式——套用男性纯粹愤怒的公式，以及同样难以（除非是丈夫被杀）套用以隶属身份的妻子的公式。因此，为获得赦免，她们被迫在架构她们的故事方面更有创意，妇女必须利用合适的理由（如在维护家庭、保护个人名节、情绪失控过失杀人上多所着墨）来呈现更多的细节以符合恩惠赐予所受的限制"。② 女性的求赦申请也不像男性那样经常围绕着职业或社会地位的故事打转，女性习惯叙说故事的各种场合，"每个女人的情况必定各不相同，但定案的求赦申请显示出相当可观的说故事技巧，与既成的格式和书记官及其秘书的建议有着天壤之别"。③ 另外，尽管男性、女性求赦者的地位与职业状况大不相同，但他们各自求赦故事的叙述结构却大致相似：男性的犯罪故事经常发生在典礼或节庆的情境里，发生在欢庆的舞会或宴会上，以"协助辩解及合理化所发生之事"④，这实际也暗示了在热闹的庆典时刻却容易发生诸如天主教徒与新教徒之类的冲突和权力纷争，表明了当时存在宗教冲突和宗教战争的历史背景——"天主教徒与新教徒间的集体殴斗经常发生在某一宗教仪式的特殊时机"。⑤ 女性的求赦故事在内容与表达方式上与男性大相径庭，女性的犯罪故事经常在日常生活被不期望的、一般是来自男性暴力粗暴地侵扰情况下发生的，这些情况强迫女性为捍卫自己名节或保护自己的生命而杀人。女性之所以杀害丈夫的原因则一般是经过长时间的害怕、痛苦煎熬和忍耐，将要陷于发疯状况才不得已为之，最常见的借口是为了保

---

① Natalie Zemon Davis, *Fiction in the Archives*: *Pardon and Their Tellers in Sixteenth-Century France*, Stanford: Stanford University Press, 1987, p. 262.

② Natalie Zemon Davis, *Fiction in the Archives*: *Pardon and Their Tellers in Sixteenth-Century France*, Stanford: Stanford University Press, 1987, p. 235.

③ Natalie Zemon Davis, *Fiction in the Archives*: *Pardon and Their Tellers in Sixteenth-Century France*, Stanford: Stanford University Press, 1987, p. 241.

④ Natalie Zemon Davis, *Fiction in the Archives*: *Pardon and Their Tellers in Sixteenth-Century France*, Stanford: Stanford University Press, 1987, p. 87.

⑤ Natalie Zemon Davis, *Fiction in the Archives*: *Pardon and Their Tellers in Sixteenth-Century France*, Stanford: Stanford University Press, 1987, p. 91.

卫她们的家，特别是为保护她们的身体和不受非法的性侵害，很少是托词于意外的醉酒或类似的非理智冲动。

戴维斯直接利用的 42 份女性赦免书的求赦者大部分是来自 16 世纪法国较低等社会阶级的女性①，包括年轻女仆、纺织工人、制酪女工、牧牛女、洗衣妇、空守孤房的寡妇、遭受丈夫暴力的绝望妻子、爱子如命的母亲或遭遇蛮横婆婆的媳妇等。戴维斯明确地说：女性赦罪故事可以由一种明显的复杂的结构以与男性的结构有所区别。② 不同的情况与限制主导了女性的故事（举例来说，盛怒与酒醉对女性来说并非可被接受减轻刑罚的情况），并且她试验性地主张她们由日常生活中发生的故事与男性故事相比是较不戏剧性的，是更深藏于日常生活的组织当中③。

三　从边缘走向中心的妇女形象

西蒙娜·波伏娃说："一个人之为女人，与其说是'天生'的，不如说是'形成'的"。④ 她认为，男人利用生理、经济、法律、道德、宗教及文学等各种手段，塑造了一个以男性为中心的社会，从而把女人变成"第二性"，把女性置入一个附属的地位，从此，女性无论在社会机制还是性别角色中，都被放逐到边缘地带。但是，经过西方两次女性主义运动的洗礼，女性不甘于边缘状态，想要冲出男权牢笼，于是，女性从边缘走向中心的理论伴随着女性主义运动的兴起而得以阐释与传播。贝尔·胡克斯的作品《女权主义理论：从边缘到中心》恰恰体现了由边缘向中心迁移的呼吁。胡克斯在这本书的序言中写道："很多女权主义理论都是从特权妇女中产生的，她们生活的中心，有关现实的观点中很少

---

① 〔美〕娜塔莉·泽蒙·戴维斯：《档案中的虚构：十六世纪法国司法档案中的赦罪故事及故事的叙述者》，杨逸鸿译，麦田出版 2001 年版，第 39 页。
② 〔美〕娜塔莉·泽蒙·戴维斯著《档案中的虚构：十六世纪法国司法档案中的赦罪故事及故事的叙述者》，杨逸鸿译，麦田出版 2001 年版，第 262 页。
③ Natalie Zemon Davis, *Fiction in the Archives: Pardon and Their Tellers in Sixteenth-Century France*, Stanford: Stanford University Press, 1987, chap. 3. 3.
④ 西蒙娜·波伏娃全名为西蒙娜·露茜-厄尔奈斯丁-玛丽-波特朗·德·波伏娃。《第二性》是西蒙娜·波伏娃最有名的作品，也可说是开启 20 世纪女性主义的最重要著作。在这本书里面，西蒙娜·波伏娃认为，自古以来，相对于所谓"正常的"男性性别，女人一直被当作是"他者"，一个"其他的"性别。这个理论启发了第二波女性主义运动（second-wave feminism）。

包括对生活在边缘妇女的了解和认识。"① 她提出由于种族、文化、阶级、经历的不同，在拥有某些特权的男性和其所建立的父权制度下，妇女仍处于分裂状态。妇女仍处在种族主义、性别主义和阶级主义的三重压迫之下。在这一理论框架下，胡克斯要求建立属于女性的更加系统的女性主义思想，并以此来代替原有的女性主义思想，来改变妇女的从属地位，使妇女真正意义上从边缘走向中心。娜塔莉·泽蒙·戴维斯是美国著名的历史学家，同样是在 20 世纪六七十年代为妇女的解放而奔走呐喊的人物。她的著作《边缘妇女》就是一部描写三个女性从边缘到中心的主体意识觉醒过程。

戴维斯在《边缘妇女》这部书中，比较了三位 17 世纪妇女的生涯，叙述了她们在不同地区（欧洲、美洲）的冒险经历。这三位女性分别是来自德国汉堡有十二个孩子的犹太女商人格莉克尔（Glikl bas Judah Leib），北美洲的天主教神秘主义幻想家玛丽（Marie de l'Incarnation），南美洲的德裔阿姆斯特丹新教徒、画家和博物学家玛丽亚（Maria Sibylla Merian）。② 作者根据她们留给我们的回忆录、手稿等资料，通过重构这三位来自不同地区、身份差别甚大的女性的生活，以三位妇女的各自生活与工作经历为主线，展现了三位微观人物的生命历程与性格特质，她们的身体的、思想的和心理的多元世界。③ 在书中，戴维斯通过她们的生命经历，使我们可以看到 17 世纪欧洲社会的性别结构、阶级关系、宗教信仰、早期的欧洲殖民主义经历与这些综合因素对于同时代妇女的影响，以及在这些时代大背景中当她们处在社会边缘劣势的地位时，女性又如何利用各种资源去最大限度地激发出自己的生命潜力，如何去挑战残酷的现实环境，从而创造自我价值与意义，从边缘走向中心等问题。在这三位妇女的故事中，戴维斯详细地分析了不同的宗教、家庭、职业、民族、种族与阶级背景如何影响了她们的命运，清晰地展示了这三位妇女的差异性以及这些差异背后的社会原因。戴维斯在小说中对于"边缘"的运用唤起了对"边

---

① 〔美〕贝尔·胡克斯：《女权主义理论：从边缘到中心》，晓征、平林译，江苏人民出版社 2001 年版，第 9 页。

② Natalie Zemon Davis, *Women on the Margins*: *Three Seventeenth-Century Lives*, Cambridge, M. A. : Havard University Press, 1995.

③ Anne Jacobson Schutte, " Review of Women on the Margins: Three Seventeenth-Century Lives", *Renaissance Quarterly*, Vol. 50, No. 1, 1997, p. 349.

缘"的注意，从而能够有效地摆脱"边缘"地位，实现边缘地位的中心化。

该书标题在某种程度上就已经暗示了这三位妇女是处于当时欧洲社会的边缘位置，在当时以男性为中心的社会结构与权力等级中，毫无疑问，她们当中没有一位可以被认为是精英人物，正如戴维斯所指出的，"她们三位都经历了附加于妇女身上的等级结构"。① 这种等级结构不仅仅体现在由性别所影响的男女不平等地位，而且包括那些由经济与政治权力所决定的阶级对立状态。显然，不仅仅相对于男性，这三位妇女相对于那些拥有政治地位和权力的同时代妇女来说也是处于社会边缘的。戴维斯的这部小说正是要激发我们对于"中心"与"边缘"位置的思考，以及根据这一基本原理人们行为方式的不同。不过，这三位普通妇女与戴维斯笔下的行会中的妇女、女性求赦者以及贝彤黛等农村妇女不同，她们都是有知识的女性，都以笔墨与纸张的形式留下了能够部分地还原与叙述她们的生活经历的传记与日志。与那些更加边缘化的妇女相比，这三位妇女显然可以称得上当时社会中的女性精英，她们都有自己为之奋斗的事业，并且以她们独特的才干、创造性与适应性去积极实现自己的理想。因此，所谓的边缘位置只是相对的，而这一点在玛丽和玛丽亚的身上得到更为鲜明的体现。在欧洲人当中，这两位妇女在美洲殖民化过程的表现是相当积极的，对于土著美洲人来说，她们远远不是"边缘妇女"，相反，她们占据着殖民权力（colonial power）的巅峰位置。② 正如戴维斯所说，"玛丽和玛丽亚发现边缘位置赋予她们拥有对非欧洲人的真正权力关系，玛丽成为美国印第安人的女家长式的老师，而玛丽亚成为非洲人、加勒比人和阿拉瓦人奴隶的主人"。③ 从这个意义上，我们也可以看出戴维斯对于这三位妇女地位复杂性的细致分析，即她们在欧洲社会的非精英地位与她们在新世界（new world，即文中的北美洲和南美洲，这些地区是早期欧洲殖民扩张的重要地区）的精英地位。所以换句话说，在三位女性的观念中，新的"中心"正在形成，从"边

① Natalie Zemon Davis, *Women on the Margins: Three Seventeenth-Century Lives*, Cambridge, M. A.: Havard University Press, 1995, p. 203.

② Patricia Seed, "Review of Women on the Margins: Three Seventeenth-Century Lives", *The William and Mary Quarterly*, Vol. 54, No. 3, 1997, pp. 626－627.

③ Natalie Zemon Davis, *Women on the Margins: Three Seventeenth-Century Lives*, Cambridge, M. A.: Havard University Press, 1995, p. 211.

缘"走向"中心"的运动正在发生。

正如胡克斯所主张的那样，女性主义运动应该容纳各种族、各阶层妇女的有差异的要求，并"根本性地改变资本主义父权制"。① 尽管同戴维斯的女性主义思想一样，女性主义运动虽然未能真正地从"边缘"走到"中心"，但毋庸置疑的是它确实产生了重大的影响：女性的独特经验，和女性自身实现自我完善所必需的批评内省。女性应该认识到自身在社会存在中的位置，认识到自身精神存在的特殊性。然而，和其他所有女权主义者重新给予思考的事物一样，我们也同样面临着边缘与中心的差别，而这种差别又会时常困扰着我们。它会阻挠我们潜能的发挥，并使我们很难在以这个二分法为基准的等级制度下，绘制出未来发展的新的图景。但是，一旦我们拒绝加入和附和这种"中心"，我们就会认识到三位女性行为的价值所在。

小　结

戴维斯社会性别理论的提出是妇女史研究在理论上的重大突破，也是她对当代妇女史学研究的一个重大贡献。社会性别理论启发我们去想象和开创一个包括女性的认知世界，一份包括两性经验的历史发展。我们不仅需要探究女性在历史上的作用、经历和感受，还需要考察各个不同历史时期不同文化、不同地域中，不同社会性别关系和社会性别制度的建构和演变，以及它们同社会政治经济制度的关系。社会性别理论的发展开拓了史学研究的新领域，丰富了史学的内容。戴维斯从研究知名妇女到关注普通妇女，使默默无闻的草根阶层逐渐从历史舞台的边缘走到了中央；从主张突出底层妇女的主体地位到反对妇女附属于丈夫之下，使原来被历史遗忘的广大妇女和普通下层男性开始在历史著作中出现；从孤立地考察妇女状况到结合男性来研究；从把社会性别作为妇女史研究的基本范畴到超越社会性别；从女性地位的边缘化到中心化，她的妇女史研究以一种不断自我更新的精神为史学研究的深入发展提供了良好

---

① 〔美〕贝尔·胡克斯：《女权主义理论：从边缘到中心》，江苏人民出版社 2001 年版，第 11 页。

范例。但应当指出的是，戴维斯的妇女史学的研究尚存在一些不足。一是研究的视角、范畴、方法还不够多样化。二是对宏观与微观研究的关系还不能很好把握。三是对史学不同领域的学者的相互了解、吸纳研究成果，进行综合研究还不够，理论研究和实证研究有时出现脱节现象。但不管怎样，戴维斯的妇女史学观对西方史学的发展起着很重要的作用。亨特的一段阐述明白无误地做出了说明，她写道："性别（gender）的重要性超过了其在社会与文化生活里无可否认的核心地位；20世纪六七十年代的妇女史研究与晚近对于性别差异的强调，在文化史的方法发展中更普遍地扮演了一个重要的角色。尤其（或许唯有）在美国，妇女史与性别研究一直站在新文化史的前线。例如，戴维斯依靠男性与女性之间的差异来阐释近代早期文化的作用。"[①] 戴维斯的很多研究实际上也都可以归到妇女史或性别研究的范畴，她不仅被看作美国妇女史界的领袖，而且是最早提出用"社会性别"的概念来代替生理上的"性别"的妇女史家之一，从而可以"解释不同社会和不同时期里性角色、性象征的范围，发现它们代表的含义及其如何作用以保持社会规范或促进它的变化"。[②] 这里的性别是一种文化的表现，以此为中心的妇女史研究也由此同新文化史站在了同一条阵线上。

由此我们可以预测21世纪的妇女史学研究将呈现出多元化的趋势，它与其他社会科学领域的理论与方法的互相影响、互相渗透将进一步加强。从研究的视角来看，妇女史学的研究应该运用多视角、多学科和跨学科的方法，注重妇女的经验和与之相关的社会现象。不但关注社会性别关系结构中两性的权力关系、气质规范，而且要把社会的性别关系视为和经济的、阶级的、民族的等关系相关联的范畴，不是孤立地看妇女和性别。因此，对某一社会妇女史的研究，必须从多视角、多学科和跨学科的方法进行考察，从这一视角出发的妇女史研究也将有助于我们更好地理解人类的历史文化。

[①] Lynn Hunt, "Introduction: History, Culture, and Text," Lynn Hunt, ed., *The New Cultural History*, Berkeley, Calif.: University of California Press, 1989, p. 18.

[②] Natalie Zemon Davis, "Women's History in Transition: The European Case," *Feminist Studies*, Vol. 3, 1975；另参见周兵《美国妇女史的回顾和展望》，《史学理论研究》1999年第3期。

从研究的理论和方法看，相关学科的理论和方法将被更多地用于妇女史研究。妇女的历史与人类社会的各个方面互相联系，因此，用各相关学科的理论和方法来充实提高妇女史学也是必然的趋势。例如，社会学的社会分层理论和家庭功能理论、哲学上的后现代主义思潮、心理学的意识与潜意识原理、语言人类学的话语和权力概念以及统计学的计量方法等，对妇女史研究都具有现实意义。

从研究的目的来看，就是要通过史料的收集、整理，真实地再现作为人类一半的女性群体是怎样以其实践活动推动着人类的物质生产和精神生产不断地从低级向高级发展的。这是针对过去以男性为中心的史学体系中忽视了妇女也是创造历史的主体这一基本事实，而不只是站在妇女的立场上为妇女正名，更不是认为女性有抛开男性而独自存在的历史。我们认为在 21 世纪的妇女研究应该特别强调，从"人"的共性出发去研究女性的个性特征（区别于男性的）；从女性与外涉关系中（包括经济制度、政治制度、文化、思想、意识形态、两性关系）看女性的生存、发展规律，揭示现实的女性（涉及男性）的实践活动怎样推动她们自身和人类社会从低级向高级发展，最终能够建立起全面反映人类生存、发展规律的史学体系。

任何学科的发展都要经过数代人的辛勤劳动，但只要耕耘就会有收获。笔者相信在中西学者的共同努力下，妇女史学研究将在 21 世纪取得更大的进展。

第三章　娜塔莉·泽蒙·戴维斯的
影视史观

娜塔莉·泽蒙·戴维斯不仅在妇女史领域享誉盛名，她还十分关注历史与大众媒质的关系，积极从事史学与电影的交叉研究，使得她也成为 20 世纪 80 年代以来影视史领域最受敬重的历史学家之一。本章以戴维斯的影视史学思想为出发点，以她个人的论著、作品为依据，集中论述其有关影视史学的史学思想。希望通过对她的影视史理论与方法的探讨，不仅了解戴维斯，而且通过她的研究了解整个西方影视史学的发展趋势。同时，也希望通过对她的史学思想与方法的介绍，为国内正在逐渐兴起的影视史研究提供一定的参考。

第一节　影视史学的兴起

影视史学兴起于 20 世纪 80 年代后期，是当代西方史学的新生代，就其社会的大众文化层面而言，其空间传播的速度并不迅速，远不及心理史学、比较史学、计量史学等。历史学作为一门学科，其发展总是和社会的发展同步的。任何一种反映社会要求的崭新的历史观，以及与之相联系的历史学思潮，同提出并发展它们的人们一样，都是历史的产物，都是在一定的历史时期的特定历史条件下的产物①。影视史学也不例外，下面我们对影视史学的出现及其产生的历史背景做一介绍。

一　影视史学兴起的学术背景

作为现当代西方新史学的一个新门类，影视史学的产生，也有其具体的学术背景，这就是 20 世纪——特别是 20 世纪下半叶——西方史学

---

① 于沛：《史学思潮、社会思潮和社会变革》，《社会科学管理和评论》2000 年第 3 期，第 47 页。

发展的结果。影视史学获得历史学家的注意是在 20 世纪 60 年代。当时，传统史学的根本性缺陷开始为人所诟病：研究对象单一，过于集中在政治、军事和外交领域，以及精英人物；史料狭隘，仅限于官方文字资料。法国新史学先驱人物西米昂曾将传统史学形象地比喻为崇拜三个偶像：政治偶像、个人偶像和编年纪事偶像。[①] 更重要的是，传统史学自身学科的封闭性，导致其在分析更为深层次的人类社会变迁问题上，与社会学、经济学、人种学等新兴社会科学相比，显得日益捉襟见肘。1929年，以《经济社会史年鉴》为标志，西方新史学代表流派——年鉴派诞生。年鉴派认为，"唯有总体的历史，才是真历史"，除了帝王将相之外，经济变动、人口增减、文化演进、社会变迁、人民生活均在考察视野内；对待史料也更加开放，上至官方、下至民间的所有定量和定性的资料、文字、视觉和口述资料，均纳入研究范围。从普通民众的视角去观察历史人物与解释历史事件的风气日浓，自英国历史学家爱德华·汤普森（Edward Palmer Thompson）在 1966 年发表《自下而上看历史》（"History from Below"）[②] 一文之后，"自下而上的历史学"便成了学界一个专用名词，并与传统的"自上而下看的历史学"亦即"精英史学"相抗衡。影视史学在某种意义上符合这一史学观念，故而引起不少学者的关注。

20 世纪 70 年代下半叶以来，西方史学又发生了一次新的转向，这次转向基于这样的背景：战后西方新史学从 50 年代勃兴至 70 年代上半叶达到了它的全盛期。但正当新史学家高视阔步的时候，新史学也产生了某些流弊，如新史学家为了寻求"结构"与"深层"的历史，于是历史著作中的引人入胜的故事情节与环境气氛、栩栩如生的人物形象不见了，历史学变成了"没有人的历史学"[③]；历史著作中充满的大量数学公式、数据、图表等，不仅在专业史家中鲜有反应，而且更失去了大众社会的广大的读者群。于是"让历史回归历史"的呼声不绝于耳，为新史学家所热衷的分析性遭到了越来越多的质疑。于是从 70 年代下半叶开始，崇尚叙事性的历史著作又开始复兴，英国史学家劳伦斯·斯通在

---

① 转引自何兆武、陈启能主编《当代西方史学理论》，上海社会科学院出版社 2003 年版，第 21 页。

② Edward Palmer Thompson, "History from Below", *Times Literary Supplement*, April 7, 1966.

③ 法国当代史家勒华拉杜里语，转引自《史学理论》1989 年第 1 期，第 30 页。

1979 年叙事史兴起的时候，在《过去与现在》杂志上发表《叙事史的复兴：对新的传统史学的思考》，断言"新叙事史"的问世，标志着史学又将走向一个新时代。① 不管斯通的见解是否有些片面，但毋庸置疑的事实是，叙事体史书在整个 80 年代重新得到了历史学家的青睐。因此，在 80 年代，叙事体史书又为史界所看重了，有关著作陆续问世。表面看来，它似乎是向昔日传统史学重叙事的一种"回归"，但这并不是简单的"轮回"，而是在新的条件下的一种进步。② 这一学术背景与时代氛围，对以叙述性为专长的影视史学的发展无疑起到了某种推动作用。

二　影视史学兴起的媒介因素

影视史学在当代的面世，更有体现其自身特点的原因，那就是近百年来的媒体革命。由电影发端的媒体革命是现代社会的产物，也是 20 世纪的投影。影视史学的萌发与兴起，有赖于媒体革命，有赖于现代科学技术的发明创造，尤其是有赖于现代传播技术的高度发展。失去了这个支撑，影视史学也许难以产生。始于 20 世纪初的传播媒体革命是导致产生影视史学的前提条件。

摄影照相技术大约于 19 世纪中叶发明，但直到 1881 年 9 月，英国摄影师迈布里奇才将摄影术与旧的幻灯放映技术结合起来，让移动的放映使马灵巧地奔驰在银幕上，令观众看得目瞪口呆。③

1895 年 12 月，法国人卢米埃兄弟在巴黎一家咖啡馆里放映了《墙》《火车进站》《婴儿喝汤》《卢米埃工厂的大门》《洒水记》等短片，观众有 30 多人，"放映在一片心醉神驰的掌声中完成，观念被征服了，因那些'抓住鲜活的生活'的'移动照片'而眩晕……"④。这就是世界电影史上的首次放映，它向世人宣告：电影诞生了。从此，人类开始从静态的文字文化进入动态的图像文化。电影经历了从无声片到有声片、从

---

① Lawrence Stone, "The Revival of Narrative: Reflection on a New Old History", *The Past and Present*, No. 85, Nov. 1979, pp. 74 – 96.

② 张广智、张广勇：《现代西方史学》，上海复旦大学出版社 1996 年版，第 27～29 页。

③ 〔法〕蒂埃里·茹斯等编《电光幻影 100 年》，蔡秀女等译，广西师范大学出版社 2003年版，第 1 页。

④ 〔法〕蒂埃里·茹斯等编《电光幻影 100 年》，蔡秀女等译，广西师范大学出版社 2003年版，第 14 页。

黑白影片到彩色影片的发展历程，随着新的电影技术的进一步提高，诸如环幕电影、立体电影、动感电影等相继问世。人们跨入了一个不受时空限制交换情报的多媒体时代，感受到了一种全新的文化天地。从文字文化进入这种形式的图像文化，其意义及对人类深远的影响也许并不亚于从远古时代的结绳记事到文字的发明。1925 年，英国人贝尔德发明了机械电视，并于次年 1 月在伦敦举行了第一次公开表演。1936 年 11 月，英国开始定期播出电视节目，此举宣告了电视的发明。

1954 年，美国试验成功了彩色电视，70 年代开始又出现了卫星电视传播，率先发射"同步静止卫星"，使电视超越空间的界限。数码电视等新产品的开发，促进了电视业进一步的普及与繁荣。此外，随着新媒体的开发（如镭射光碟电影、光缆电影等），储存资讯媒介由磁性材料向光学记录材料的转换，捕捉信息手段由模拟信号向数字信号的转换，等等，人类将在未来的岁月中，把 20 世纪与 21 世纪交替之际由电影滥觞的媒体革命推向一个新阶段。1997 年 7 月 4 日，美国"火星探险者"号登陆火星，它第一次向地球发回了彩色三向度立体图像照片，这或许是当代顶端的影视技术最新成就的一次有力的展示。在这不断迈进的步伐声中，不也预示着一种新的"媒体革命"的来临吗？这种延续不断的"媒体革命"，对人类文明的发展产生了无与伦比的影响，也极大地改变了人们政治的、经济的、文化的、社会的生活。从全球性的奥林匹克运动会、令世人为之疯狂的世界杯足球比赛到地区性的实况转播一场文艺演出、一次爱心活动，能离得开现代影视技术吗？这种延续不断的"媒体革命"，也日益在历史学中引发了反应，具体说来，现代媒体与历史学日益"联姻"，并显示出了成效，① 当然也引发了争议。1983 年和 1985 年，美国历史协会主办了两次影视与历史学的专题讨论会，并在该协会出版的《美国历史评论》中，另辟专栏，评论历史影视片的史学价值。

---

① 如英国生物学家兼新闻记者 H. G. 韦尔斯在运用现代新闻媒介普及历史知识方面做出了卓越的贡献。有学者指出，"值得注意的是，早在 1927 年，他（韦尔斯）已察觉到影片在教育上具有无限的潜力"。参见周梁楷《以影视辅助中国史教学》，《中国历史教学研讨会论文集》，台北政治大学历史系，1992 年，第 198 页。到了 20 世纪四五十年代，借助电影与电视向大众普及历史知识，在英国得到了进一步的发展。又如在晚近的美国，历史题材的电视连续剧《根》和《大屠杀》上映后，曾产生了轰动效应，极大地激发了历史学家关注影视与历史学之间关系的兴趣。

1988 年 12 月出版的《美国历史评论》,发表了一组论文,专门讨论影视与历史研究的关系,其中有一篇即为海登·怀特所撰,本书所说的"影视史学"这一名词,起源还是要追溯到他那里。

三　影视史学兴起的社会因素

史学与时代有密切的关系,每个时代都有它个别的需要。影视史学的兴起,正是反映了我们这个时代的问题、发展与需要所在。20 世纪 80 年代以来,历史学家已从往事的简单再现深入大众历史的重建,从"自上而下看历史"到"自下而上看历史",有些历史学家已经开始热衷于"大众历史"。影视史学是历史大众化的最佳方式。众所周知,传统的史学表现形式,使历史学充满着沉闷气氛,专业史家只能在汗牛充栋、满是灰尘的故纸堆里爬梳史料,生动、丰富的历史变得毫无生气。这种较为单调、沉闷,俗称"坐得住'冷板凳'"式的史学研究模式显然不能完全适应社会的发展和需要。而影视史学具有强烈的感染力,拥有广泛的受众阶层,正如美国历史学家赖克所说:"传统的书写史学在充分表现人类生活的复杂、多维的世界方面是多么的单调、贫乏。只有电影通过音像合成和镜头切换、快慢镜头等其他一些技术才能够比较接近真实的生活,如每天经历的观念、言辞、形象、有意识和无意识的动机以及情感等。只有电影能够提供充分的'移情重构'来传递历史任务是如何见证、理解以及生活着的。而且只有电影可以帮助历史学家把过去变得栩栩如生、活灵活现。"①

影视史学以独特的视角、以最动人的方式和表现手法,使得枯燥生硬的历史知识、晦涩难懂的史学研究成果成功走出学术界的高墙,自觉、不自觉地进入寻常百姓的娱乐、生活,也可以使史学研究本身变得富有生气、鲜活直观,又能使人民大众从日常生活、娱乐活动中不自觉地接受历史知识。罗伯特·A. 罗森斯通也说:"电影,这一现代媒体不仅能表现历史、传递过去,而且还能挽留住广大观众。可以肯定,今天大多数民众历史知识的主要来源是通过视觉媒体。而几乎同时我们所要向其传递信息和所要讲述故事的普通听众正在迅速减少,这是显而易见的。

---

① R. C. Raack, "Historiography as Cinematography: A Prolegomenon to Film Work for Historians", *Journal of Contemporary History*, Vol. 18, No. 3, July 1983, p. 416.

走进电影这一巨大的诱惑。"① 的确，随着电影和电视的先后问世，影视等视觉媒体受到普通民众的垂青和喜好，越来越多的民众选择影视而不是书刊作为获得历史知识的途径。诚如格尔达·勒纳所言："'电视一代'以及他们的后继者更愿意与视觉图像相联系而不是书写或口头话语。"② 用影视来表现历史，可以通过其生动形象、丰富有趣的动态"描述"，对观众的心灵产生一种强大的"摄人心魄"的震撼力；这种震撼力给人带来的影响既是直接的又是潜在的，既是表层的又是深层的，既是短暂的又是长久的。影视史学以其独特的难以忘怀的魅力，使大众从日常生活、娱乐活动中不自觉地接受历史知识，拓展自己的历史智慧。

第二节　"影视史学"概念的诞生

电影作为一种思想、语言表述的工具，其基本的形态与文学、历史最为相近，其实，在怀特创造这个新名词之前，已有不少专业史家应用影视媒体来从事历史教学，甚至参与历史影片的制作，并且通过摄影、剪辑等手法企图创建一套电影的语言、文法，有意探讨和构建电影和历史之间的关系和理论基础。③ 在摄影技术发明之初，弗科斯·泰勒勃特（Fox Talbot）就把它比作"自然的笔"。1921 年，奥古斯特·沃尔夫（August Wolf）赞叹电影是一个历史学家（film as historian）。由于电影长期处于默片时代，直到二战后，历史学家才开始正视影视与历史的关系。20 世纪 60 年代，法国年鉴学派的马克·费侯（Marc Ferro）所写的《电影与历史》已经涉及方法论与知识论的层次。他"将电影当作重要的史

---

①　Robert A. Rosenstone，"History in Images/ History in Words：Reflections on the Possibility of Really Putting History onto Film，"*American Historical Review*，Vol. 93，No. 5，December 1988，p. 1175.

②　Gerda Lerner，"The Necessity of History and the Professional Historian"，*Journal of American History*，Vol. 69，June 1982，p. 16.

③　Robert-A-Rosenstone，*Visions of the Past：the Challenge of Film to Our Idea of History*，Harverd University Press，1995. Markc Cones，*Past Imperfect：History According to the Movies*，Henry Holtand Company，1995. Robert-A-Rosenstone，*Revisioning History：Film and the Construction of a New Past*，Princeton University Press，1995. Leger Grindon，*Shadows on the Past：Studies in the Historical Fiction Film*，Temple University Press，1994.

料，拿来与其他不同类型的史料相互对照考证"。① 美国历史学家罗伯特·A. 罗森斯通（Robert A. Rosenstone）则把他的两部主要的历史著作搬上了银幕，并亲自参与制作。一部是历史纪录片《正义之战》（*The Good Fight*），另一部是历史剧情片《红色之恋》（*Reds*）。这两部影片取得了巨大的成功，"每一部都带给人们一段重要却长期不为人所知的历史事件，每一部都把许多'权威'的历史细节搬上了银幕"。② 任教于普林斯顿大学的历史学家娜塔莉·泽蒙·戴维斯，1982 年在由丹尼尔·维涅（Daniel Vigne）执导的《马丁·盖尔归来》中担任影片历史顾问。这是一部相当卖座的艺术电影，次年发行到美国，还被不少美国影评人选为 1983 年十大佳片。戴维斯在协助法国同名电影《马丁·盖尔归来》拍摄完成后，更进一步以电影为题材来讨论历史议题，于 2000 年写作了《奴隶、电影、历史》。在这本书里，作者仔细分析阅读了五部电影——《万夫莫敌》、《圭玛达岛政变》、《最后的晚餐》、《勇者无惧》以及《真爱不渝》。她认为历史电影是现代人对于过去的"想象实验"：她借由"奴隶"作为主题当例子，来探讨电影是如何诠释奴隶在历史上的形象。美国史学家格尔达·勒纳（Gerda Lerner）于 1982 年指出"电影和电视深刻影响了人们与历史的关系，这一点在近几十年里最为明显"；美国哥伦比亚大学柏纳学院历史系主任马克·卡尔尼斯（Mark C. Carnes）在其所编的《幻影与真实：史家眼中的好莱坞历史片》（*Past Imperfect：History According to the Movies*）一书的"前言"中，引述戈尔·韦达（Gore Vidal）所言："我们终将承认，教育体系在引介历史传承的功能中，将会逐渐褪色；最后，年轻人是靠电影来了解过去的。"对于失忆症横行的美国，好莱坞的历史就是唯一的历史。当然任何严肃的历史学家都不会天真地企图以影像来取代历史著作，马克·卡尔尼斯说："好莱坞的历史完全是另一码事，电影里说的故事跟历史有很大一段距离"，"电影和戏剧、小说一样，可以激发想象，娱乐大

① 周梁楷：《影视史学：理论基础及课程主旨的反思》，《台大历史学报》1999 年第 23 期，第 446 页。

② Robert A. Rosenstone, "History in Image/History in Words：Reflections on The Possibility of Really Putting History onto Film", *American Historical Review*, Vol. 93, No. 5, December 1988, pp. 1173 – 1183.

众，但是绝对没有办法取代广泛收集材料，缜密推理分析的严谨历史著作"，但是"电影独特的叙述能力刺激了大家想要和过去对话的企图"，正是这一点显示出影像史学独特的魅力。1970 年，约翰·伊欧·科勒（John E. O'Conner）和马丁·A. 塔克松（Martin A Tachson）建立了"历史电影委员会"。其隶属于美国历史协会，并发行了一份历史影视研究的跨学科期刊《电影和历史》，以"探讨好莱坞和欧洲的电影制片人怎样去描述历史——并报道这些（历史）电影的真实与错误"。①

　　1988 年 12 月出版的《美国历史评论》第 93 卷第 5 期专门开设"影视史学讨论"专栏，请罗森斯通（Robert A. Rosenstone）、赫希利（David Herlihy）、海登·怀特（Hayden White）、约翰·伊欧·科勒（Jone E. O'Connor）、陶普林（Robert Brent Toplin）就历史学与影视形象的关系、历史学与影视的结合问题进行了广泛、深入的讨论。② 在海登·怀特所撰的《书写史学和影视史学》这一著名文章中，他杜撰了"historiophoty"一词，以和传统的"书写史学"（historiography）相对应。在他看来，书写史学是指"利用口传的意象以及书写的叙述所传达的历史"，"影视史学"则是以视觉的影像和影片的叙述传达历史以及我们对历史的见解。换句话说，影视史学研究的核心内容应该是它的一整套方法论体系，即探讨、分析如何用视听媒体如电影或电视来表现历史和我们对历史的见解，或者说如何将书写史"翻译"成影视史，而不是什么历史题材的电影或电视（即历史影视）。怀特对影视史学的定义很明显不再将影像当作史料，而是和文字一样是一种书写历史的工具或者介质。他指出，无论是书写的还是视觉的历史作品，都无法将意图陈述的历史事件或场景完整或大部分地再现出来，"即使连历史上的一件小事，也无法

---

① http://www.h-net.msu.edu/filmhis/index.html。

② AHR Forum：Robert A. Rosenstone, *History in Images/History in Words*：*Reflections on the Possibility of Really Putting History onto Film*；David Herlihy, *Am I a Camera? Other Reflections on Films and History*；Hayden White, *Historipgraphy and Historiophoty*；John E. O'connor, *History in Images/ Images in History*：*Reflections on the Importance of Film and Television Study for an Understanding of the Past*；Robert Brent Toplin, "*The Filmmakers as Historian*," *The American Historical Review*, Vol. 93, 1988, pp. 1173 – 1227.

全盘重现"。① 在《美国历史评论》1992 年第 97 卷第 2 期发表了关于
JFK 与电影的论坛专栏，其中有一篇文章题目十分醒目，即《JFK：历史
事实/历史电影》，显然涉及影视史学的本质问题、历史事实与历史电影
的关系问题。② 这也许是影视史学最根本的理论问题。

　　后来，台湾中兴大学的周梁楷教授首次把它译为"影视史学"，以
"'史学'这个名词来强调'historiophoty'是门学问，它也有（或应有）
自己的知识理论基础"。③ 1992 年、1993 年他在台湾《当代》月刊上连
续载文，并通过举办研讨会和开设课程，逐步深入知识论的层次，意图
建立起真正的学术类别，涵盖的内容也逐渐广泛和清晰。1996 年张广智
教授首次向内地学界引进这个"新玩意"，发表了相关的论文和专著。④

　　不过，当怀特在处理影视史学的问题时，主要还是将电影与电视放在
首位，而周梁楷在台湾引介影视史学之时，则对影视史学所涵盖的事物加
以扩大，对其所代表的含意也有增补。周梁楷认为，凡是任何图像符号，
不论静态还是动态的，都属于这个范围，他指出"影视史学"可分为两方
面：一、以静态的或动态的图像、符号，传达人们对于过去事实的认知，
例如上古时期的岩画、历代的静态图像，以及当代的摄影、电影、电视和
数字化多媒体数据；二、探讨分析影视历史文本的思维方式或知识理论。
就第一点而言，除了涉及的数据更为广泛之外，与怀特所主张的并无太大
的出入。至于第二点，对历史性影像数据本身的思维加以分析则是周梁楷

---

① Hayden White，"Historiography and Historiophoty"，*American Historical Review*，Vol. 93，
No. 5，December 1988，pp. 1193 – 1199.

② A HR Forum：Marcus Raskin，JFK and the Culture of Violence；Michael Rogin，JFK：The
Movie；Robert A. Rosenstone，JFK：Historical Fact/ Historical Film. *The American Historical
Review*，Vol. 97，1992，pp. 487 – 506.

③ 周梁楷：《影视史学：理论基础及课程主旨的反思》，《台大历史学报》1999 年第 23
期，第 447 页。周先生相关的论文有：《银幕中的历史因果关系：以"谁刺杀了肯尼
迪"和"返乡第二春"为讨论对象》，（台湾）《当代》1992 年第 74 期；《影视史学：
课程的主题、内容和教材》，张哲郎编《历史系课程教学研讨会论文集》，（台湾）政
治大学历史系，1993 年；《辛德勒选民：评史匹柏的影视叙述和历史观点》，（台湾）
《当代》1994 年第 96 期；《影视史学和历史思维》，（台湾）《当代》1996 年第 118 期；
《影视史学：理论基础及课程主旨的反思》，《台大历史学报》1999 年第 23 期。

④ 张广智教授专著有：《影视史学》，（台湾）扬智文化事业股份有限公司 1998 年版。论
文有：《影视史学：历史学的新领域》，《学习与探索》1996 年第 6 期；《重视历史——
再谈影视史学》，《学术研究》2000 年第 8 期；《影视史学与书写史学之异同——三论
影视史学》，《学习与探索》2002 年第 1 期。

的创见。影视史学作为一门新兴的、具有强大生命力的史学分支学科，或者说是影视与史学交叉的边缘学科，其魅力在于它能集图像、声音乃至文字于一体，"吸收了绘画、照相艺术的构图和光影，借鉴了戏剧、小说的表演和叙述，又从音乐那里学来了节奏和流动，视听结合、声画并蓄、多管齐下地激荡着观众的感官和心灵"，具有强烈的感染力和吸引力。

影视史学的诞生，是影视发展对历史学产生深刻影响的结果，同时也与 19 世纪以来学术界对传统客观知识的反思及叙事体历史的复兴关系密切。

第三节　戴维斯的影视史学实践

一　影片《马丁·盖尔归来》简介

戴维斯在《奴隶、电影、历史：还原历史真相的影像实验》的前言中写道："大约从一九七〇年代开始，我的脑海里浮现了一些新的概念，是关于如何才能够了解那些在身后留下很少文字证据的男男女女——这些概念于是把我带回到电影的世界。我开始了解到如何在我的研究过程中，除了使用民间故事、民俗医药与俗谚以外，还可以加上嘉年华狂欢、闹洞房的嬉闹仪式（Charivaris——或者像北美洲所说的"Shivarees"），以及其他的庆典，同时还有可能是其他各种形式的仪式。此一研究方法所代表的意义是将近世历史里的各种文化都当作一种'表演'（performance），并且试着以具体的影像来呈现村落或是都市近郊里具戏剧性的发展过程，无论此一过程所展现的是地区的冲突还是团结。我渴望从中能发现有价值的例证，如此我就可以像一个人类学家一样，观察每天的生活经验，而不是靠着零散的税务记录或者婚姻契约来提出一套解释。在这个关键时刻，我刚好看到一份由法官所写的文件，里面描述一宗发生在一五六〇年的案子——一件发生在比利牛斯山区村落里的诈骗案件，有一个人冒名顶替马丁·盖尔（Martin Guerre）的身份，时间长达三年之久，甚至连他老婆也被蒙在鼓里——案情大致是如此。我心里出现了这样的念头：'这一定要拍成一部电影！'于是，我在一九八〇到八二年担任历史顾问的工作，协助丹尼尔·维涅（Daniel Vigne）导演与剧作家让－克劳德·卡里埃（Jean-Claude Carriere）进行《马丁·盖尔归来》（Le Retour de Martin Guerre）的电影拍摄工作。"①

这部名为《马丁·盖尔归来》的电影取材于法国历史上的一起真实案例，由法国影星杰拉尔·德帕迪约（Gerald Depardieu）、纳塔莉·巴耶（Natalie Baye）主演，编剧让－克劳德·卡里埃，导演丹尼尔·维涅。在剧组里，还有一位举足轻重的成员，她就是担任电影历史顾问的美国历史学家纳塔莉·泽蒙·戴维斯。戴维斯的参与，为电影在创作中最大限度地传递历史感和再现历史真实性提供了巨大的支持。电影不仅在场景、服装、道具等方面忠实地还原了 16 世纪法国南方农村的生活状况，更重要的是在人物性格、人物关系、历史事实及语言对白等方面，也通过多方发掘史料尽可能地予以再现。由于较为成功地将历史与电影的叙事方式结合在了一起，同时又兼顾了戏剧性和历史性，因此这部电影自公映起就被推崇为历史电影或影视史学的代表作，而从历史学家的角度则将之评价为影视史学研究的一个成功范例。

马丁·盖尔的故事，可说是比一般戏剧设想更具有传奇经历。马丁·盖尔（又译为马丹·盖赫，1525 年生）的故事发生于 16 世纪的法国朗格多克省一个叫作阿尔蒂加的小山村。马丁·盖尔来自一个家境殷实的西班牙巴斯克移民家庭，因家族利益考虑，在父母的安排下，马丁在 14 岁时与同村富裕人家的 12 岁女子贝尔特朗德·罗尔（Bertrande de Rols，又译为贝彤黛·德·荷尔）结婚。马丁相貌平庸（身材高瘦、黝黑、擅长击剑和乡村杂耍），由于早婚尚未完全性成熟，可能还有点性无能的毛病，因此两人婚后 8 年一直没有同房，遑论生育。但根据贝尔特朗德后来的解释，这是因为他们受到了某种恶毒的诅咒，即"女巫魔法的束缚"，直到 8 年后经一位略通魔法的老妇人的点拨，告诉他们如何解除咒语——进行了四次弥撒：吃圣餐仪式中的面包、糕饼，才有了第一个儿子——桑西（Sanxi，又译桑克西）。年轻的马丁并不愿意一辈子做个普普通通的农民，婚后一直梦想摆脱小麦、砖窑、家产以及婚姻，过属于他自己的生活，但是这个愿望始终无法实现。直到 1548 年的一天，

---

① 〔美〕娜塔莉·泽蒙·戴维斯：《奴隶、电影、历史：还原历史真相的影像实验》，陈荣彬译，左岸文化 2002 年版，序言第 11～13 页。

24 岁的马丁"偷"了父亲的一点谷物，因为害怕惩罚（"根据巴斯克人的习俗，任何形式的偷窃都是不可饶恕的"[1]），借机偷偷离开家去了西班牙。经过一番游历当上了西班牙枢机主教的侍从，并在战争（为西班牙国王菲利普二世作战）中负伤而断了一条腿。

马丁失踪后一直杳无音信。在这些日子里，贝尔特朗德始终没有再嫁。直到八年后，一个自称马丁·盖尔的人离奇地回到了阿尔蒂加村，他的真名叫阿尔诺·居·提勒（Arnaude，du Tilh，又译为阿尔诺·居·狄勒）。尽管在外形上冒牌的马丁与真马丁并不一致，他"身材略为矮胖，强健结实，不擅长运动"，但却"能言善辩"，有着"令演员嫉妒的记忆力"，而且是个"放荡的""生活糜烂""沉迷于每种恶习"的年轻人，但八年的时间已经渐渐磨去了人们的记忆，而且提勒经过"煞费苦心的准备、推敲、背诵、排演"，捏造出新的身份与生活，几乎骗过了所有的人。人们都对他的身份信以为真，更重要的是，贝尔特朗德也毫无异议地接受了这个丈夫。提勒之所以会假冒失踪的马丁，是因其在退伍后（他曾离开家乡投入军中，为法王亨利二世作战），于归途中遇到马丁的两位朋友，马丁的朋友误把他当成了马丁，于是他兴起了冒名顶替的念头，还设法摸清和记熟了有关马丁的各种情况。此后的三年里，假马丁和贝尔特朗德相亲相爱，还先后生育了两个女儿，与其他村民的相处也相当融洽。但当提勒开始以马丁的身份出售继承的家产，甚至要求叔叔皮埃尔（Pierre Guerre，又译为皮耶）交出自己离家期间暂时掌管的财产，并要为此提出诉讼时，引起了皮埃尔的极大不满，也使得早已怀疑其真实身份的叔叔逼迫贝尔特朗德出面控告提勒冒名顶替之罪（虽然她被迫提出了控告，但在内心却希望败诉，希望法官判处提勒就是她的丈夫）。

这件事先是闹上了希厄（Rieux）的地方法院，法庭最后判决提勒有罪。不服判决的提勒向图卢兹（Toulouse）法院提出上诉。根据注重"品质而非证人的人数""宁可错放有罪者，也不可误罚无辜者"等原则，以及由于法官让 - 德·葛哈斯同情新教徒的立场，即将准备做出有利于提勒的判决。而就在这时，一个拖着木腿的男子突然出现在法庭上，

---

① Natalie Zemon Davis, *The Return of Martin Guerre*, Cambridge, Mass：Harvard University Press，1983，p. 24.

自称他才是真的马丁·盖尔。

真马丁的突然现身不仅令所有人都深感震惊，也完全改变了法庭的判决。最后，提勒以冒名顶替、窃取继承权、通奸等罪名被处以绞刑，而贝尔特朗德则因法庭相信她是因为轻信而受到了蒙蔽，最终被安排进了女修道院。至于马丁，法庭将其当年的离家出走归咎于年轻和冲动，考虑到发生在他身上的残疾、财产损失与妻子的被玷污已经足以作为惩罚而没有继续追究。

影片《马丁·盖尔归来》再现了法国 16 世纪基层的社会面貌，诸如婚姻、继承的惯例及其社会意义，当时的诉讼制度和证据法则，等等，特别是当事人以及审判法官之新教背景对其内心冲突的影响，更让我们了解到当时法国社会所潜伏之宗教暗流。这一影片从历史学的角度，恰如其分地呈现出此一传奇故事所奠基的社会力与政治力。该片上影之后，在戛纳电影节上产生了不小的轰动，影片对历史生动而真实的再现，受到了从普通观众到电影评论家和职业历史学家的广泛关注，尤其在欧美史学界引发了一场有关历史与电影或是影视史学的学术讨论。

二　《奴隶、电影、历史：还原历史真相的影像实验》简介

《奴隶、电影、历史：还原历史真相的影像实验》这本书讨论了一些范例性的电影，都是以奴隶制度与反抗奴隶制度的活动为主题，借着电影制作人的种种巧思与安排，这五部电影分别用了不同的策略，挖掘、建构奴隶的戏剧情节，都可以算得上"历史电影"；透过戴维斯的剖析，我们看到这些电影与史学的紧密联系，看到电影如何变成一种"媒介"——揭露奴隶之神秘历史的媒介。

由导演斯坦利·库布里克（Stanley Kubirck）拍摄的《万夫莫敌》（*Spartacus*）是一部古罗马史诗式的电影，它叙述了古罗马的奴隶因不堪奴隶主的暴虐而奋起反抗但最终被镇压的史实，是一部歌颂罗马奴隶斗士追求自由解放的影片。这部电影描述的是一个发生在公元前 73 年的故事，斯巴达克斯是一个来自色雷斯的奴隶，后来他因为攻击矿场上一个残酷的监工，而注定难逃一死。大难不死的他，反而被兰土勒斯·巴夏特斯（Lentulus Batiatus）买走。巴夏特斯是一个角斗士训练所的主人，四处寻找斗志高昂的奴隶，买来充当角斗士的人选。斯巴达克斯随即被

带往位于卡普亚的训练所，训练所把来自不列颠的奴隶瓦瑞尼亚分配给他当女伴。后来，克拉赛斯带着妹妹以及一对贵族夫妻来参观，应贵族女士之要求，训练所安排两场私下的奴隶格斗表演给他们看，并且要对打致死。斯巴达克斯和一个黑人德拉巴（Draba）被挑中进行对打的格斗表演。斯巴达克斯之前曾经告诉过另一个角斗士：“如果有必要，我将不惜一战——我会出手杀人，我会试着求生存。”他在这场格斗里确实是全力以赴。结果德拉巴胜出，只是他不但没有了结斯巴达克斯的生命，还把他的三叉戟刺向克拉赛斯那群观战的贵族。最后克拉赛斯一刀割裂德拉巴的脖子，巴夏特斯和他手下的那位骄傲的训练师玛赛勒斯（Marcellus）则把德拉巴的尸体倒挂示众。隔天奴隶就在午餐时间发动了起义。他们杀了训练师玛赛勒斯还有侍从，但巴夏特斯却逃出训练所。

起义激化了贵族派和平民派的矛盾，贵族派将领克拉苏乘机击败平民派首领革拉古，实行独裁。克拉苏重金收买了海盗；革拉古则打算以私下放走奴隶大军来对抗。与此同时，起义震惊了罗马的统治集团，他们召回在国外作战的两支大军。斯巴达克斯起义军三面受敌，寡不敌众，结果数万名奴隶战死，他与六千名幸存的战友被克拉苏所俘，被活活钉在十字架上。就在斯巴达克斯断气之前，他的妻子（瓦瑞尼亚）把小孩抱给他看，并且告诉他小孩已经获得了自由之身。

库布里克认为：“一部电影的最基本目的在于‘说明’的目标，最好的方式就是让观众从他所身处的时空环境中抽离。一部电影在拍摄时，因为已经离开事件发生地，因此也能去掉那些因为环境局限所造成的蒙蔽……能够为观众提供更为深入、更为客观的观点。”[1] 我们可以从《万夫莫敌》这部电影中一窥他的这些理念。戴维斯从历史学家的角度对此部电影做出如下评价：第一是他描绘出罗马政治文化的一般性特色——社会上下层级之间、自由人与奴隶之间的鸿沟。第二是电影里详细地描绘了角斗士训练所，同时也呈现出角斗士们所遭遇的痛苦。这部电影的最后一项历史成就是斯巴达克斯与瓦瑞尼亚之间的浪漫关系，同时还包括他们儿子的降生。这一幕戏通常被诠释为一种象征——对于未来希望

---

① 〔美〕娜塔莉·泽蒙·戴维斯：《奴隶、电影、历史：还原历史真相的影像实验》，陈荣彬译，左岸文化 2002 年版，第 51 页。

的象征，也象征反抗活动在斯巴达克斯失败之后会卷土重来。

　　由杰罗·庞泰克沃（Gillo Pontecorvo）在 1969 年拍摄的《圭玛达岛政变》叙述了好几个交织在一起的故事。这部电影以威廉·华克爵士的船只拉开序幕，时间在 19 世纪 80 年代的初期；他的船出现在圭玛达岛附近，而通过船长的解释，使我们知道"圭玛达"这个词在英文里的意义是"燃烧"。葡萄牙人曾经放火焚烧全岛，借以成功压制岛上印第安土著最初的反抗活动。在"皇家安地列斯糖业公司"的同意之下，华克来此地为英国海军总部执行一项秘密任务：蛊惑奴隶进行暴乱活动，并且协助克里奥人的独立运动，脱离葡萄牙统治。就在他抵达岛上的时候，执政当局正好捕获了当时的奴隶领袖圣地亚哥（Santiago），且已将其处决。之后华克四处物色新的奴隶领袖，结果年轻的荷西·杜勒斯成为新的领袖人选——他在华克下船的时候还曾经帮忙搬运行李。一开始，华克嘲弄辱骂杜靳斯，激发杜靳斯向他挑战的决心，接着又鼓励、训练他，让他有能力抵抗奴役制度与葡萄牙人。华克做得很成功，已经把杜靳斯培养成为管理奴隶的首领，以为自此可以高枕无忧了。十年的时间过去了，不料他再赴英国重回小岛时，发现杜勒斯已变成难以驾驭的黑人首领了，于是决定亲自对付他。

　　华克冷静地规划军事行动，并将计划交给圭玛达岛上的军队来执行——这支部队里面包括许多黑人士兵，还有一些额外的英国部队。军队把许多黑人从他们的茅屋赶出来，并且纵火把这些支援叛乱的山区村落焚毁。不久，其他的村落以及农庄也同样被火舌吞噬。在整个过程中，许多生命被牺牲掉了。最后华克捉到了杜勒斯，但他拒绝向华克说话，杜勒斯用一种胜利者的沉默姿态面对华克，当他被带去处绞刑之前，他大喊："英国佬！什么是文明？什么时候才有文明？"

　　在电影的最后，当工人们将装满糖的袋子一一搬上货车的时候，华克也走上船，准备踏上返回英国的旅程。一个听来像是杜勒斯的声音问他："我是否可以帮你拿行李？"当威廉·华克爵士微笑转身时，却被人用刀子杀死了。

　　这部电影所达到的历史成就可以说是它成功地以一种实验性的方式同时陈述出特定的与一般的故事。《圭玛达岛政变》并不仅仅向我们显示村落中的群体如何体验过去的种种事件，或者这些事件是如何在两个相互对立的个人之间发生的（这是电影在"微观历史"这一方面所具有的潜力）；电影里同时也尝试着向我们解释，权力与阶级如何发生转移与改变的现象，而历史变迁的韵律又是怎么回事。这表示电影有潜力以一种"图像"的方式为我们提供解释。

1976 年上映的《最后的晚餐》是托马斯·古提瑞兹·阿里亚（Tomas Guterrez Alea）的第一部历史电影，也是他的第一部彩色电影。过去有一群电影工作者以及历史学家试图要重建古巴的历史，古提瑞兹就是其中一分子。《最后的晚餐》这部电影诉说的是卡特·贝欧纳伯爵（Count de Casa Bayona）在 1789 年的"洗足礼星期四"（Maundy Thursday）为他的十二个黑奴洗脚，并安排他们坐在他的餐桌旁，借以模仿耶稣基督和十二使徒的"最后的晚餐"。伯爵在晚餐时曾经向他们承诺，"奴隶们在耶稣受难日（Good Friday）这一天不用工作"：为此，赛巴斯钦与其他奴隶争论不休。有个奴隶开始快乐地唱歌跳舞，嘴里念念有词："黑人不用工作，奴隶也要休息。"赛巴斯钦强调，他不会工作，还说他现在身上已经有特异功能："没有人可以抓住我，没有人可以杀我。"他从身上的小袋子里抓了一把粉末，往伯爵的脸上吹，结果伯爵居然醒了，带着一脸吃惊的表情转身离开。隔天早上，伯爵很早上路，要返回哈瓦那。唐·曼威（监工）摇着叫大家起床的工作铃，用鞭子驱赶奴隶，因为他有工作绩效的压力。此时赛巴斯钦领导奴隶暴动，杀了一位监工的手下，把唐·曼威关了起来。

当伯爵被人通知发生暴动的情况以后，他大发脾气，喃喃自语地说到圣多明哥，并且立刻骑马领军到工厂镇压暴动。赛巴斯钦怕伯爵会马上抵达，因此他下手杀了唐·曼威，并且与其他奴隶纵火把糖厂烧掉，唯独留下教堂与杜可雷的工作间。伯爵抵达后，他把"唐·曼威的死亡"与"基督在受难日这一天的死亡"两件事联想在一起，命令部队搜捕十二位与他一起进餐但却背叛他的奴隶。他们被捕以后马上遭到处决，头颅还被插在长矛上示众。只有赛巴斯钦成功逃脱，他在技师杜可雷的庇护下侥幸免于被抓到的命运。电影最后的镜头是：赛巴斯钦独自一人自由自在地在山里面跑步；镜头带到飞鸟与向下流动的水，并且传来非洲歌曲的声音，好像特别强调着赛巴斯钦是永远不会被击倒的。

《最后的晚餐》这部电影用了很多实证性的证据作为整部电影的基

础，如一些主教的声明文件、传教士所印发的小册子、糖厂主人的信函以及政府介入此一事件的往来文件书函等。这些证据不但符合历史学家对于"真实感"的要求，同时也为电影营造出一种具体、丰富的感觉。对于观众而言，透过这样的手法所创造出来的世界，不但较为明确，同时也更具可信度。电影所呈现过去的社会形态也比较具有"多样性"，里面每个人物都带着他自己的人格特质出现。戴维斯在评论这部电影所给我们提供的历史贡献就是她对于叛乱活动的描述：包括反抗活动是怎样被激发出来的；还有，在两种不同文化形式相互遭遇的情况之下，反抗活动是怎样获得其合理性的。在这部电影里，"电影"确实有其超越"文字"之处，它能够更明白地向我们展示"变化"是如何发生的。

《勇者无惧》（*Amistad*）是一部 1997 年由史蒂文·斯皮尔伯格（Steven Spielgerg）拍摄的电影，根据真人真事改编，取自 1839 年非洲黑奴辛克（Joseph Cinqué）在运奴船"亚美斯塔号"（La Amistad，船的名字在西班牙语的意思就是"友谊"）上发生的事情。为了述说这个故事，斯皮尔伯格付出了相当心血；他让电影尽可能地反映出故事发生的历史脉络，让电影就和真实事件一样地展开。为了达到此一目的，他所引用的资料包括书籍、法院审理的案件记录、报纸，并且约谈了许多学者。

1839 年夏，53 名非洲黑人被关在西班牙奴隶船"亚美斯塔号"的狭小货舱内，绕过宽广的大西洋，逐渐从古巴外海向内陆驶近。这晚海上狂风暴雨，黑人首领辛克带头造反，用一根钉子挣脱掉沉重的手铐和身上的枷锁，并释放了船上所有的同伴，取得武器，反击杀戮船上的船员，抢下这艘奴隶船。他们只有一个目的：返回家园。"亚美斯塔号"在美国东岸漂流两个月后，在美国康涅狄格州岸边被美国军舰拦下，结束了这一场被白人雇主（西班牙、美国和古巴）视为"黑奴叛变"的海上喋血事件。而这 53 名非洲黑人以谋杀船员的罪名被起诉，开始接受一连串的审判。

一开始，废奴运动的积极分子请来口齿伶俐的青年律师罗杰·鲍德温，证明这些黑人不是合法的黑奴，而是被人从非洲非法挟持的受害者。刚开始，鲍德温认为这场辩护纯粹只是产物归属的问题，无关人权，但是在和辛克几番接触之后，慢慢地改变了看法。他逐渐变得更有人性，并了解这件案子的重要性。他不再把这案子当作财产之争，而是为了争取自由之战。最后鲍德温成功地证明了这些"亚美斯塔号"上的黑人其实是西班牙人非法挟持来的受害者而非奴隶，初步打赢了这场官司，这些黑人在地方和高等法院都获判无罪。然而当时支持奴隶制度的美国总统马丁·范伯伦，却因为不愿意得罪南方的保守派势力，避免引发美国的内战，于是采取强制的方式，将此案送到最高法院进行上诉，企图干扰此案的判决。

自己曾经是黑奴，在接受教育后，决定一生致力于废除奴隶制度工作的裴德森，决定和罗杰·鲍德温一起拜访并力邀约翰·昆西·亚当斯（前任美国总统）挑战范伯伦（现任美国总统）的做法，以捍卫美国司法制度的独立性，为人类生而平等、自由的真理抗争到底。法院的最后判决有利于非洲人之重获自由，宣判如下：这些非洲人是"拥有特定法律与道德权利的自由个体，如有任何人意欲否定其自由权利，他们就有权利起身发动叛乱"。电影的最后一幕是英国人把所有囚禁在隆波可碉堡里的奴隶都放了出来，并将碉堡炸毁；而辛克则与其他非洲人一起搭船返回非洲，船尾站着护送他们回来的人员。最后银幕上的一段说明显示：辛克返乡后发现他的族人们发生了内战，他的村落则已经被摧毁了。

《勇者无惧》里面所讨论的是一种难以言喻的暴力罪行，同时也试图探讨暴力与反抗的重复交叠之处。从这部电影里面我们可以看到一个家庭因为遭人奴役所付出的代价。

《真爱不渝》（Beloved）是强纳森·戴米（Jonathan Demme）所执导的第一部纯粹的历史电影，故事发生在1873年。赛施因其过去的心灵创伤而感到极度的困扰：包括她在当奴隶的时候所承受的痛苦，以及为了让小女儿获得解脱而把她杀掉的事件。赛施努力工作，希望能借以摆脱过去，但是她仍然无法阻止她女儿的灵魂回到家中与她纠缠不清。她另一个仍然存活着的女儿丹佛（Denver）也活在灵魂的纠缠中，她虽然不清楚这事件背后的故事，但是也觉得此事极为恐怖。迪·保罗（D. Paul）在此时来到赛施家中——他曾与赛施在同一农庄当奴隶，也是一个因为羞辱与死亡的记忆而饱受折磨的人，现在则期待找到一个家庭作为其归宿。跟他一起出现的是一位怪异的年轻女性，名叫碧乐芙（Beloved）——丹佛与赛施两人都把她当作赛施死掉的女儿，现在找上门来了。此部电影精心勾勒出一整个家庭的情绪转换过程，在此过程中，赛施逐渐对碧乐芙付出了所有的爱意与关怀，而赛施与迪·保罗两人也了解了对方的过去。在这部电影结尾，丹佛的心病已经痊愈了，而赛施的病也有痊愈的希望。她们之所以能从创伤中超脱出来，有一部分要归因于另外的一连串回忆：贝比·撒格思（Baby Suggs），即赛施的婆婆（曾经住在这间屋子里，最后也于此逝世）为她们所留下来的回忆，包括她的话语、她那能够安抚人心的双手。我们在她身上可以看到当时非裔美国人各种宗教仪式的变体，令人觉得电影里所做的改动极为有趣，而且富有原创性。当身染疾病或者是有什么伤害苦难的事件发生时，奴隶会向施咒法师求取药物与灵符。我们在这部电影中看到奴隶制度所留下的创伤，以及因为抵抗奴隶制度而产生的苦难，甚至在以后衍生自己折磨自己的情况下——或者是说，我们可以看到这些创伤被记忆（memories）保留了下来，已经获得自由之身的人还是深受其扰。我们看到非裔美国人的社会用什么方式来看待这些创伤，这些创伤在他们的社会中引发了什么争议，而他们又如何让这些创伤愈合。在这个故事中可以看到黑人女性为奴隶制度所付出的代价，特别是身为母亲的她们。

戴维斯在这本书里面针对五部以奴隶为主题的电影（《万夫莫敌》《圭玛达岛政变》《最后的晚餐》《勇者无惧》以及《真爱不渝》）进行以下三个问题的研究。问题一，他们是谁？我们要如何认识他们？奴隶之所以成为奴隶，就因为生存的基本权利——包括自我诠释与自我记录的权利——都被主人给强占了。奴隶不只没有声音，不只是面目模糊，而且他们存留的形影面貌，处处带着主人强势文化的介入、扭曲痕迹。他们自己似乎没留下什么可以供我们认识的客观根据。问题二，用谁的观点，用什么角度来述说奴隶的故事？如果我们把一个社会的奴隶放在同质的群体里来加以构造，我们不是和他们的主人一样，否定了他们作为人的基本个性？我们不是依循了主人的逻辑、主人的心态，将他们化成了只有群性的次等存在吗？他们当然都是一个个有着独特经验与感受的人，可是我们要如何去接近他们之中任何一个个体呢？我们如何挑选出中间一个独特的面貌，还原建构成为他们的代言者呢？问题三，奴隶的故事到底要讲给谁听？尤其在不再有明显奴隶制度的社会与时代，干吗还要讲奴隶的故事？那么难讲的故事，就算真的讲了，到底应该传递给今天的自由人什么样的感动、什么样的反省、什么样的教训？而《奴隶、电影、历史》这本书里讲的五部电影是致力于要将奴隶经验传递给一般大众，而不是精英少数。这使得电影里透露的讯息，不得不具有更强烈的现实感。在每个片段的前后随时跳动着这样的问题："这个奴隶，这样的奴隶生活，到底跟我们之间有什么样的关系？"在现实意义的逼问下，电影或许不得不在历史真实方面有所妥协，然而却反而建构了一套特殊的"自由与奴隶"的论述。这套论述绕过过去的、陌生的奴隶角色，向我们彰显着、述说着我们不能不面对、不能不思考的现实人际问题。自由是什么？我的自由与别人的自由如何安排？自由人剥夺与回复的原则是什么？为了自由而反抗的意义与手段是什么？……从铺陈奴隶的电影里，我们得到关于自由的这些重大问题的新鲜启发。几千年血泪斑斑的奴隶制度史，化为这几部电影的主题："认同"与"自由"。

第四节　戴维斯的影视史学理论

一　电影与历史的关系

关于讨论电影与历史关系的问题，西方学术界已渐成气候，各种关于电影与历史的学会也相继成立，许多大学也组建了电影与历史的研究中心，《美国历史评论》杂志在近 20 年来经常有讨论影像史学的文章或影评。大量的历史影视的文章还散见于《美国历史杂志》《激进历史评论》《大众历史》等史学刊物之中。

电影是 20 世纪真正为俗民量身制作的大众文化，从 1895 年 12 月 28 日卢米埃兄弟的第一部影片《火车进站》开始，电影即有记录事实的能力。电影目前也被许多研究者拿来当成文献资料；但是电影除了能为事实做见证以外，正如马克·费侯（Marc Ferro）在《电影与历史》一书中所说的："它的价值更在于提供了一种社会与历史角度的诠释方式"。[①]情况往往就是如此，有时小说或电影的情节会比历史事实更加鲜明；当

---

① 〔法〕马克·费侯：《电影与历史》，张淑娃译，麦田出版 1998 年版，第 35 页。

我们看了戴维斯的《奴隶、电影、历史：还原历史真相的影像实验》里面的五部电影后，我们才明白原来奴隶是这么回事；当我们谈及金庸小说中最古灵精怪的男主角时，脑中浮现的就是周星驰在《鹿鼎记》中所演的韦小宝。当我们提到《马丁·盖尔归来》时，脑海中浮现的就是真假马丁。即便是在 400 年后的今天，在事件的发生地——位于比利牛斯山区的阿尔蒂加村，当地人对马丁·盖尔的故事仍然记忆犹新。"电影书写是一种运用活动影像和声音的写作"。① 这句话真是言简意赅。电影也好，电视也罢，它们都是借助活动的、有声的影像，比起"书写史学"来说，自然会有一种强大的震撼力和感染力，那种如让·爱泼斯坦所说的"近乎神话般的巨大生命力"②。因此，它自然会拥有广泛的受众群体，也就一点儿不奇怪了。

电影能表现或解释历史吗？在西方史学界，至少从 20 世纪 60 年代开始学者们就对这一问题展开了争论，一直持续到 80 年代，长达 20 年之久。反对者一方从书写史学的角度出发，以书写史学的标准否定了电影表现历史的观点。比如电影和历史理论家西格弗瑞德·克莱考尔（Siegfried Kracauer）就撰文，对电影表现历史予以坚决的反对，他认为银幕上所再现的并非历史而仅仅是对它的一种模仿。③ 哲学家伊安·贾尔维（Ian Jarvie）认为电影承载的信息量太少，还有曲解的弱点，因而用电影表现历史毫无意义。更为重要的是，历史不应是对事实上所发生事件的一种"描述性叙述"，而主要是历史学家就所发生的事件、发生的原因以及它的意义是什么展开的讨论。因此，一旦有不同的反对观点，历史学家如何用电影来为自己的观点进行辩护、脚注，对反对的观点进行驳斥和批评呢？④ 历史学家戴维德·赫利西（David Herlihy）说："作

① 〔法〕罗贝尔·布烈松：《电影书写札记》，谭家雄、徐晶明译，生活·读书·新知三联书店 2001 年版，第 5 页。
② 李恒基、杨远婴主编《外国电影理论文选》，上海文艺出版社 1995 年版，第 76 页。
③ Robert A. Rosenstone, "History in Images/ History in Words: Reflections on the Possibility of Really Putting History onto Film," *American Historical Review*, Vol. 93, No. 5, December 1988, pp. 1175, 1176, 1175, 1179, 1181.
④ Robert A. Rosenstone, "History in Images/ History in Words: Reflections on the Possibility of Really Putting History onto Film," *American Historical Review*, Vol. 93, No. 5, December 1988, p. 1176.

为一种视觉媒体，电影可以有效地呈现历史的视觉效果，但是并非历史的全部。而且它也不能真正表现历史方法。"接着他又说："如果电影仅仅试图达到一种美的效果，当然就不需要批评的工具。但是，如果它试图传授历史，那么批评的工具就必不可少了。"① 因此，尽管戴维德·赫利西对电影在表现历史中的视觉美的效果给予了肯定，但是他对电影表现历史还是持反对的态度。因为在他看来，电影在表现历史的过程中不具备批判思想的功能，而这正是历史学的"禁忌"。支持者一方则从影视等视觉媒体角度出发，对电影表现历史给予充分的肯定。

历史学家罗伯特·罗森斯通（Robert A. Rosenstone）驳斥了各种反对的观点。比如就电影的虚构性问题，他援引海登·怀特的观点，指出历史学家所写的故事事实上是"言词虚构"；书写史也是过去的一种表现，并非过去本身；语言不是透明的并不能反映出真实的过去；语言创造和建构历史并赋予其意义。② 因此他说："如果克莱科尔（克莱考尔）忽视了书写史同等的明显缺陷，或者他忘记解释为什么我们容易接受书面文字就足以呈现过去这一传统的话，那么他至少要尝试一下用电影表现历史的理论问题。"③ 罗森斯通对通过电影表现历史给予了肯定。他说："电影，这一现代媒体不仅能表现历史、传递过去，而且还能挽留住广大观众。"④ 因为电影可以让我们观赏风景、聆听声音、见证人物情感或者目睹个人和集体之间的冲突。⑤ 娜塔莉·泽蒙·戴维斯也坚持认为，不仅在表现一个事件完整的年代，而且在表现兴奋的感情和情绪方面，

---

① David Herlihy, "Am I a Camera? Other Reflections on Films and History," *American Historical Review*, Vol. 93, No. 5, December 1988, p. 1192.

② Robert A. Rosenstone, "History in Images/ History in Words: Reflections on the Possibility of Really Putting History onto Film," *American Historical Review*, Vol. 93, No. 5, December 1988, pp. 1180 – 1181.

③ Robert A. Rosenstone, "History in Images/ History in Words: Reflections on the Possibility of Really Putting History onto Film," *American Historical Review*, Vol. 93, No. 5, December 1988, p. 1176.

④ Robert A. Rosenstone, "History in Images/ History in Words: Reflections on the Possibility of Really Putting History onto Film," *American Historical Review*, Vol. 93, No. 5, December 1988, p. 1175.

⑤ Robert A. Rosenstone, "History in Images/ History in Words: Reflections on the Possibility of Really Putting History onto Film," *American Historical Review*, Vol. 93, No. 5, December 1988, p. 1179.

电影都可以完成得很好①。海登·怀特不仅认为电影可以用来表现历史，还正式提出"historiophoty"，把其定义为"以视觉影像和电影话语来表现历史和我们对历史的见解"②。可以说，海登·怀特"historiophoty"概念的提出表明用电影表现历史已被学界接受，"影视史学"已经步入历史学的高雅殿堂，可以和"书写史学"比肩发展。

　　但是，上述有关电影能否表现历史的讨论明显地陷入了一个误区：要么以书写史学的标准来衡量影视史学，说其信息量贫乏、无法脚注、不能争论等，要么拿影视史学的标准来要求书写史学，说其单调、乏味、不形象生动等，讨论也就成了聋子的对话。其实，诚如怀特所言，书写史学和影视史学的差异只不过是表现的媒体不同，并不是信息制作的方式不同。③ 历史学家所担心的用电影表现过去事件的最严重的问题是源于视觉媒体本身的特点和需求，而不是别的什么。因此罗森斯通说："影视史学应有某种标准，这些标准应该与媒体的潜在价值相一致。不可能以书写史学的标准来衡量判断影视史学。"④当然更不能用书写史学来否定影视史学，反之亦然。其实我们如果换个角度思考，上述有关电影能否表现历史不难找到答案。

　　正如戴维斯在玛丽亚·露西娅·帕拉蕾丝－伯克所做的访谈录中所说："说到历史电影，影片的视觉化和戏剧性的规程要想适应证据规则以及历史文字的表达方式，有很多事情要做。比如说，我在想，也许有一天电影技巧可以表达与'或许'或者'对这一点有好几种解释方式'这样的用语相当的东西。问题在于，我们在书写时知道得很清楚：如何去运用这种语言，然而，就真实性问题而论，我们还没有同样多的戏剧性的或视觉化的方式，在电影中表达我们所想表达并成功地解决了的东西。

————————

① Robert Brent Toplin, "The Filmmaker as Historian," *American Historical Review*, Vol. 93, No. 5, December 1988, p. 1213.

② Hayden White, Historiography and Historiophoty, *American History Review*, Vol. 93, No. 5, December 1988, p. 1193

③ Hayden White, Historiography and Historiophoty, *American History Review*, Vol. 93, No. 5, December 1988, p. 1194.

④ Robert A. Rosenstone, "History in Images/ History in Words: Reflections on the Possibility of Really Putting History onto Film," *American Historical Review*, Vol. 93, No. 5, December 1988, p. 1181.

因而，在历史电影的创作中还有许多提高的余地，包括需要更多的研究，那最好是由电影从业者来进行，如果他们本人不是历史学家的话，他们可以倾听历史学家在视觉媒介方面所提出的建议。电影讲述历史的方式可能会有所限制，而我也确信，在某些地方文字的讲述是视觉的讲述所不可取代的，而在别的地方情形则正相反。比方说，电影就有着微观史的某些优势，能够展示具体的表象。他会迫使你去想象某些事情是如何发生的，而那是你只用文字写作就不会费心去思考的。拍摄《马丁·盖尔归来》，它使我思考历史是如何被演出的，那是历史写作所从不会去那样做的。电影可以表现偶然性在过去所起的作用，同时也可以表现普遍性力量的作用，而那种力量是你可能从没有想象过会存在着的；只有你确实在观察着某个场景的发展，那些力量才展露出来，而日记、报纸之类东西里面只会有模糊的线索。简而言之，也许可以主要将电影视作一场在实验室中进行的实验、一场思想实验，而不是在讲述真相。"①

戴维斯认为一般的剧情片借着其本身所采用的故事形式，能够以历史传记或是"微观历史"（microhistory）的模式来回顾过去的历史。在微观历史里面，历史学家往往以一种极具深度的方式发掘出动人的例子——这个例子可能是一桩引人注目的法院案件或犯罪案，一个村落内部的戏剧性决裂或长期的争执，一个怪异的谣言以及因为谣言而引发的恐慌状态；史学家往往能够借着例子来揭露那个时代中典型的社会历程（或者说是不寻常的社会历程）。电影往往能够透过微观历史来显示一个特定时间与地点里的社会结构与社会符码；表现出各种行为与冲突活动的来源，以及它们进行的形式；或是呈现出传统以及创新之间的紧张关系。电影能够深入地挖掘过去的家族生活。电影可以演出人们在工作中的样子：从中世纪进行播种与收割工作的农夫；或者是 20 世纪早期，身体弯曲地趴伏在缝纫机上面的裁缝女工。在传记电影里面，我们可以看到在历史上的不同统治阶段中，政治决策是如何被制定出来的，也可以看到这些决策被制定的原因，还有决策所导致的结果。电影可以显示出——或者更精确地说明——可以"揣测"（speculate）出过去的历史是

---

① 〔英〕玛丽亚·露西娅·帕拉蕾丝 – 伯克编《新史学：自白与对话》，彭刚译，北京大学出版社 2007 年版，第 78～79 页。

怎样被体验与被实现，并详细地表现出历史中的巨大力量以及重大事件是如何影响每一个不同的地方。

《最后的晚餐》可以说是一部用电影写出来的"微观历史"，它与古巴过去的一些历史考据资料有紧密的联系。电影里面不但展示了许多不同类型的研磨机器（grinding mills）、农庄主人的不同居住习惯、奴隶里面的男女比例、木桩以及其他惩罚奴隶的方式，同时它也把两方面的冲突忠实地记录了下来：一方面是传教士与西班牙政府所鼓励的祈祷仪式之施行；另一方面是管理人员去驱策着奴隶们的产量要能够跟得上已经排定的计划表。以这些证据作为整部电影的基础，不但可以符合历史学家对于"真实感"的要求，同时也为电影营造出一种具体、丰富的感觉。对于观众而言，透过这样的手法所创造出来的世界，不但较为明确，同时也更具可信度。

历史是过去，历史学家最重要的任务就是如实地"复原"过去。但是，历史是死的，一旦成为过去便不能重演。斯皮尔伯格在谈到（历史）电影时就说过，真实的历史只存在于那段时光的人们心中。"事实既是特殊的，它当然是不能重复的。"① 严格意义上说，历史不能完全复原，至少无法像一面镜子那样完整地折射出历史面貌，历史不能"重现（演）"。贝克尔曾经说过："在历史学家创造历史事实之前，历史事实对于任何历史学家都是不存在的。"② 此言虽然过分强调了历史只是历史学家的先验的想象的产物，但这种历史事实，即历史文本（包括书写文本和影视文本）中的历史，与客观存在的历史之间也只能永远是一条渐进线。结合戴维斯本人的研究和经历，可以看到这种历史观念的形成是有其渊源的。在回忆自己所接受的历史训练时，戴维斯谈到"当我还是一个学生时，我们一般被教导要像科学的历史学家那样去剔除资料中的虚构因素，由此才能得到事实的真相"。③ 但她的历史之路似乎没有完全遵循这些准则，在很早她即认识到，"需要一种比原来的更复杂、更多维的

① 金岳霖：《知识论》，商务印书馆1983年版，第846页。
② 〔英〕卡尔·贝克尔：《历史的观念》，吴柱存译，商务印书馆，1981年版，第18页。
③ Natalie Zemon Davis, *Fiction in the Archives: Pardon Tales and Their Tellers in Sixteenth-century France*, Stanford, Calif.: Stanford University Press, 1987, p. 3.

社会观。社会还可以围绕许多不同的体系被组织起来"①。因此，影视史学和书写史学一样，都只能无限接近于这条渐进线，而不能完全重合。

戴维斯在对参与电影拍摄的回忆中提到，"与这些多才多艺的电影制作人们在一起工作让我获益良多，好处之一在于我有机会看到历史可以走出教室与学术会议之外，不再局限于专业性的期刊以及书评，并以大篇幅的剧本之形式出现。尽管导演拥有最终的决定权，我们仍必须在拍片现场的每一个角落做出决定，让过去的历史能够以某一种视听效果呈现。甚至于村民们也必须决定要把哪些物品借给我们拍戏"。② 通过这种——把历史形诸文字和用电影来诉说历史的——双重体验，也让戴维斯确信：只要拥有耐心、想象力与实验精神，透过电影所完成的历史叙事能够比现在的电影作品更具有戏剧性，同时更能符合过去的数据。例如在《万夫莫敌》、《圭玛达岛政变》和《最后的晚餐》中都有一个情景——奴隶向主人吐口水。我们知道这几部电影所探讨的都是奴役与反抗的漫长历史；问题是我们如何来理解这一场景：这些场景的用意是否在于将奴隶历史中的冲突与感受予以重现，对于过去事情的"思想实验"？可能我们会怀疑，如果为了创造出电影中的视觉、声音与戏剧动作等效果，而使电影内容超出专业论文的分际，那就无法从电影中获得一个忠于事实证据的历史解释。事实上，在比斯巴达克斯更早的古希腊时代，这个问题就已经在历史文献与史诗中被提出了。希罗多德（Herodotus）与修昔底德（Thucydides）在公元前 5 世纪撰写希腊史书，其著作造就了从"诗歌"到"散文"的转变，在某种程度上也可以算是一种革命。荷马（Homer）在其史诗中以神圣崇高的笔触来歌咏发生在希腊与特洛伊之间的情节，及最后引发特洛伊战争的争论。希罗多德在解释波斯与希腊之间的战争时，并没有把女神海伦视为战争之原因，而是从"透过研究而得来的知识"（这正是 histories 一字在希腊文中的意义）推导出战争的起因。同样的，与修昔底德所记载的伯罗奔尼撒战争（Peloponnesian War），也是经过他自己的"研究"，以批判的眼光来比对各种

① "Interview with Natalie Zemon Davis", *Vision of History*, MARHO：The Radical Historians Organization, New York：Pantheon Books, 1983, p. 109.

② 〔美〕娜塔莉. 泽蒙. 戴维斯：《奴隶、电影、历史：还原历史真相的影像实验》，陈荣彬译，左岸文化 2002 年版，序言第 12～13 页。

解释与各种证据后，而得出的结论。修昔底德对此的解释是：诗人如荷
马者，其文笔可以夸大、虚构，只求取悦大众，吸引聆听者的注意，但
是他自己却只能写亲眼见证的，或者从可靠来源中所发掘的东西。从此
我们可以知道只要我们心中牢牢记住电影与专业历史著作之间的差异，
我们就可以严肃地把电影视为一种历史远见之来源，极具价值，甚至富
有启发性。那么，我们也可以针对历史电影提出问题，正如同我们对史
书所提出的那些问题一般。电影制作者所要做的并不是剽窃历史学家所
保存的东西，他们事实上是一群非常重视历史的艺术家。

二　影视史学中的真实与虚构

影视史学的勃兴，的确是与西方史学中重新复兴的叙事式的文化走
向相呼应的，这里就牵涉到历史学究竟是科学还是艺术的这一历久不息
的争论。史学史的发展进程告诉我们，历史学自诞生以来一直被由它本
身的性质决定的矛盾困扰着，有人说，历史是科学，不多也不少；也有
人说，历史是艺术，一种只能凭想象才能成功的艺术，于是从近代尤其
是 19 世纪以来，西方史学界对此有过相当激烈的争辩。[①] 两种意见，各
执一端。对这一与生俱来的关于历史学性质的争论，也许永远不会止息。

英国历史学家汤因比（A. Tonybee）在其经典名著《历史的研究》
一书中指出："所有的历史，不能完全没有虚构的成分。光是把史实加以
选择、安排和表现，就已经是在虚构范围所采用的一种方法。"此外他也
说："历史学家如果同时不是一个伟大的艺术家，就不可能成为一个伟大
的历史学家。一成不变的确定'史实'并不存在，即使是最为忠实的史
料，其中也难免带有各种观点、意见，甚至于偏见。"[②]《马丁·盖尔归
来》的故事讲述的是一个真与假的主题，历史学家的研究在很大程度上
也是纠缠于真与假、虚与实的矛盾之间。在拍摄电影《马丁·盖尔归
来》的过程中，戴维斯就对历史的叙述、真实性等问题产生了非常深刻
的思考，她说："矛盾的是，我越是沉浸于电影的创作，就越是想要去发
现一些超越电影之外的东西。这就越促使我去对这一案例进行更加深入

---

① 关于历史是科学还是艺术的争论，参见杜维运《史学方法论》，台湾三民书局 1992 年
增订版，第 43～51 页。
② 〔英〕汤因比著《历史研究》（下册），曹未风译，上海人民出版社 1986 年版，第 224 页。

的挖掘，使它具有历史感。看着杰拉尔·德帕迪约用他的方式感受假马丁·盖尔这个角色，这使我从另外的角度来思考那个真正的冒名顶替者阿尔诺·居·提勒所作所为。我感到我有了自己的历史实验室，产生的不是证据，而是历史的可能性。"① 在这中间，我们看到了一对对真与假的矛盾，真实生活中的演员在扮演一个虚构的角色，这个角色在历史中却真有其人，但他又在冒名顶替另外一个人的身份，也在作假。电影和历史都在用某种叙述再现这样一起真实事件，但任何的努力实际都无法真正还原历史的真实，其根本还是假想和虚构的。

　　在《马丁·盖尔归来》一书的结尾中，戴维斯便略带戏谑地流露出了对这一悖论式的矛盾的思考，"马丁·盖尔的故事被一再地讲述，因为它提醒我们任何惊人的事情都是可能的。即便对已经破解了它的历史学家来说，它仍然具有顽强的生命力。我觉得已经揭开了过去的真实面目"。② 而在开篇的序言中，戴维斯也向读者表示，"在此我提供给你们的，有一部分虽是我的虚构，但仍受到过去的声音的严格验证。人们一次又一次地诉说着马丁的往事，因为这提醒我们，出人意料的事情是有可能的。即使对解读它的历史学家来说，它仍有完全的活力。我认为，我已经揭露了这段往事的真实面貌——要不然，让鹏赛特（注：饰演假马丁）再演一遍吧！"戴维斯在这里表达了对"历史真实"之存在的基本信念。③ 合作拍摄《马丁·盖尔归来》之后，戴维斯说："好的历史电影远不只是逼真的服装和道具：它一定要展现出过去的某些真实的层面，并且乃是书面的真实陈述在视觉上的等价物。"日后，在总结该书并回应对书中有关真实与虚构问题的质疑时，她进一步提到："事实上，我的整本书……，都是对真实与不确定的问题所做的一种探索：关于16世纪在确定真实身份时的困难和关于20世纪历史学家在追求真实中的困难。"④

①　Natalie Zemon Davis, *The Return of Martin Guerre*, Cambridge, Mass：Harvard University Press, 1983, p. viii.

②　Natalie Zemon Davis, *The Return of Martin Guerre*, Cambridge, Mass：Harvard University Press, 1983, p. 125.

③　Natalie Zemon Davis, *The Return of Martin Guerre*, Cambridge, Mass：Harvard University Press, 1983, p. 5.

④　Natalie Zemon Davis, "On the Lame", *American Historical Review*, Vol. 93, No. 3, June 1988, p. 572.

这个问题并不仅仅是就《马丁·盖尔归来》这一本书而言的，而是涉及整个历史认识论并一直困扰着历史学家们的重要问题，传统的历史认识把这一对矛盾过分的绝对化了，而强调了其中之一，而戴维斯在此则更主张用一种相对的、辩证的眼光来看这个问题。

戴维斯在玛利亚·露西娅·帕拉蕾丝－伯克对她做的访谈录中说道："历史写作和历史研究包含了想象的成分。因此在这两种问题的思考和写作方式当中有着重叠的部分。但是在另一方面，人们认为，历史学家需要有证据来支持他们所做的每一个陈述。或者，倘若他们没有清楚的证据的话，他们就要使用诸如'一定会是'或'也许是'这样的成规说法。写作小说的作家大概会断定他或她不用回到某个文本来检验，而只是随着情节的展开让事情发生。历史学家却不能这样做。如果你想遵循历史学家的规则的话，那是不能容许的。我们有一个戒条：不能只凭自己内心的想法，而且要求诸外在于我们的某些东西，比如档案、手稿或者从过去遗留下来的图画或某些踪迹。而我必须说，我喜欢受制于外在于自己的某些东西。"① 戴维斯对资料的可靠性尤为重视，她不仅对作为主要资料来源的让·德·葛哈斯（Jean de Coras）和吉约姆·勒修尔（Guillaume Le Sueur）的记录细加考查，对其版本、文字等进行了严格的考证，对两者记录的真实性相互验证而且对大量间接的历史证据进行了搜集和整理，如对法国南部山区的实地考察和访谈，对当地相关历史档案资料的收集，从而在总体上去理解作为历史背景的世纪法国南部农村的社会组织、经济结构，以及当时人们的生存状况和精神世界。

评价一部历史影视的真实性与虚构性，要看其所传达的特定的时空的社会情景是否真实合理。历史影视最成功最重要之处就是，通过整体的布局和局部的细节，来体现当时的社会文化和时代精神。历史影视当中的历史只能是历史精神的一致，不可能也不必要与客观的历史完全相符。② 让我们以杰罗·庞泰克沃的作品《圭玛达岛政变》为范例，电影的技术层面是以什么样的方式来形塑电影作品所要传达的历史讯息？这部电影拍摄于 1969 年，这是一部以"反殖民、反奴役的叛乱行动"为主

---

① 玛丽亚·露西娅·帕拉蕾丝－伯克编《新史学：自白与对话》，彭刚译，北京大学出版社 2007 年版，第 79 页。

② 张广智：《重现历史——再谈影视史学》，《学术研究》2000 年第 8 期。

题的叙事电影，发生地点在加勒比海上的一个神秘小岛——圭玛达（Queimada）。这部电影是以历史研究作为其拍摄根据的。庞泰克沃在拍摄电影之前，他必须经过精心细致的研究，在电影剧本的撰写中，他一般都是与他的工作伙伴法兰克·索利纳斯（Franco Solinas）合作；他看完一本书之后一再重读，并且进行许多当面的访谈，这一切的目的只有一个："求得真相"。即使如此，他还是无法满意——有位帮他撰写传记的作者把他描述为"有少许完美主义者的特质"；庞泰克沃希望能掌握"这些历史情境的复杂性"，而他总是知道自己离此目标到底还有多远。正如他所说："我们有必要以一种写实的方式来表达电影情节，同时，当电影被呈现在观众面前时，也有必要让大家都认为这部电影是某种形式的'记录'。我们都必须或多或少地在电影中进行一种'强化'的工作：只是如何'强化'，视其主题是什么而决定。我在《圭玛达岛政变》一片中把这种倾向推展到极致……在这部电影中不仅影像，连对白也都好像是从新闻报道中摘取而来的。电影中的每一个镜头都是用望远镜头（telephoto lens）拍摄出来的，让影片画面的质感呈现出一种'颗粒性'（graininess），看来似乎是真实事件在发生当下被捕捉到的镜头"。[1] 在此，庞泰克沃的成功也引发了一个问题——历史电影之"真实性程度"的问题。这一问题曾经在 1961 年被提出，当年《阿尔及尔之战》在奥斯卡金像奖中被提名并且获奖。庞泰克沃在当年奥斯卡奖的颁奖典礼上发表了一段演说，随后大会播放了带有英文字幕的《阿尔及尔之战》，影片上有一段字幕写着："以下有关阿尔及尔之战的戏剧演出并不包含任何新闻影片与纪录影片的片段。"对于历史学家而言，他们非常欢迎这一段被加上去的字幕，并且会认为这些字幕有种澄清的作用；而他们之所以会有这种反应，是因为这种做法充分满足了一项他们在述说过去历史时所设定的必要条件——坦诚。

　　戴维斯在回应海登·怀特的断言——历史电影和历史论著就求真而言都同样有其局限，并且因此，电影的"虚拟性"（fictionality）与历史学家话语的"虚拟性"并无二致——时这样说道："海登·怀特和其他

---

[1]　Dan Georgakas, Lenny Rubenstein, eds, "The Cineaste Interview: On the Art and Politics of the Cinema," *American Historical Review*, Vol. 93, No. 5, December 1983, p. 331.

人在指出历史学行文中若干影响我们叙事的文学特性方面，给我们很大教益。毫无疑问，让我们对那方面更为敏感是件好事。然而，作为对于历史著作意义的一种总体性的看法，他的立场有其局限性，因为他忽略了历史学家所作出的努力以及他们在为自己的论点做出论证时所遵循的证据规则。在我看来，这两种东西是同时在起着作用的。海登·怀特专注于历史学家所采取的文学体裁的问题，而没有考虑到我们所拥有的两千年来的历史写作中所发展起来的文字写作的成规，那使得我们的读者知道我们什么时候在下确凿的断语、什么时候对于某个论证心怀疑虑、什么时候存在着多重观点。利用这些成规可以做多得多的事情。因此，海登·怀特基于叙事文体而展开的对于历史写作虚拟性的探讨，忽略了文章成规所开启的多种多样的可能性以及历史既处于文学编排的领域也处于证据领域的这一事实。"① 那么，电影中的虚构到底是怎么回事，戴维斯在《奴隶、电影、历史：还原历史真相的影像实验》一书中说："虚构，就是我们所根据的观点则是历史学家为了'证据'所订立的规则。虚构的技巧不必然使得事件的记述违反真实的情况；虚构的技巧可能会带来很好的逼真效果或是确实的真实感。"② 在《万夫莫敌》里面，"真实的事件"并非电影所要关切的；同时，因为他对于一些史料置之不理，导致一些令人感到刺激的历史可能性并未在电影中出现。《最后的晚餐》的焦点范围非常小，而且是一部电影制作人与历史学家密切合作完成的作品。《勇者无惧》是否曾使用虚构的因素来弥补历史记录中不可避免的空隙？这些虚构的因素在历史上是否说得过去，以至于可以有效地被视为"逼真的"，同时也能被视为所谓的"思想实验"？或者，电影里是否曾经漠视既存的完整历史记录，因而让观众必须承担"被人误导"的风险？

综上所述，我们可以看出戴维斯的影视特点：理想的历史学，应该既有科学性，又有文学性；应该既作结构的分析，又作事件的叙述；应该既是总体的宏观研究，又是具体的微观研究，总之，应是以上两个方

---

① 玛丽亚·露西娅·帕拉蕾丝-伯克编《新史学：自白与对话》，彭刚译，北京大学出版社 2007 年版，第 77~78 页。

② 〔美〕娜塔莉·泽蒙·戴维斯：《奴隶、电影、历史：还原历史真相的影像实验》，陈荣彬译，左岸文化 2002 年版，第 206 页。

面的完全的结合。对影视史学来说，它确实兼具艺术性和科学性，摆在影视制作者面前是双重的工作：一是确立宗旨，寻觅主题，这是与历史学家历史研究过程中寻求真理与考证方法应具科学性属于同样的性质；另一是将主题通过影视手段表现出来，这一过程主要是艺术性的，它需要借助虚构与想象等艺术手段以达到这样的目的，这与历史学家如何陈述往事有其相通之处。论者云，历史学不仅需要抽象思维，寻找规律，同时也需要形象思维，需要把活生生的历史事件与历史人物等跃然纸上，历史学的这一特点不论在过去或现在，都是不会改变的。[①] 符合历史真实是影视史学的基础，否则它将成为无源之水；影视史学的建构需要求真的精神，切不可用虚假的想象取代客观的历史，从而使真实的历史变成虚假的历史。但同时它又是一种主体的行为，需要注入对历史的激情和灵感，提供一个符合时代精神的引人注目的"不存在"的面孔；否则影视史学将失去其令人难以忘怀的魅力。因过分强调历史的客观性从而否定影视史学的主体性是不可取的，正如戴维斯所说："相信历史事实任何客观地、独立存在于历史学家的解释之外，这是一种可笑的谬论，然而这也是一种不易根除的谬论。要求影视史学'完美逼真'是不现实的，'影视史学'的独特之处在于，它不局限于追求客观事实，而是试图探索出一种新的观察过去的方法，这种方法允许用'虚构'来讲述历史。影视历史最重要之处不在于它所讲述事实的真实性，而在于为讲述这些事实所选择的方式。影视历史的目的并不在于提供一个看过去的窗口，而在于提供给人们另外一个解读过去的角度和方法。"[②] 诚然，这里的"虚构"并不是凭空捏造、主观杜撰。茅盾在《关于历史和历史剧》一书中说，在进行艺术虚构时，"有一个条件即不损害历史的真实性。换言之，假人假事固然应该是那个特定时代的历史条件下所可能产生的人和事，而真人真事也应当符合于这个历史人物的性格发生发展的逻辑，而不是强加于他的思想和活动。如果一部历史题材的作品能够做到这样

---

① 刘爽：《历史学功能的动态结构——兼论历史学的科学性及其与艺术的关系》，《史学理论研究》1996 年第 1 期。

② Natalie Zemon Davis, "On the Lame," *American Historical Review*, June 1988, Vol. 93, No. 3, p. 573.

的虚构，可以说它完成了历史真实和艺术真实的统一"。① 其实，历史真实的内涵是极其复杂的，既有行为的真实，也有情感的真实；既有内在的真实，也有外在的真实。如果仅仅把历史真实理解为一种外界现行的真实反映，就会给历史真实带来偏颇、片面和虚假。

三　电影作为一种历史叙事

娜塔莉·泽蒙·戴维斯所著的《奴隶、电影、历史：还原历史真相的影像实验》是将历史电影视为历史叙事的代表作。她在此书中指出电影可以作为一种历史叙事的方式。她说："只要拥有耐心、想象力与实验精神，透过电影所完成的历史叙事。能够比现在的电影作品更具有戏剧性，同时，更能符合于过去的资料。"②

电影有何潜力，能以一种有意义的、精确的方式来述说过去？一旦我们把电影视为某种可以把历史表现出来的工具，就应该记住一个事实——电影制作的经验只有一百年的历史。但是史书的创作历史却已经超过两千五百年，这段时间发展出各种不同种类的史书，包括各种不同类型的解说、考证方式。在过去这一百年里，从事电影制作的人们经历过各种不同集资方式，包括私人的、政府的，以及来自各种机构的财源，也经历过各种不同的电检制度。历史学家在过去这一百年内也曾为各种支持者、赞助人及政治人物写史。在这些人里面，有些人坚持书中要展现一种几近阿谀的忠诚度，但有的则鼓励史家要保有独立性。作为一种可以把历史表现出来的工具，电影也亟须走出一条属于自己的路。

当电影制作人的想象力被一个宏大的主题引发出来的时候，他们所制作出来的大多数历史电影会以一个特定故事为组织架构。《马丁·盖尔归来》就是通过一个故事把观众带到了 16 世纪的法国乡村社会——阿尔蒂加村。使观众真正了解了 16 世纪法国乃至西欧社会、宗教改革的影响、新教和异端信仰与天主教正统的对抗、不同民族与文化间的冲突、年青一代与保守势力的矛盾、经济生活与土地制度的变革、属于农民的大众文化中的诸多仪式和习俗。通过影片，我们能强烈地感受到这些问

---

① 茅盾：《关于历史和历史剧》，作家出版社 1962 年版，第 32 页。
② 〔美〕娜塔莉·泽蒙·戴维斯：《奴隶、电影、历史：还原历史真相的影像实验》，陈荣彬译，左岸文化 2002 年版，序言第 14 页。

题对普通人生活所产生的重要影响，影片抽丝剥茧般地再现了 16 世纪法国底层社会的面貌，诸如婚姻、继承的习俗及其社会意义，当时的诉讼制度和证据法则等，特别是当事人以及审判法官的新教背景对其内心冲突的影响，更让我们了解到当时法国社会所潜伏的宗教暗流。而戴维斯在《奴隶、电影、历史：还原历史真相的影像实验》中作为范例的五部电影，分别用了不同的策略，挖掘、建构奴隶的戏剧情节。这几部电影都展现了惊人的野心与企图，要去述说奴隶的故事，不是普遍一群面目模糊的奴隶，而是一个或少数几个奴隶英雄的传奇。电影可以显示出、可以揣摩出过去历史是怎么被体验与被表现，并详细地表现出历史中巨大力量以及重大事件是如何影响每一个不同的地方。这五部电影向观众展示出其所具有的不同的历史意义。这些电影中为我们所提供的影像——有关奴隶是如何过活、如何反抗、如何奋斗以及如何被人们铭记在心的影像——有时候也具有洞察力，并且充满新颖的意味，让观众可以与过去的历史之间产生前所未有的对话。

　　戴维斯认为："电影在历史这一方面所具有的力量，也源自它本身作为一种叙事方式所具有的各种技术以及资源。"[①] 早期的电影理论家往往拒斥叙事这个字眼，因为他们认为电影是透过"显示"的方式来仿造现实，而不是用一种"述说"的方式。事实上，正如大卫·波兑尔（David Bordwell）所指出的，电影既"显示"也"述说"；所有能够让一个故事讲得清楚明白的方法，都会被囊括在电影叙事里面。[②] 但是对于参与制作的人们来说，虽然是面对同样一件事，但是不同的选择会让他们产生不同的反应；对于事件发生的原因，会有不同的解释；同时，历史解释所赋予的确定性与模糊性等性质也将有所改变。过去人们在评论历史电影的时候往往忽略了电影的技术层面，而较强调剧情与故事架构对于时间所进行的简要说明以及在电影的移动画面中透过服装与道具所呈现出的整体观感。他们所强调的这些方面在电影中是确实需要的。但是，观众对于电影的"叙事方式"也会有所响应，正如读者对于一本史书内容

[①]　娜塔莉·泽蒙·戴维斯：《奴隶、电影、历史：还原历史真相的影像实验》，陈荣彬译，左岸文化 2002 年版，序言，第 22 页。

[②]　转引自娜塔莉·泽蒙·戴维斯《奴隶、电影、历史：还原历史真相的影像实验》，陈荣彬译，左岸文化 2002 年版，第 23 页。

的条理与措辞安排有所响应一样。我们可以用一种极为单纯的方式来检视历史书写所必须遵守的规则。首先，历史学家在寻找过去历史的证据时，必须同时注重证据的广度与深度，并且当他们在搜集、评估这些证据的时候，也要尽其可能地保持开阔的心胸。其次，历史学家必须把他们所引用证据出处告诉读者；同时，如果证据中有模棱两可、无法确定与前后矛盾之处，也应该予以承认。再次，每当历史学家决定了他们的证据所代表的意义，同时也决定他们要做出什么说明时，那么就必须厘清自己的作为，并且指出其根据何在。又次，无论历史学家在述说历史故事的过程中做出了主观性的还是规范性的判断，他们绝对不能让这些判断妨碍到自己的努力成果。判断所代表的并不尽然是盲目的偏颇，判断还同时涉及主题、研究进程与措辞手法的选择。最后，即使是在无关紧要的小地方，历史学家都不应该存心把伪造出来的事件当作证据，或者是为了要造成错误的印象就隐瞒证据。历史家被允许出错，但如果是有意的伪证，或者是因为一己的立场倾向而隐瞒事实，则违背了历史学家对其读者的承诺：无论现在还是未来，都要尝试着向大家述说有关过去的真相。

　　而这些规则与电影可以作为一种叙事方式的历史性质以及真实性程度之间到底有何相关性？在历史电影与历史学家的散文体写作之间，对于真理本来就有不同的要求。历史电影可以被当作一种有关过去的"思想实验"，一种叙事方式，里面涉及许多参与者——有时候甚至包括住在电影拍摄地点附近的人也被牵涉其中。观众总是能够欣赏那些发生过的真实故事。而且他们在看过电影以后都会想要知道，电影是否忠实地把故事呈现出来。他们会在脑海中重演电影的画面，但是观众并不会自动相信他们在历史电影里的所见所闻。我们也可以对历史电影提出问题，正如我们对史书所提出的问题一般。电影制作者所要做的并不是剽窃历史学家所保存的东西，他们事实上是一群非常重视历史的艺术家。

　　戴维斯于1980~1990年在普林斯顿大学开设了研究所课程"历史与电影"。在这门课中，同学们尝试着设计出一些电影——既能够具有优秀的电影技法，同时也有完善的历史存在于其中。这就更加强了戴维斯的这一信念——用电影可以述说历史这一可能性的存在。就像爱德华·卡尔对历史所下的定义，"历史是历史学家跟他的事实之间相互作用的连续不断的过程，是现在跟过去之间的永无止境的问答交谈"。戴维斯也喜欢把历史学家的工作比喻成与历史的一场对话，有时甚至可以演化为激烈的争论，一方是带着自身理论立场和文化价值观历史学家，另一方是被研究的历史对象。

小　结

对于影视史学的前景，大多数的研究者充满了信心。比如张广智认为，影视史学在史学观念、研究范围和研究方法上都促进了书写史学的重新定位。① 吴紫阳也相信，影视史学是一种全新的教育手段和历史大众化的最佳方式，它也是一种全新的历史研究方法，改变了影视史学单一的表现形式，并预见"影视史学将成为刺激人心、充满活力的'促动因素'，促进历史学的发展"②。罗森斯通认为影视史学对书写史学的挑战是巨大的，他借用柏拉图的话说明，影视史学所带来的表现方式的变化将会导致深远的影响。③

毫无疑问，戴维斯的影视史学观点具有广泛的影响。那么，是不是戴维斯的影视观点就没有不足和局限了呢？当然不是。有许多学者已经指出了其不足之处。就连戴维斯本人也承认：影视是有话语缺陷的，它承载的信息量太少。无法以之进行辩论、反驳或添加注释。④ 如在拍摄《马丁·盖尔归来》时，她认为"盖尔家族的巴斯克背景；农村的新教因素；尤其是妻子的双重游戏和法官的内心矛盾"。这些往往是演员的表演和台词以及摄影机所无法传递的。所以，戴维斯在参加完此部电影的拍摄后，她又在1982年专门写作了《马丁·盖尔归来》一书。

这就使我们思考，历史学的任务到底是什么呢？如果仅是"如实地

---

① 张广智：《影视史学与书写史学之异同》，《学习与探索》2002年第1期。

② 吴紫阳：《影视史学的思考》，《史学史研究》2001年第4期，第55页。

③ Robert A. Rosenstone, "History in Images/ History in Words: Reflections on the Possibility of Really Putting History onto Film," *American History Review*, Vol. 93, No. 5, December 1988, p. 1185.

④ 玛丽亚·露西娅·帕拉蕾丝-伯克编《新史学：自白与对话》，彭刚译，北京大学出版社2007年版，第76页。

反映出生活的现实，既不会歪曲真相，又不会使之失色……如实直陈"①
的话，那么影视是有其不可替代的作用的。许多学者常常在把已经完成
的书写史学成果转化为影视史学作品的过程中去考察影视史学是否能完
整地表达原书写史学的全部意思，② 进而得出影视不能充分地表现历史
的结论。③

　　的确，影视语言在表现不同的见解时存在着缺陷。因为影视语言是
通过直观的影像来表现历史，但影像幻觉在被加以批判之前，必须首先
要被接受、理解甚至相信。④ 因此，对其本身的质疑是无法表达的。其
次，影视语言也无法像书写语言那样对自己的观点进行注释和辩护⑤。一
部书写史学作品可以旁征博引，用大量的资料和数据，并且可以通过对
各种观点进行评述，对自己的观点进行注释和辩护。但影视语言对自己
的观点的注释只能限于直观影像本身。

　　但是，如果我们把一部影视史学作品转化成书写史学作品时，书写
语言是否可以完整地表达原影视史学作品的全部内涵呢？所以我们认为，
影视史学和书写史学之间应该是相互补充和反馈的。固然影视史学有其
自身的优点与特点，但也有其局限性，与书写史学相比，它长于叙述而
短于分析，书面的历史著作通过对历史资料的考订与组织，可以告诉读
者过去究竟发生了什么，为什么会发生这些，它还可以通过分析和注解
等方式，介绍与评述不同的史学观点，让读者了解历史，了解历史解释
的复杂性与多样性，历史电影虽然也可以通过画外音或字幕对影片所要
传达的主题做出一些批判性的思考，但电影主要是通过剧中人物和情节
的处理来实现的，影视史学从总体上看来，这种线性化的表述与鲜有更
复杂的批判性的思维，正是需要从书写史学那里得到补偿的。而影视史

---

① 卢奇安：《论撰史》，章安祺编《缪灵珠美学译文集》第 1 卷，中国人民大学出版社
1987 年版，第 210 页。
② 朱景和：《电视纪实艺术论》，华文出版社 1998 年版，第 1193 页。
③ Robert A. Rosenstone, "History in Images/ History in Words: Reflections on the Possibility of
Really Putting History onto Film", *American History Review*, Vol. 93, No. 5, December
1988, p. 1176.
④ David Herlihy, "Am I a Camera? Other Reflections on Films and History", *American History
Review*, Vol. 93, No. 5, December 1988, p. 1192.
⑤ I. C. Jarvie, "Seeing through Movies", *Philosophy of the Social Sciences*, Vol. 8, 1978,
p. 378.

学所具有的那些突出的长处又恰恰是书写史学所欠缺的。关于影视史学与书写史学的关系，是否应该这样：在挑战与应战中，更新各自的学科建置；在互补与反馈中，相互取长补短。影视史学家与书写史学家都应以平等的态度看待对方，须知两者有共同的局限性（如它们对历史事件与历史场景都无法全盘传真出来），看来事情也只能是这样：互补共荣，互斥共衰。

影视史学是在当代西方史学界日益受到重视并在不断发展中的一个新兴学科，尽管对它的理论、方法、范畴等问题始终存在各种争议，甚至对影视手段究竟能否取代或补充传统的历史文本的不同意见也还没有统一，但我们欣喜地看到，影视史学为古老的历史学又增添了新的活力。归根结底，视觉的手段和文字一样，都是一种叙述的手段，尽管两者传达的媒体不同，前者运用艺术的形式，以影像或声影手法来表现过去、再现历史而后者依赖书写文字的方式，以具体确凿可靠的史实叙述往事、反映历史。影视史学的出现，极大地促进了书写史学的重新定位。可以预见，在史学未来的发展中，两者将在竞争、并存与互益中继续前进。

影视史学是历史学以互补与反馈为基础与现代影视相结合而产生的一门新学科，现代影视因与历史学的交会而赋予自己以凝重的学科使命，而历史学从现代影视中找到了自己的新的位置。它不仅给历史科学领域注入了新的气息和活力，而且作为一种新的历史表述方法，对长期以来的史学观念产生了深远的影响。影视史学借助影像视觉的手段，为实现史学文化的社会价值与认识价值做出自己的贡献，他将对史学产生无与伦比的影响，有着难以估量的意义。自 1988 年海登·怀特自创"影视史学"这一新名词后，关于影视片史学价值的讨论，不仅在美国学术界引发了激烈的争论，而且在非欧美学术界激起了回响。1993 年 7 月，台湾学者在讨论影视史学的时候，周梁楷教授放言："影视史学的时代来临了。"① 外国学者也有类似的惊人之语，埃娃·多曼斯卡指出："因而我们可能想到，正如神话可以满足氏族部落、历史传说可以满足古代社会、

---

① 《美国版〈太平洋世纪〉VS. 台湾华视版〈太平洋风云〉》，（台湾）《当代》1993 年第88 期。

书写历史可以满足国家，或许影视（指所有用胶片保留图像的媒介）将是未来处理过去的最好方式"①。笔者认为，当下就断定"影视史学的时代来临了"，还是它将是未来处理历史的"最好方式"，都还为时过早。影视史学虽然有一个广阔的发展前景，但它终究还是克丽奥的新生代，能否发展成一门新的历史学的分支学科，看来还有一段很长的路程，要确立它的边界，更有许多工作要做，任重而道远，我们当"奋发而为之"。

---

① 陈新主编《当代西方历史哲学读本（1967－2002）》，复旦大学出版社 2004 年版，第 361 页。

第四章　娜塔莉·泽蒙·戴维斯的
新文化史观

娜塔莉·泽蒙·戴维斯不仅在妇女史、影视史方面有很大的影响，而且由于她强调文化因素，提倡与践履"讲故事"，加之她注意把人类学、文学、心理学等学科的理论成果运用于历史研究中，认真对待"文化转向"对历史学的冲击，这些使戴维斯成为20世纪80年代以来盛极一时的新文化史（New Cultural History，NCH）这个学派的开山鼻祖。本章将以戴维斯的著作《马丁·盖尔归来》为依据，阐述戴维斯的新文化史观。

第一节　新文化史学的兴起

回首西方史学发展的漫漫长河，先后经历了五次重大的历史性的转折和变迁，"第一次转折，西方史学的创立，发生在公元前五世纪的古希腊时代；第二次转折产生于公元五世纪前后，西方史学从古典史学的人本主义转向基督教的神学史观；第三次转折是从西方的文艺复兴运动开始的；第四次转折发生在十九世纪与二十世纪之交；第五次转折发端于本世纪五十年代前后，从此开始了当代史学的发展进程。"[①] 由于这一结论主要是基于对20世纪70年代以前的西方史学史的考察得出的，因此没能使我们对20世纪西方史学得出一个总体的认识。就在上述第五次转折发生二十年后，西方史学出现了新的动向，以所谓"文化转向"或"语言学转向"为标志的当代西方社会思潮在人文社会科学领域产生了广泛的影响，传统的在宏大叙事笼罩下的政治史、经济史受到摒弃，导致史学研究对象发生了变化，将目光放在了过去被忽视的问题上，比如

---

① 张广智、张广勇：《史学，文化中的文化——文化视野中的西方史学》，浙江人民出版社1990年版，第420~422页。

文化、社会生活等和人们生活密切相关的内容。这股新潮声势颇为浩大，波及欧美诸国，不仅传统的历史学家，包括一些哲学家、人类学家以及文化批评家也都参与其中，这就是发生在 20 世纪 80 年代的新文化史。新文化史是对 20 世纪七八十年代发生在当代西方史学领域中的文化转向的一个概括，它取代了传统史学中的"经济—社会史模式"而成为历史研究的主流，所以新文化史被看作对既成的社会史、经济史和人口史的一种突然爆发的批判。以新文化史兴起为标志的历史学领域的文化转向，是一次全面的史学风气的转变。具体而言，在社会史研究领域，出现了从社会史向新文化史的转向，而在文化史学科内部，发生了从传统文化史向新文化史的转向。美国历史学家乔治·伊格尔斯（George Eagles）在谈及 20 世纪最后四分之一时间里的西方史学趋势时写道："尽管有许多旧式的历史研究和历史写作的形式还在继续着，然而已经发生了一场基本的重新定向。"① 这一重新定向所指的正是新兴的新文化史。

　　新文化史得名于 1987 年在美国加州大学伯克利分校召开的一次法国史学术讨论会。两年后会议的部分论文结集出版，由美国历史学家林·亨特（Lynn Hunt）主编，定名为《新文化史》（*The New Cultural History*）②。在该书中，为了与 19 世纪末 20 世纪初以雅各布·布克哈特（Jarab Burckhardt）和约翰·赫伊津哈（Johan Huizinga）为代表的古典文化史相区别，这一新的文化史取向又被称为"新文化史"或"社会文化史"，第一次明确地举起了"新文化史"（New Cultural History）的旗号。也同时为 70 年代以后在西方史学中出现的一股新的研究取向定下了名称，从此以后，原本自说自话但采取新方法研究历史的诸如文化史、社会文化史、微观史学、心态史、历史人类学、人类学史学等名目都统一在了新文化史的大旗下。亨特为该书所作的导论《历史、文化和文本》从历史编纂的角度申明了新文化史研究的主旨，被看作新文化史的一篇宣言书。在"导论"中，亨特借用爱德华·卡特（Edward H. Cart）在 1961 年对

---

① 〔美〕乔治·伊格尔斯著，陈启能编《二十世纪的历史学：从科学的客观性到后现代的挑战》，何兆武译，山东大学出版社 2006 年版，第 1 页。

② Lynn Hunt, *The New Cultural History*, Berkeley & Los Angeles: University of California Press, 1989.

社会史所作的命题阐发到："历史研究越注意文化，文化研究越注意历史，则对两者越有利。"① 亨特意在申明，文化史的研究将逐步取代社会史的研究而成为历史学的主流。20 世纪 80 年代前后，当代西方史学经历了一次由"社会史"向"文化史"的转向，亨特宣称，"由于社会学理论在历史学中之角色的激烈论战已衰退，标志着新文化史的崛起"②。在另一本书中，亨特对新文化史作了说明：新文化史"探讨方向的焦点是人类的心智，把它看作是社会传统的贮藏地，是认同形成的地方，是以语言处理事实的地方。文化就驻在心智之中，而文化被定义为解释机制与价值系统的社会贮藏地。文化史研究者的任务就是往文学的底下挖掘，以寻找人们借以传达自己的价值和真理的密码、线索、暗示、手势、姿态。最重要的是，研究者开始明白，文化会使意义具体化，因为文化象征始终不断地在日常的社会接触中被重新塑造"③。

新文化史的兴起并非偶然，它是 20 世纪七八十年代几种西方学术思潮共同作用影响的产物。抛开传统文化史写作对新文化史在历史编纂上的传承和借鉴作用不谈，新文化史有三个主要的理论和方法的来源——法国年鉴派史学、后现代主义文化批评和历史叙述主义的影响以及文化人类学。这三个方面的共同作用，决定和影响了今天新文化史研究的基本形式与走向。

一　法国年鉴派史学的影响

新文化史在实践上是和著名的法国年鉴学派紧密相连的，正是这一学派的新一代学者把视线从经济基础转移到上层建筑，开辟了文化史和心态史的新的研究领域。在 20 世纪 60 年代的西方，占据主导地位的是以布罗代尔为代表的第二代年鉴学派的历史学家，他们强调系列、功能和结构的方法，把社会理解为有着内在联系的总体，即所谓的"总体史"或"结构史"。但是从 20 世纪 60 年代末开始，年鉴学派的一批年

---

① 卡尔的原文为"历史学愈注意社会学，社会学愈注意历史学，则对两者愈有利。" Edward Hallett Carr, *What is History*? New York: Afred A. Knopf, 1963, p. 84。
② Lynn Hunt, "Introduction: History, Culture, and Text", *New Cultural History*, edited by Lynn Hunt, University of California Press, 1989, p. 10.
③ Joyce Appleby, Lynn Hunt and Margaret, *Telling the Truth About History*, New York and London: Norton & Company, 1994, p. 198.

轻历史学家另辟蹊径，他们逐渐从重视经济基础转向文化和心态史研究。他们重视特定时期、特定社会或群体的某种民间心态和意识的形成变化。正是如此，心态史"在理论和研究方法上为新文化史的兴起做好了准备，从某种意义上说，这是新文化史兴起的第一阶段"。[1] 法国历史学家雅克·勒高夫在评价心态史的作用时写道："'心态'这一广泛、含糊而又常常令人忧虑的名词，正如其他许多具有广泛含义的词一样，对近年来的史学领域的变化起了很大的推动作用，尤其对经济史领域起着一种理想的平衡作用，从而给整个史学带来了新鲜空气。"[2] 勒高夫所说的心态史对经济史的平衡作用，显然是指法国史学自布罗代尔之后那种经济—社会史一统天下的局面。在布罗代尔的"长时段"理论中，气候、生态、人口以及经济发展趋势都是决定历史发展进程的根本因素，是长时段的结构，而政治、文化等都只是浮于表面的可变量。而到了 60 年代末，以勒高夫为首的年青一代的年鉴派历史学家开始主张恢复年鉴学派创始人注重精神状态史研究的传统，将研究重心逐步由社会—经济史为主转向以研究人们的心态为主要内容的社会—文化史，反对把文化和心态看作属于第三层次的次要因素，将研究领域由经济转向心态这一更为深层结构。米歇尔·伏维尔（Michel Vovelle）把这一转变称为"从地窖到顶楼"的进步。它意味着对过去历史整体架构的把握，历史的认识也更为全面真实。

　　许多早年以研究社会经济史闻名的历史学家，也受到了这种潮流的影响，在某种"心态"的作用下，自觉或不自觉地更弦易张加入了心态史家的行列。最明显的例子是一度声称要固守"地窖"、坚持经济史研究的历史学家埃马纽埃尔·勒华拉杜里（Emmanuel Le Roy Ladurie）。在1975 年出版的《蒙塔尤》一书中，勒华拉杜里利用 14 世纪宗教裁判所的审讯记录和其他档案，重新勾勒和描绘了中世纪后期法国西南部一个叫作蒙塔尤的小山村在几十年里的生活环境、风俗习惯及思想状态。在研究方法上，勒华拉杜里综合了社会经济史、历史人类学以及心态史等

---

① 李宏图选编《表象的叙述——新社会文化史》，上海三联书店 2003 年版，第 4 页。
② 〔法〕雅克·勒高夫等：《新史学》，上海译文出版社 1989 年版，第 31 页。

多种研究手段，其中尤为显著的一个特点是，他用心态史的方法将蒙塔尤村民内心中对现实的种种看法展现在读者面前，包括对性、婚姻爱情、家庭、儿童、死亡、时间和空间、自然和命运、巫术、宗教、犯罪等的态度及观念。正如作者在书中写到的："我们下面的考察将改变方向，它将更注重层次，更加细致，涉及个人会少一些。我们将不再从住家和窝棚等领域做面上的考察，而准备向深层探索。在最底层，我们将努力探讨一个充斥日常生活的颇有讲究的各种举止。此外，爱情生活、性生活、夫妻生活、家庭生活和人口问题也将是我们关注的问题。最后，我们还要充分利用有关村落、农民和民众的文化与社交的丰富资料。这里的'文化'当然是指人类学家所说的总体含义的文化。"① 伏维尔高度评价了勒华拉杜里在《蒙塔尤》一书中的突破和创新，指出："今天他对蒙塔尤地区的研究已生动地表明他把握了整幢建筑：从地窖到顶楼，即从土地结构到乡村集体心态中最为复杂的种种形式。"②

　　年鉴学派的心态史研究事实上便是新文化史的一个开端，它同以汤普森为代表的"文化马克思主义"历史研究一起，颠覆了社会经济史独霸的格局，为"文化"平反正名，从而确立了文化作为研究领域和研究对象在新文化史中的中心地位。然而，年鉴学派的心态史并未完全摆脱"结构史"的影响，把心态看作由经济和社会结构决定的一个层次。直到第四代年鉴学派在后现代主义的影响下的历史学家（如罗杰·夏蒂埃等）才开始扬弃心态史研究中的结构主义倾向，推动了以"文化转向"为方向的新文化史研究。在这种转向过程当中，自身也逐渐成为新文化史研究的主力。因此，新文化史与年鉴学派有着不可分割的学术渊源。

二　后现代主义文学批评和历史叙述主义的影响

　　后现代主义是西方资本主义文明的一次全面自我反思，基于"语言学的转向"，所谓的普遍理性和科学受到了质疑。一些激进的看法甚至否认语言与现实之间的联系，否认真实和虚构之间的界限，因此大大动摇

---

① 〔法〕埃马纽埃尔·勒华拉杜里：《蒙塔尤：1294－1324 年奥克西坦尼的一个山村》，许明戈、马胜利译，商务印书馆 1997 年版，第 194 页。
② 〔法〕雅克·勒高夫等编《新史学》，上海译文出版社 1989 年版，第 136 页。

了曾经不言而喻的包括历史学在内的人文社会研究的科学性和权威性。①
后现代主义的文学批判也对新文化史的叙事风格产生了较大影响。在传
统西方社会史的"宏大叙事"中，"所有构成西方社会与经济历史的
'小故事'（small story）都可以用一套关于资本主义的'大故事'（big
story）来解释"。② 即不再追求"大历史"或"宏观历史"的抱负，而是
注重"小历史"或"微观历史"的意义，以微观视角去建构宏观事物的
历史，重视下层社会的精神世界。他们注重观念、心态，把行为和语言
作为探寻心态的切入点，将研究的触角伸到了帝王家谱外，反对那种认
为文化属于少数人的"精英"文化史，提倡大众文化的社会史，研究普
通人的知识、意识、心理和情感，或者说，社会上流行的普通人的理性
和非理性的观念。彼得·伯克（Peter Burke）曾指出："新文化史学的历
史学家大多认为，个人（甚至普通的个人）是历史的主体，而不是客
体，他们至少有某种自由的边缘，至少在日常生活和就长时段而言影响
历史的趋势，他们的行为表现了自己的特点。"③ 这正如卡莱尔所主张
的，历史"不是抽象的概念，不是图表和公理，而是身着黄色外套和马
裤，两颊红润，内心充满激情，有自己的语言习惯和个性特征，充满活
力的人的历史"。④ 社会史的传统解释范式因而成为后现代主义者的众矢
之的。与此同时，为了更为生动与细腻地刻画这些作为历史主体的鲜活
个体的内心世界，新文化史学家在写作手法上也积极推动"叙述史的复
兴"，⑤ 从而纠正新社会史研究过分注重结构分析与理论建构的弊端。美
国学者海登·怀特在他的著作《元史学：19世纪欧洲的历史想象》中提
出了后现代主义历史叙事学。他认为，语言模式决定了历史学家的研究

① 中外许多学者对后现代主义、后现代主义与历史学的关系之类的问题给予了积极的关
注，并从各个角度进行了广泛的讨论。盛宁的《人文困惑与反思——西方后现代主义
思潮批判》（生活·读书·新知三联书店1997年版）是国内一部比较全面深入的相关
研究著作。

② T. G. Ashplant, Gerry Smyth, eds., *Explorations in Cultural History*, Pluto Press, 2001, p. 40.

③ 杨豫、李霞、舒小昀：《新文化史学的兴起——与剑桥大学彼得·伯克教授座谈侧记》，
《史学理论研究》2000年第1期，第146页。

④ 转引自何兆武主编《历史理论与史学理论——近现代西方史学著作选》，商务印书馆
1999年版，第230页。

⑤ 〔英〕劳伦斯·斯通：《历史叙述的复兴：对一种新的老历史的反省》，载陈恒、耿相
新主编《新史学·第四辑·新文化史》，大象出版社2005年版，第8~27页。

范式，历史资料的来源可以被空前扩大，大量的文学作品、口述资料、民间故事作为新史料进入了历史学家的研究视野。更重要的是，历史学家们发现，传统的历史叙事可以摆脱原先单线、一元、进步的宏大分析，转而回归历史学的叙事传统，历史不仅可以被阐释、解构，甚至还可以被想象、发明。如亨特所言："历史学家工作的本质就是讲故事"①，"历史再次被视为美学的一支，而非社会史的女佣"。②"讲故事"对历史学的重要性，在于它是传达历史学家睿智和见识的手段，可以表述以抽象之形式所不能言传之意涵，使读者明白和接受历史学家的工作与意图，兼可向公众表明史家工作之意义与价值。但19世纪以降，走向科学化成为历史学学科的趋势，直到20世纪中叶，试图将历史科学化的"分析"式历史书写方式一直占据历史书写的主流，而那种"讲故事"的叙述历史方式得不到应有的重视。如史学家所言："一个世纪以来靠寄生于史学基础上而繁荣之小说，一直拒绝叙述：没人想要听故事。故事之替代品业已很多；短论，经验之抽象，谜团，浓缩的公式，诸如此类都昭示了普遍向往科学化的动力。"③ 直至20世纪60年代，受到西方学术界"语言学转向"（Linguistic turn）或"文化转向"（Cultural turn）的影响，历史学家日益认识到语言的模糊性与文本的不确定性，越来越注意个人的主体性因素及历史叙述在历史研究中发挥的作用。

三　文化人类学的影响

美国阐释人类学家吉尔兹的"文化阐释理论"和"地方性知识"论述对新文化史家的影响最为深远。吉尔兹将文化看作含有象征与意义的系统，提供了一个理解文化意义的方法，认为文化不是一种权利，并非埋藏于人类思想之中不可见的遁形物，而是一种语境，是在公共实践、仪式和象征中体现而来的，可以被我们感知和"深描"（thick descrip-

---

① 〔日〕近藤和彦（Kinto Kazuben）《关于母亲/政治文化/身体政治：林·亨特访谈录》，蒋竹山等译，陈恒、耿相新主编《新史学·第四辑·新文化史》，大象出版社2005年版，第268页。

② Lynn Hunt, "No Longer an Evenly Flowing River: Time, History and the Novel," *The American Historical Review*, Vol. 103, No. 5, Dec. 1998, pp. 1517 – 1521.

③ Jacques Barzun, "History: The Muse and Her Doctors," *The American Historical Review*, Vol. 77, No. 1, Feb. 1972, p. 63.

tion）的。在他看来，"人类的文化是文本的集合"。① 他认为："我所采用的文化概念，从本质上讲，是一种符号学的概念，同马克斯·韦伯一样，我认为人是一种悬挂在自己编织的意义之网中的动物；我认为文化就是这些网"。② "文化的概念既不是多所指的，也不是模棱两可的，而是指从历史沿袭下来的体现于象征符号中的意义模式，是有象征符号体系表达的传承概念体系，人们以此达到沟通、延存和发展他们对生活的知识和态度。"③ 文化的分析不是一种探索规律的实验科学，而是一种探索意义的阐释性科学，因之，仪式、事件、信仰体系等文化文本，都可以经过精心的"深描"解释其意义，"深描"解读行动的象征内容，并将其诠释为可感知的符号，人类透过符号而达成行动，并借以互相了解。当然，解释的目的不在于代替别人回答，而在于了解他人如何回答，理解异文化是不能以自己的先入之见强加于异己之上的。在《深描：迈向文化的阐释理论》一文中，吉尔兹指出，尽管"文化"一词已被许多人类学家给予了不同定义，但这个词最重要的在于它的内涵而不是外延，也就是文化应该是解释事物本身所具有的意义。在吉尔兹看来，深描的目的在于通过揭示行动和文化之间的关系来解释行动所蕴涵的意义。因此人类学研究的关键不在于把握在研究地点发生的具体事实，而在于是去弄清在该处所发生的活动的意义。因为当地人的行动体现着文化最本原的象征意义。他主张通过对当地人的文化的了解会产生一种相对的"经验接近"和"经验远离"的区别。"深度描述"使新文化史学家意识到自己只是部分地掌握了过去的历史事实（硬史实），而想要对历史做出更加深入的了解和阐释，抓住每一个历史的瞬间——场景，就必须关注个体、关注微观的细节，即微观史。如果人类学者借用当地人的思维领悟当地文化建构的意义，就能够比较接近当地人的观点，这种理解便是"经验接近"的"深描"。

　　在其另一本论文集《地方性知识——阐释人类学论文集》中，吉尔兹主张从"文化持有者的内部眼界看问题"，不以己衡人，也不要想当

① Clifford Geertz, *The Interpretation of Cultures: Selected Essays*, New York: Basic Books, p. 24.
② Clifford Geertz, *The Interpretation of Cultures: Selected Essays*, New York: Basic Books, p. 5.
③ 〔美〕吉尔兹：《文化的解释》，纳日碧力戈等译，上海人民出版社1999版，第103页。

然：对文化人类学者而言，从一些陌生的不同的观念厘清其结构，去塑造自己的知识，总是不可避免地要地方化，这与了解其方式、方法以及其思想方法等是密不可分的。人们虽可以或者用讽刺性的修辞去遮掩它，会以一些激进的理论去使之模糊，但难以驱走它。① 通过吉尔兹的论说，我们可以知道"地方性知识"是包含有文化地域性色彩的，在特定语境中形成，也只在具体的时空中存在和发挥作用。由是可知，"地方性知识"强调的乃是对特殊性尊重的方法及实践，这对强调理性与普适性价值的启蒙运动以来的现代化思潮无疑是个反动，也与近几年来后现代主义对启蒙理性、对西方中心论的批判殊途同归。

通过深描产生的阐释人类学的研究文本为什么会成为历史学的研究对象？1980 年，历史学家伯纳德·科恩（Bernard Cohn）在谈到历史学与人类学的关系时说道，"通过变得更加的人类学化，历史学可以更加的历史化……人类学也可以通过变得更加历史化而更加人类学化"②。此时，距离吉尔兹的《文化的解释》一书出版已有七年。科恩的预言反映了文化人类学对历史学的发展，尤其是对新文化史的兴起所产生的影响。史学的人类学化的本质是让史学回归到历史上去，这就是文化史所要做的。传统的政治经济史关注的是精英的历史，导致了下层的失语、女性的失语、弱势文化的失语。政治经济史可以提供的一个时期的面貌并不能代表整个时期，而通过深描产生的新的文本，可以提供更加细致、全面的信息，并且这些鞭辟入里的信息，可以形而上地透析，亦可以形而下地认知。深描作为一种解读的视角，对于史学研究而言必然会带来新的惊喜。如彼得·伯克所言，"新文化史是对一种更陈旧的体制和更陈旧的'新史学'的一种有意识的反叛，更确切地说，它是对六七十年代影响着欧美的两种历史类型的反叛。一是卡尔·马克思类型的社会史，二是计量史（通常但并不总是经济史）。"由阐释人类学发展而来的新文化史学的研究在反叛了欧美的两种历史类型以后，还使得历史学家去认识到语言、文本和叙述结构在历史事实的创造和描述中的积极作用。这就是历史学关注阐释文本的原因。

---

① 〔美〕吉尔兹：《地方性知识——阐释人类学论文集》，王海龙等译，中央编译出版社 2004 年版，第 3 页。

② Bernard S. Cohn，"History and Anthropology：the State of Play"，*Comparative Studies in Society and History*，1980（22），p. 216.

正因为阐释的文本具有如上所述的特点，于是学者开始借由对文化的阐释来理解历史。因之，新文化史家从诸如格尔茨（吉尔兹）、道格拉斯（Mary Douglas）、列维·斯特劳斯（Lévi Strauss）、特纳（Victor Turner）、萨林斯（Marshall Sahlins）、克利夫特（James Clifford）等一大批人类学家那里受益匪浅。如斯通所说，这些人类学家的工作"已经影响了过去20年里许多最优秀的史家，特别是美国和法国的史家"[1]。可以预见，未来人类学家对历史学家的影响还会继续加大，尤其是在一些人类学家宣称"人类学或者是历史学，或者便什么都不是"的情况下。[2]

第二节　新文化史学的特点

可以看出，新文化史学正是在批判和反省传统文化史学，借鉴和吸收其他学科和历史学理论的基础上兴起的。那么，新文化史学有哪些特征呢？或者说，新文化史与旧文化史有什么区别呢？总的来看，新文化史学的内容非常复杂，本身具有多样性、零散性和非系统性的特点，并且不同阶段、不同国家的新文化史学家，他们的政治立场、思想倾向以及艺术风格不可能完全相同。但是作为一种具有共同社会历史背景和理论基础的史学思潮，新文化史学还是有一些共同的思想内涵和特征的，概括起来有以下几点。

第一，对于微观叙事手法的强调。当然，毋庸置疑，人物一直是传统史学的主要描述对象。新史学强调历史中结构的价值，尤其是在以长时段为代表的结构史学中，个人几乎被淹没在静态的结构性力量中，丧失了活力。在他们看来，只有结构性的因素，如经济变动周期、政治制度等才是历史中的重要力量。即使社会史关注人，但也是以群体而不是以个人的面貌出现，仍然是抽象的人。而在新文化史学作品中，"人"首先是具有独

---

① Lawrence Stone, "History and Postmodernism," *Past and Present*, May 1992, pp. 217 – 218. 关于这些人类学家的贡献及其对历史学家的影响，可参看 Peter Burke, *What Is Cultural History*, pp. 33 – 43.

② Manlyn Silverrnan & P. H. Gulliver（eds）, *Approaching the Past: Historical Anthropology Through Irish Case Studies*, Columbia: Columbia University Press, 1992. 西佛曼、格里福编《走进历史田野：历史人类学的爱尔兰史个案研究》，贾士蘅译，麦田出版1999年版，第21页。

特个性的个人。传统的历史仅仅局限于帝王将相、伟人、成功者，或者是参与重大事件的重要人物，这也正是新史学所竭力纠正的。相比之下，进入新文化史学视野的"人"非常广泛。某个人之所以被选择记录，不是因为从后来的历史来看他很重要，而是因为他自身就有独特的价值和意义。这样，妇女、儿童、磨坊主、文学家，各色人等，都可能成为新文化史学作品的主角。例如在卡洛·金斯伯格的《奶酪和蛆虫》里，小人物麦诺齐奥是主人公。他是16世纪意大利北部一个小山区的普通磨坊主，没有参加过农民战争，也没有对宗教改革做出过贡献。他吸引新文化史学家的，是因为他有不同于正统教会的世界观（本书书名就源自他对世界起源的看法），而且还特别愿意到处宣讲自己的那一套看法，尽管他的妻子、邻居、周围的村民并不认同他的想法。教会当然视他为异端、思想的犯罪者。作者探寻其想法来源的兴致，正是从这里而起的①。

第二，在历史的表达方式上，新文化史吸纳了文学批评、叙述史学的主张与成果，成为"讲故事的文化史"。为了更为生动与细腻地刻画这些作为历史主体的鲜活个体的内心世界，新文化史学家在写作手法上积极推动"叙述史的复兴"，② 从而纠正新社会史研究过分注重结构分析与理论建构的弊端。新文化史的历史叙述方式相较于过去，主要体现在两个方面：一是对传统宏大叙事及叙述中的虚构性所作的反思；一是如劳伦斯·斯通（Lawrence Stone）写于1979年的那篇著名论文中所提出的，是"从分析转向叙事模式"的"叙事史的复兴"③，过去的西方历史学家在写作中往往套用小说的叙述模式，"创造性地建立开头、中间和结尾的时间框架、组织顺序，来说明因果关系、突出角色、安排场景、构想情节、制造'真实效果'——所有这些都是从全知的叙述者口中以一种单一的、统一的观点说出来的"④；而新文化史在叙述中，首先承认了

① Carlo Ginzburg, *The Cheese and the Worms*, *The Cosmos of a Sixteenth-Century Miller*, trans. John and Anne Tedeschi, Penguin Books, 1984.

② 〔英〕劳伦斯·斯通：《历史叙述的复兴：对一种新的老历史的反省》，载陈恒、耿相新主编《新史学·第四辑·新文化史》，大象出版社2005年版，第8~27页。

③ Lawrence Stone, "The Revival of Narrative", *Past and Present*, 1979（85）.

④ Karen Halttunen, *Cultural History and the Challenge of Narrativity*, *Beyond the Cultural Turn: New Directions in the Study of Society and Culture*, edited by Victoria E. Bonnell & Lynn Hunt. Berkeley, Calif.: University of California Press, 1999, p. 166.

话语和文本本身的虚构性，因此不光在自己的叙述中尽量避免主观和绝对的做法，而且把作为史料的文本作为研究的对象，揭示其中的话语结构和文化意义。

第三，新文化史的研究视野和对象更加广阔。从20世纪70年代后期开始，新文化史逐渐以"文化"来取代新社会史所主要关注的社会、经济与人口等结构性层面，进而成为20世纪八九十年代西方史学的主流。对"文化"的理解和解释，形成了一种新的历史认识论和方法论，文化的意义被赋予各种事物和形式之中，研究单位不再是某个清楚界定的实体，而是运用历史学与社会科学等多学科的方法，将目光投向对仪式、精神气质、观念、心态、宗教、艺术等深层文化符号的研究，史学的研究领域有了空前扩展，包括身体史、妇女史、性史、儿童史、婚姻史、家庭史、死亡史、阅读史、宗教史等。新文化史也打破了传统文化史、思想史唯精英人物、知识阶层的狭隘偏见，用一种更广义的文化概念，还原了普通人的文化和生活。它的"文化"面向也丰富广泛得多。彼得·伯克对新文化史研究的对象进行了细致的总结，依据不同的研究方向把新文化史分成了七个大类：①物质文化史，亦即饮食、服装、居所、家具及其他消费品如书的历史；②身体史，它与性态史、性别史相联系；③表象史，即对自我、民族及他人等的形象、想象及感知的历史；④记忆社会史或"社会记忆史"；⑤政治文化史；⑥语言社会史；⑦旅行史①。换句话说，新文化史关注日常生活，用的是从"小"问题入手，表达"大"主题的运思方式。②

第四，研究方法上，新文化史更注重深描和细节。这是受人类学影响所致，即不在于平面视野的扩展，是在事件人物和观念的刻画上向纵深维度推进。美国历史学家、新文化史的代表人物林·亨特（Lynn Hunt）对新文化史做了这样的说明：新文化史"探讨方向的焦点是人类的心智，把它看作是社会传统的贮藏地，是认同形成的地方，是以语言处理事实的地方。文化就驻在心智之中，而文化被定义为解释机制与价

---

① 〔英〕彼得·伯克：《西方新社会文化史》，刘华译，《历史教学问题》2000年第4期，第25～26页。
② 李宏图：《从现代到后现代：当代西方历史学的进展——帕特里克乔伊斯教授访谈录》，《历史学理论》2003年第2期。

值系统的社会贮藏地。文化史研究者的任务就是往法律、文学、科学、艺术的底下挖掘，以寻找人们借以传达自己的价值和真理的密码、线索、暗示、手势、姿态。最重要的是，研究者开始明白，文化会使意义具体化，因为文化象征始终不断地在日常的社会接触中被重新塑造"①。因此，历史学者在进行历史研究时，可以采用文本分析和现实田野相结合的方式。所谓文本分析，就是对历史文献进行人类学的解读和分析，这是一种文献中的田野。"'文本分析'不同于传统的'文献考据'之处在于，它让我们挖掘隐藏于文字后的'景'。"② 也就是说，对于传统的历史文献进行新的解读，从而有意识地去发掘文献背后所隐含的真正意义，发现新的问题，并重现历史的真正面貌。另外一个方面，就是对现实的社会生活进行实际的田野考察，包括在一个地区进行参与式观察，对当地人进行访谈等，这是传统史学中很少运用到的方法。

第五，新文化史的另外一个明显特点是它的跨学科特性。从历史学外部而言，新文化史的兴起一方面是同以"文化转向"或"语言学转向"为标志的整个当代西方社会思潮和人文社会科学研究风气的转变相一致的，可以被包容在广义的文化研究的范畴之内，它既是一种在历史线索和框架下展开的文化研究，也是一种具有文化视野和取向的独立的历史研究；另一方面，它从外部的其他学科的发展中得到了非常有益的借鉴，整个当代西方史学发展的一个重要特点就是跨学科研究，历史学不再是孤立和封闭的，其开放性使得社会史在五六十年代依靠同社会学、经济学、人口学和统计学等社会科学的结盟而成为当时历史研究的主流，新文化史则投向了另一些不同的学科，它从人类学（尤其是文化人类学）那里获得了文化的概念、研究的视野和解释的手段，从文学理论、语言学和符号学那里得到了分析的武器，又从结构主义、后结构主义等后现代思潮中学会了批判的态度。这些特点，都是传统狭义的思想史所缺乏和不具备的。20 世纪 60 年代以后，一批年轻的文化史学家如阿里亚斯（Philippe Aries）、汤普森（E. P. Thompson）、基斯·托马斯（Keith Thom-

---

① 〔美〕乔伊斯·阿普尔比、林恩·亨特、玛格利特·雅各布：《历史的真相》，刘北成等译，中央编译出版社 1999 年版，第 189 页。

② 徐杰舜、王明珂：《在历史学与人类学之间》，《广西民族学院学报》（哲学社会科学版）2004 年第 4 期。

as）、戴维斯（Natalie Zemon Davis）、勒华拉杜里（Le Roy Ladurie）、达尼埃尔·罗什（Daniel Roche）等人率先回应了外部学术思潮的挑战，并将之吸收到自己的学术研究中，在他们及随后一大批更年轻的史家［如夏蒂埃（Roger Chartier）、罗伯特·达恩顿（Robert Darnton）、金兹堡（Carlo Ginzburg）、彼得·伯克（Peter Burke）、林·亨特（Lynn Hunt）等］的集体努力下，新文化史的研究范式开始兴起，历史学得到了新的生机与活力。

总体而言，新文化史学将生活和个人自由、政治经济、文化之间的相互联系最大限度地展示出来，相比于传统史学，在史料的处理和解释模式以及写作方式上都发生了根本性的转变。与其说新文化史学是一种流派，毋宁说是一股气势不凡却自由蓬勃的历史学学风。新文化史对前代史学的反思，对社会科学的开放，对自身理论来源的审视，都是在扩展历史学的领域，探寻历史学的真谛。

第三节　戴维斯的新文化史观

娜塔莉·泽蒙·戴维斯是 20 世纪 80 年代以来盛极一时的新文化史这个学派的开山。[1] 新文化史学派旗手林·亨特在其主编的《新文化史》一书里，特意在扉页的献词里声明：献给娜塔莉·泽蒙·戴维斯——我们所有人的灵感源泉。为了更好地理解戴维斯所主张的这种新文化史，不妨从她具体的研究实践入手，结合个案分析具体阐述一下戴维斯的新文化史观。

---

[1] 关于新文化史（大陆学界亦常称之为"社会文化史"）及其在中文学界的译介等情况，可参看 Peter Burke, *What Is Cultural History*, pp. 49 - 73；林·亨特编《新文化史》；李宏图选编《表象的叙述——新社会文化史》，上海三联书店 2003 年版；陈恒、耿相新主编《新史学·第四辑·新文化史》，大象出版社 2005 年版，该书收录的文章以前几乎都在台湾发表过；杨豫等《新文化史学的兴起——与剑桥大学彼得·伯克教授座谈侧记》，《史学理论研究》2000 年第 1 期；彼得·伯克《西方新社会文化史》，刘华译，《历史教学问题》2000 年第 4 期；周兵《当代西方新文化史研究》，复旦大学博士学位论文，2005，等等。中文学界在新文化史的译介和实践方面，中国台湾学者所做的工作更多，贡献也更大，有关的一些情况可参看卢建荣《台湾史学界的后现代状况》，《汉学研究通讯》21：1（总 81 期）；李孝悌《明清文化史研究的一些新课题》，李孝悌主编《中国的城市生活》，联经出版公司 2005 年版，第 i～xxxv 页；卢建荣《新文化史的学术性格及其在台湾的发展》，陈恒、耿相新主编《新史学·第四辑·新文化史》，第 138～159 页。

一　戴维斯的文本理念

"文本"是西方文学理论的核心概念之一，是 19～20 世纪西方学者极其重视的研究领域。"文本"（text），从词源学上看，"它的词根 texere 表示编织的东西，如在纺织品（textile）一词中，还表示制造的东西，如在'建筑师'（architect）一类的词中"（霍兰德语），但在一般意义上认为"文本就是由书写而固定下来的语言"（利科语）。英文中的"text"本义含有"正文""课文""经文"等内容，其基本意义是指作者的原文。这个词本是文学中一个普通的词语，通常用来指作品或作品的片段。但是，在当代西方文学理论中，文本被赋予了特殊的意义，成为一个与原词不同而又意义广泛的术语，文本的意向性与原有的文学作品的意义之间也不同了。从语言学角度看，杜克罗和托多洛夫的解释是："文本的概念与句子（或分句，单位语符列等）的概念不属于同一层次；因此，文本应与几个句子组成的印刷排版单位的段落相区别。文本可以是一个句子也可以是整本书，它的定义在于它的自足与封闭；它构成一种与语言学不同但有联系的体系"，"一个文本的语义与话语范畴所提出的问题，应在文本各自的上下文中进行研究"①。还有论者认为："文本指的是文本表层结构，即作品'可见、可感'的一面，因此对文本的分析可以从语音结构、叙事句法和语言功能等三个层面展开；从符号学角度看，文本表示以一种符码或一套符码通过某种媒介从发话人传递到接受者那里的一套记号。这样一套记号的接受者把它们作为一个文本来理会，并根据这种或这套可以获得合适的代码着手解释它们。"② 后结构主义者克里斯特娃则主张："文本是一个超越语言的工具，它通过使用一种通讯性的言辞来重新分配语言的秩序，目的在于直接地传递信息，这些言辞是与那些先于其而存在的和与其并存的言辞相互联系的。"③ 而在有些当代批评家那里，文本则超出了语言学界限，既可以用于电影、音乐、绘画等艺术种类，也可以指一切具有语言—符号性质的构成物，如服装、饮

---

① 转引自董学文等《当代世界美学艺术学辞典》，江苏文艺出版社 1990 年版，第 296～297 页。
② 王先霈、王又平：《文学批评术语词典》，上海文艺出版社 1999 年版，第 168 页。
③ 转引自王先霈、王又平《文学批评术语词典》，上海文艺出版社 1999 年版，第 168 页。

食、仪式乃至历史，等等。

　　进入 20 世纪以后，西方的文本理论有了长足的发展。它的发展大致经历了作者—作品（文本）—读者的过程，目前正出现一种综合态势。英国文艺理论家特里·伊格尔顿在评论西方文论发展时谈到过这一点，他说这种发展趋势是："全神贯注于作者阶段（浪漫主义和 19 世纪）；绝对关心作品阶段（新批评）；以及近年来注意力显著转向读者阶段。"①朱立元先生等对此也有深刻同感：西方美学的研究重点，在 20 世纪发生了两次历史性转移。第一次是从重点研究艺术家和创作转移到重点研究文本，第二次则是从重点研究文本转移到重点研究读者和接受者②。20世纪以前，特别是浪漫主义兴盛时期，情感论、才性论、天才论、想象问题、灵感问题是文论研究的重点，即使在 20 世纪初期，泰纳的"种族、时代、环境"理论、弗洛伊德的精神分析理论也有极大影响。"诗是诗人强烈情感的自然流露"（华兹华斯语）、"文学是受压抑的无意识的升华"（弗洛伊德语）等理论主张有很强的辐射力。这些理论的共同特点是强调作者在文学活动中的决定作用，作者是作品的"父亲"，其他因素都受到作者的控制和垄断性制约；但同时也都相对忽视了对作品本身特质和读者重要性的研究。20 世纪初，从俄国形式主义开始，则从根本上扭转了这一研究方向，开始立足于"文学性"，探寻文学作品自身的特点。由自上而下变成了自下而上。把历来是神秘的美的发生学基础，变为可操作、可定性定量分析的一种过程。美在形式主义者手中，再不是虚无缥缈不可捉摸、不可把握的，再不是一种只可意会不可言传的东西，再不是诗人或作家一种神秘主义的主观命意，而是一种可视可感的物质实体。俄国形式主义的这样一种转向，代表了 20 世纪美学发展的最新趋向，是 20 世纪西方美学哲学重要流向的一个标志。③ 这一转向对西方史学思想的发展也起到了很重要的影响，戴维斯就是这个潮流的身体力行者。她认为，思想史家要去做的，不仅仅是要关注被称为经典文本的那些书目，还应在更广阔的思想传统和框架中去考察研究这些经

---

① 〔英〕特里·伊格尔顿：《二十世纪西方文学理论》，陕西师范大学出版社 1986 年版，第 83 页。
② 朱立元、张德兴：《二十世纪美学》，上册，上海文艺出版社 1999 年版，第 43 页。
③ 张冰：《陌生化诗学》，北京师范大学出版社 2000 年版，第 82～83 页。

典文本所占有的地位，也就是这些文本之外的观念的历史，这能让外面看到我们现在的处境是我们前人选择的结果。要将文本作为一种社会行为进行解读，试图借之找到作者写作时的意图。文本本身的意涵因为这样的阐释方法而得到了扩充，而被挖掘出来的作者的著述意图，在思想史研究中的作用可能比对文本的阐释更大，可以更加全面地了解作者在使用特定语句与概念时候的所指。

戴维斯的著作《档案中的虚构》就是以解读文本的方式对出现在 16 世纪法国犯罪者对国王寻求赦免的叙事形式的研究。在戴维斯作品《档案中的虚构》叙述中，她首先承认了话语和文本本身的虚构性，因此不光在自己的叙述中尽量避免主观和绝对的做法，而且把作为史料的文本作为研究的对象，揭示其中的话语结构和文化意义。这就是说，她的史学作品风格强烈透露出"叙述史学"的写作倾向。在她看来，"历史叙述"原本就是史学的一个传统，新文化史只不过是复兴这种传统而已。她毫不讳言本书里的方法论资源是来自海登·怀特、罗兰·巴特、保罗·利科等文化批评家和哲学家。在该书扉页献词里：戴维斯这样写道"献给劳伦斯·斯通——一位杰出史家，也是一位说故事者"。[①] 在《档案中的虚构》中作者将文本本身作为研究的中心，通过研究保存在 16 世纪法国档案中大量因杀人而向国王请求赦免的信件，解读其中的故事及其当事人和作者，考究故事的真实性以及分析其中的虚构成分，检验当时人们的叙述技巧；她不再纠葛于赦免书所陈述事件的真伪，而是去追问"十六世纪的人们如何叙述故事（甚至是在特定的赦罪故事之中）、他们心目中的好故事是什么样子、他们如何去陈述动机、他们如何借着叙述使意外事件合理并使它与当下的经验吻合。他们的故事因叙述者和聆听者的不同而如何改变以及在纠葛着当代较广义的解释习惯、描述和评估这些充满暴力和恩典的司法故事情节的规则是什么"，[②] 此一问题转换使原本的"假史料"变为"新史料"。从语言和文本入手，通过史料

---

① Natalie Zemon Davis, *Fiction in the Archives: Pardon and Their Tellers in Sixteenth-Century France*, Stanford: Stanford University Press, 1987. 中文本为杨逸鸿译，台北麦田出版社 2001 年出版，文中所列页码均为该书中文版页码。

② 〔美〕娜塔莉·泽蒙·戴维斯：《档案中的虚构：16 世纪法国司法档案中的赦罪故事及故事的叙述者》，杨逸鸿译，麦田出版 2001 年版，第 38 页。

考证和文本分析，通过与当时一般的写作风格和叙述技巧的比较，用一种独特的方式向读者展示 16 世纪的法国社会及其文化。

初读戴维斯的《档案中的虚构》，脑海里不停地翻转一份又一份的赦免书。这些文本（text），即赦免书的背景，是在犯罪者大半是文盲的情况下，甚至缺乏目击证人，为了求得国王的特赦，凭借一面之词虚构出感人肺腑的故事。如戴维斯在《档案中的虚构》绪论中提到：每当我展读这些赦免的皇家文件——法国的档案中充斥着它们的身影——我对这些文件内容的文学质量感到惊讶，或者，应该说，它们的"小说"质量。我的意思是它们的作者们将犯罪的事件如何形成至一则故事的程度。① 但是她又点明，虽然赦罪故事经常背离事实，仍旧不失为价值丰富的史料。戴维斯进一步阐释，使用海登·怀特（Hayden White）的启发作为分析工具，我们了解到赦书并非凶嫌、法院书记官、代办人片面操作的结果。事实上，它受到了叙事文化、信仰、价值观、社会体系不断的左右。可以说是观众（国王当然就是包厢里最尊崇的贵宾）、凶手、官员们共同意识交会下的集体创作，已经不能解释成单纯的民间或是上流社会文化。求赦者内心真正的想法或是案情真正的来龙去脉，已非作者所关心。如何形成一个社会所接受的版本，以及这之中演绎的集体心态才是史家关注的焦点②。

这项对各行各业的国民请求国王饶恕的"赦免书"研究关注的不是正在讨论中的犯罪事件的"真相"（truth），而是关注谁、如何说故事以及故事的影响性。通过对赦免书的叙述技巧延展性的分析，戴维斯试图挖掘出更为宏大的历史脉络。赦免书中的故事虽然是编造的，但它在公开场合都被宣称是"真实"的，而且是被"真实"地批准的。在戴维斯看来，这是"君主与百姓沆瀣一气"③ 所完成的悲喜剧。赦免书高核准率正是反映出 16 世纪法国君主权力高涨、政权与神权抗争的历史进程。

---

① 〔美〕娜塔莉·泽蒙·戴维斯：《档案中的虚构：16 世纪法国司法档案中的赦罪故事及故事的叙述者》，杨逸鸿译，麦田出版 2001 年版，第 35 页。
② 卢建荣：《台湾史学界的后现代状况》，《汉学研究通讯》2002 年第 21 卷 1 期，第 9 页。
③ 〔美〕娜塔莉·泽蒙·戴维斯：《档案中的虚构：16 世纪法国司法档案中的赦罪故事及故事的叙述者》，杨逸鸿译，麦田出版 2001 年版，第 162 页。

在书的开始，戴维斯写道，"我跟随在十六世纪人们如何说故事的证据背后……什么是他们认为的好故事，他们如何叙述动机，通过叙事我们如何理解未知的事物，并且与现在的经验进行联结。"但是，她接着说，"我也同样考虑到先存于十六世纪人们心灵中的事件的结构因素，像是广泛地被接受的法律与文学基准"。① 最重要的，《档案中的虚构》是一个研究方法的论述。它的目的是将说故事与"虚构"置于最广泛的概念之下，如同一个对历史学家而言有效的研究对象，而非企求"真实"（reality）而需克服的障碍。戴维斯询问了所有跟"故事化"（storied）材料有关联的问题——关于谁写作故事与谁阅读和听闻故事，还有较不传统的关于通过不同文化媒介之间所表达的故事之间的关系。她主张，寻求赦罪者所讲述的故事，可以在教会文学如诺埃尔·杜·法伊（Noel du Fail）与玛格利特·德·那瓦尔（Marguerite de Navarre）的作品中找到类似的故事，甚至在拉伯雷（Rabelais）和莎士比亚（Shakespeare）的作品里也可以觅得踪迹；有时，赦罪故事会寻求进入"上层"文学如同那瓦尔的《七日谈》（*The Heptameron*）。② 远离"上层"和"通俗"文化之间的联结是一条双向的道路这样一个普遍的观点，戴维斯的目的是主张，借由并置不同环境下的类似故事，说明故事的影响力是在于其自身已知的文化之内③。而且在特殊和一般的措辞下，赦罪故事一直是显得有效的。不管请愿者在何处被提到，戴维斯估计这些恳求多半是有效的；以更普遍的说法来看，恳求和赦免仪式（经常伴随着补偿受害者家庭的命令）是支持皇权与符合社会和解的广大目的所在，如同公开的处刑。④ 书中

---

① Natalie Zemon Davis, *Fiction in the Archives*: *Pardon and Their Tellers in Sixteenth-Century France*, Stanford: Stanford University Press, 1987, p. 4.

② Natalie Zemon Davis, *Fiction in the Archives*: *Pardon and Their Tellers in Sixteenth-Century France*, Stanford: Stanford University Press, 1987, pp. 58 – 59.

③ 戴维斯的《马丁·盖尔归来》提出了相同的论点，纵使是较为不明显的：戴维斯所说的故事暗示了假马丁·盖尔、阿尔诺·居·狄勒，成功地模仿了失踪的马丁·盖尔，因为他扮演了一个对阿尔蒂加村民而言相当合理的角色。在文章中，戴维斯相当明确地对于她的研究方法回应了罗伯特·芬雷对《马丁·盖尔归来》的批评：*Martin Gueere*: *Natalie Zemon Davis*, "On the Lame", *AHR* 93, June 1988, pp. 572 – 603.

④ Natalie Zemon Davis, *Fiction in the Archives*: *Pardon and Their Tellers in Sixteenth-Century France*, Stanford: Stanford University Press, 1987, pp. 52 – 53, 57, 112.

指出，男性杀人犯的求赦状往往强调事出突然的愤怒，导致了误杀；或者因为节庆的欢愉、松懈的心情导致了过失杀人等。她解释，在说故事的广泛习性中，人们认为身份地位和行为会是一致的，一个人会据此来为自己辩解①。此外，仅有在少数与国王关系异常密切的案例当中，赦免状陈述的事实才是不重要的②。由形形色色的案例显示出的，赦免故事的成功在创造一种真实感、可满足被原谅所需的叙述即某种文学的统一性。借由仪式性、历史性的架构拣选重组出他们自身的议题，强调自己所受到的不公平、自己情绪的不稳定或者力言一切事出突然③。当然，其中也不乏老套的叙述④。由此可见，我们实不能拘泥于文本表面上的文字叙述（最典型者，莫过于争辩该史料的真或伪，强调从文献中剥离虚构的成分。戴维斯精彩的操作，可以说是绝伦的示范。通过为数众多的文本解读，史家并非将文本视为拼图块，拼凑出描绘过去的巨幅图画。戴维斯在本书所精彩示范的，便是破解 16 世纪法国司法档案中赦罪故事的文化密码。

最后，处于君王和国民间的沟通是戴维斯的研究急欲直接传达的部分。《档案中的虚构》或许可被正确地描述为对政治与司法制度史的非正统贡献。作者的终极关怀是在探寻牵涉数个团体，在皇权仲裁底下叙事的功能：君王、被告、律师和公众；这个清晰的制度背景加强了戴维斯论证的说服力。以方法论的观点来看，本书最显著之处在于其强调赦罪故事践履性的一面：这些故事的重要性不在于它们引领我们进入一个文化之中（它们行动的），而在于它们为了一个目的而被讲述和拥有一个（合理的）可被论证的影响。如同沙林斯对经典结构人类学的挑战，戴维斯关注的是赦罪故事践履性的一面，这是一个人文学科从视文化为文本到视文化为行动与实践的征候性转变。

---

① 〔美〕娜塔莉·泽蒙·戴维斯：《档案中的虚构：16 世纪法国司法档案中的赦罪故事及故事的叙述者》，杨逸鸿译，麦田出版 2001 年版，第 140 页。
② 〔美〕娜塔莉·泽蒙·戴维斯：《档案中的虚构：16 世纪法国司法档案中的赦罪故事及故事的叙述者》，杨逸鸿译，麦田出版 2001 年版，第 148～152 页。
③ 〔美〕娜塔莉·泽蒙·戴维斯：《档案中的虚构：16 世纪法国司法档案中的赦罪故事及故事的叙述者》，杨逸鸿译，麦田出版 2001 年版，第 147 页。
④ 〔美〕娜塔莉·泽蒙·戴维斯：《档案中的虚构：16 世纪法国司法档案中的赦罪故事及故事的叙述者》，杨逸鸿译，麦田出版 2001 年版，第 148 页。

　　另外作者将档案中的赦罪故事与当时流行的文学读物作比较，揭示了这些赦罪故事的可能来源以及当时法国社会的阅读情况。在此戴维斯挑战的是马克思和韦伯的论断。从赦罪故事与流行文学的交融中，作者让我们看到上流文化与大众文化之间的互动，"赦罪故事的发展趋向也告诉我们情报、价值观、语言习惯是如何能够穿透阶级和文化的藩篱。这些故事四处流传而且被熟悉规则的人们讨论着，故事更在公证人、秘书、衡平法院官员、代办人、法官、法庭皂吏间，以及有时候是在国王本人和他的枢密院间被耳闻及传述。遭遇到赦罪的过程也是一种方式——借由书记官之笔或律师的建议——让文学的解释和皇家的措辞去影响目不识丁的百姓。于此，我们看到的不是一种不可穿透的'官方文化'强将自己的准则加在'百姓文化'上，而是在国王的规则主导下所导致的文化交流的结果"①。

　　文学作品往往都是作者根据时代风气和读者的需要来进行创作的产物，要受制于和反映既有的社会结构及文化脉络，这就可以为后世提供许多反映时代信息与人们心态世界的旁证。因为过去已经消失且永不重现，所有关于过去的记载无非一种"再现"，是作为一种"文本"而存在。文学同样是一种对过去文化与社会的"再现"，如果运用得当，它一样可以充当我们研究历史的宝贵材料。②《档案中的虚构》一书，戴维斯在文学之虚和史学之实这一对照说法上，有了一个逆转的讲法。法王为了代替神降慈悲，乃以赦免杀人犯的方式加以体现。就在这国王行仁政政策下，每位杀人犯却竭尽所能设法打动听审的法王，说她/他杀人是情有可原的。这些犯人的说辞都被记录在赦免书上，但求法王慈悲，饶他们一命。赦免书的罪行供述不免有所避重就轻，是全信不得的，倒是

---

① 〔美〕娜塔莉·泽蒙·戴维斯：《档案中的虚构：16 世纪法国司法档案中的赦罪故事及故事的叙述者》，杨逸鸿译，麦田出版 2001 年版，第 303 页。

② 陈寅恪的"以诗证史"某种程度即类似于此，不过他这种做法还是以"真实性"作为治史标尺。且陈存有"诗史""成见"，"耻作文士"，认为"史高于诗"，有以"真实性"标准来衡量文学作品价值之失。这种心态和做法遭到了钱锺书的批评，有关批评可参看钱锺书《宋诗选注》，生活·读书·新知三联书店 2002 年版，第 3 ~ 4 页；钱锺书《管锥编》第 4 册，中华书局 1994 年版，第 1390 页；汪荣祖《史学九章》，三联书店 2006 年版，第 196 ~ 203 页；罗志田《"诗史"倾向及怎样解读历史上的诗与诗人》，《二十世纪的中国思想与学术掠影》，广东教育出版社 2001 年版，第 285 ~ 297 页。

犯人所套用的故事模式是当时说故事文化的原装货。因此，故事本身是假，说故事的套式是真的。说故事的套式是当时人们（包括法王在内）百听不厌的说故事手法。听故事的人对于杀人场景以及凶杀情节都有一定的期待。赦免书里的凶案情节是符合人们听故事习惯而大过真相的。所以，档案里的故事是离过去发生的事有一段距离，但陈陈相因的故事套路是与当时说故事文化若合符节的。

对戴维斯而言，档案里的故事既已无法反映历史真实面，她更难取以再现历史，再现那些杀人的事迹，反倒是那些凶杀故事总是呈现相当一致的归趋，她倒可以从中读出当时人们的说故事文化。是说故事的文化，而不是刑案重罪的罪行，才是戴维斯历史书写的对象。档案中所载的事件明明弄虚造假，但依据过去历史操作手法，十个史家都会信以为真。然而戴维斯却从文本出发，主张历史要搜寻的不是具体的那些凶杀事件，而是人们沉湎于凶杀故事背后的说故事文化。就是说，史料的主题是假的，但歧出主题背后的某种文化是真的。

戴维斯这里的研究就是一个很好的证明。戴维斯把这些求赦者所讲述的赦罪故事与当时社会上流行的文学读物联系起来——知"人"论世、"查其情伪"；并引用莎士比亚、蒙田、拉伯雷等文学家的著作加以参照比对，打通了历史与文学的界限，揭示出了这些赦罪故事的可能来源以及当时法国社会的阅读情况。个体只有在作为更大的文化整体中的一部分才能更好地被理解和解释，这就使我们可以对形塑个人日常生活的文化因素，对当时的上流文化、大众文化及其互动乃至当时法国法律、文化与社会情况有比较深的认识与理解，所谓百姓的文化与官方的文化有很大部分是共享、共通，相互影响的，"赦罪故事的发展趋向也告诉我们情报、价值观、语言习惯是如何能够穿透阶级和文化的藩篱"。由此看出，戴维斯该书中关注的还是这些赦罪状的"文学"或"小说"品质背后呈现出的集体心态、文化与社会行为的互动以及文本赖以形成的社会脉络。

事实上，历史学家早就认识到："文本不论多坚实，都可能在批评解读之下溶解成'论述'（discourse）"，他们不会"以为只要钻进档案堆挖掘、过滤又拼凑，就能重建如假包换的过去。报告本身就是建构出来的，是建立在与作家和写作的本质有关的一些隐而不显的假定"。① 类似的"报告"，"并不能使我们重回过去，却只产生史家需要立马应对或应对不了的问题"。② 从此意义上而言，文本是否反映真实以及其真实度多大并非问题，因为，"文化如果有足够的文本流传下来，我们就能够从档案堆中挖掘出来。我们再也犯不着牵强附会探究文献如何'反映'其社会环境，因为那些文献全都嵌在既是社会的、同时也是文化的象征世界中"③。关键是历史学家要索隐钩沉，对文本及其与文本脉络之关系进行缜密而又富有想象力的解读。戴维斯自然也深刻地洞彻了这些关键环节，她注意救罪故事里的情节破绽、注意从既有的社会结构与文化脉络中来查究求赦书里"言"之虚实及其背后的象征意义，"在探究了故事的技巧之后，我将绕回它们之于'真实事件'的翔实度，或者至少是与其他人所叙述的是同样的事件之上，并且质问真相的叙述与故事的结果有何关联，以及在社会中它们大致喜欢经营何种真相的状态"④。所以我们首先要区分文本与历史事件的界限。戴维斯的文本理念论是以"文本"为工作平台的，如果不加以区分，"历史的文本性"极易滑入"历史 = 文本"的错误推演中，也就是说，如果没有清醒的意识去界定"历史"与"文本"的区别，就很容易将二者混淆。当我们将单数大写的历史（History）分解为众多的复数的小写的"诸历史"（histories），并进而转换为叙述"故事"（story）时，就会获得无数个关于历史的故事（stories），那么，难道那个真正的历史由于被认为无法企及而被彻底放逐？难道我们就不应该保留那份对真正历史的追求和向往？若将文本与历史混为一谈，以对文本的研究代替对历史事件的研究，以对文本的主观性的强调置换历史事件的客观性，最终必然导致以历史文本的主观性否定历史事件的客观性。

其次，要正确看待历史事实（事件）与文本阐释之间的辩证关系。

---

① Robert Darnton, *The Great Cat Massacre and The Other Episodes in French Cultural History*, New York: Vintage Books, 1985, pp. 219, 220.

② Ankersmit, "Historiography and Postmodernism," *The Postmodern History Reader*, p. 287.

③ Robert Darnton, *The Great Cat Massacre and The Other Episodes in French Cultural History*, New York: Vintage Books, 1985, p. 376.

④ 〔美〕娜塔莉·泽蒙·戴维斯：《档案中的虚构：16 世纪法国司法档案中的赦罪故事及故事的叙述者》，杨逸鸿译，麦田出版 2001 年版，第 38 页。

固然，历史不是对孤立事件的罗列，而是对历史事件的某种理解方式的文本；任何对历史意义的阐释都存在主观性的问题，这是一个无法否定的事实，因此，克罗齐所讲的"一切历史都是当代史"有其合理性的一面；然而，问题的另一面却是，任何历史文本绝不是阐释"虚无"的文本，绝不是一个可以任意述说的文本，而是一个对曾经实实在在发生过的"事件"的叙述和阐释，任何对历史（事件）意义的阐释必然是以历史事实为依据的，是对某一特定历史事件的阐释，而这一历史事件的发生、存在却是客观的，如果对此客观性熟视无睹而代之以天马行空式、异想天开般的阐释，完全有可能由此而丧失其阐释存在的意义与价值。不管"历史"这一概念的内涵可能或者正在发生着变化，变得怎样扑朔迷离，然而，一个铁定的事实却是——历史永远指向那个曾经真正发生过的事件。文学中的历史问题同样也具有这个性质。

最后，正视作为独立学科而存在的文学与历史毕竟有别这一事实。当我们以大量笔墨讨论文学与历史的内在相通性的时候，不仅仅要看到它们之间存在的"异中之同"，还应该看到它们"同中之异"，清醒地意识到文学与历史毕竟是分属两个不同的学科门类，它们之间是有着根本性差异的，如果只看到"异中之同"而看不到"同中之异"，其结局必然是要么取消文学存在的必要性，要么以文学取代历史从而消解历史存在的价值。

综上所述，问题的关键是如何辩证理解历史与文本、事件与阐释、客观与主观、绝对与相对等诸范畴之间的辩证关系问题。戴维斯的文本理论为我们文学研究敞开了一扇审视文学与历史问题的窗子，提供了有益的可资借鉴的方法。其实，戴维斯本人也已清醒地意识到历史研究与历史书写之间的差距：历史以发现有关过去的真实情况为使命，而历史书写则是由历史史实研究向话语建构的转化，这个转化过程与文学家的文学创作有着某些相似性。我们在借鉴怀特理论时应当清楚，如果取消了历史存在的客观性，单凭主观的阐释将变为无意义，甚至是荒谬的。

二　以小见大的叙事技巧

20 世纪 60 年代后，随着"自下而上"的社会史研究的日益普及并占据历史学主流，以精英人物、知识阶层的伟大思想为对象的传统思想史变得无所适从，历史的进程不再被理解为王侯将相领导下的政治游戏，也不是受到伟大人物的光辉思想所引领和感召的心路历程，占人口大多数的、被传统历史叙述所遗忘和忽略的无数的普通人成为了历史的主角。而形成于 20 世纪 80 年代的新文化史正适应了这种潮流。它颠覆了此前社会史唯社会经济因素的简单决定论，将文化从一种被决定的"上层建筑"位置解放到了更加基础的层次，作为历史发展不可缺少的决定因素之一；新文化史也打破了传统文化史、思想史唯精英人物、知识阶层的狭隘偏见，用一种更广义的文化概念，还原了普通人的文化和生活。在英国史学界为纪念爱德华·卡尔的《历史是什么?》（*What is History?*）一书发表 40 周年出版的文集《现在历史是什么?》（*What is History Now?*）中，理查德·埃文斯（Richard Evans）坦言卡尔当年所赞颂的那种社会史研究模式业已被取代，"在它的位置上，出现了一种新的对文化史的强调，身份、意识和心态等方面替代了社会结构、社会组织和社会权力的经济基础。历史学中的宏大叙事和伟大目的论的崩溃，帮助个体的人恢复了在历史记录中的位置"。历史学家重新开始书写人，尤其是关于那些卑微的、普通的人们、历史上的无名者、历史转变进程中的失败者和旁观者，而且，这些小人物也不再是愚昧无知的懵懂大众，他们同样有着自己的文化和思想、有着独立的精神和意识，而不再被掩盖在那些伟大人物的思想火炬、知识灯塔的光环之下。例如娜塔莉·戴维斯的《马丁·盖尔归来》和罗伯特·达恩顿（Robert Darnton）的《大屠猫》（*The Great Cat Massacre*），两书都是从一个特殊的个人、特殊的事件入手，运用了大量的文学资料，复原并展开了一种微观历史的叙述，但在其中，不论是马丁的瘸腿，还是猫和屠猫的象征、作坊学徒的种种仪式等，都成为历史学家为我们解开文化症结的关键所在。此外，如美国历史学家唐纳德·凯利（Donald Kelly）在对《马丁·盖尔归来》所写的评论中，不仅把这本书同勒华拉杜里和金斯伯格的名著并列为微观史学的代表，更指出它反映了历史学与人类学之间的日益结合，尤其是吉尔兹所谓的"厚描述"和"地方性知识"在其中表现尤为明显，"对于戴维斯来说，农民，尤其是农民妇女，是既有着经济的动力也有着性的冲动，以及有着在大多数正统历史学家眼中被忽视的有着文化传统和能力的人。这一侧重从因果分析向重建社会模式、从量化到定性评价的转移，其代价是视野的缩小和视线的放低；但它也为历史认识重新恢复了深度，以及人性和色彩"。后一评价，也同样可以适用于对整个美国微观史学的评价上。

戴维斯在《奴隶、电影、历史：还原历史真相的影像实验》的序言中所写的："在过去的这几十年的历史学家生涯中，我所关切的都是那些在近世历史阶段中，传统上被摒除在权力与财富核心之外的人们：工匠与他们的妻子、城市中的穷人、农人家庭、女性作家与女性宗教狂热分子，以及最近我所关切的，居住在新法兰西地区的美洲印第安人，还有居住在加勒比海地区与居住在苏里南的非洲奴隶。在这些案例里面，我既不会把他们视为英雄的化身，也不会把他们当做逆来顺受的受害者。他们并非以上任何一者，而只是有血有肉的人类，他们身上都带有某些自主的行为能力，但同时也受限于特定的情境与他们那个时代的价值。在面对这些限制的时候，他们有时能够找到调适之道、有时选择反抗、有时尝尽千辛万苦、有时逃之夭夭，或是改变现状，尝试新的事物。"① 1983 年出版的《马丁·盖尔归来》一书就是其思想的极好体现。书中对农民生活所做的研究，连同行都众口交誉，勒华拉杜里特别撰文说："在这部一流的著作中，娜塔莉·戴维斯完成的历史建构，没有丝毫的意识形态偏见，对此吾人仅能钦羡……娜塔莉·戴维斯的著作比那部电影更好。"② 话中的电影指的是法国于 1982 年发行关于马丁·盖尔故事的电影。戴维斯是这部电影的历史顾问，但她不满意，故而另写一本历史著作。同许多传统的社会史、经济史研究一样，戴维斯在书的第一部分就对故事发生的背景做了详细的交代，包括人物的背景、地理、生态和自然环境。以及当地的风俗民情等因素。同布罗代尔所强调的作为结构而具有决定性影响的"长时段"历史不同，戴维斯将这些因素首先予以陈述的目的，是为了构建和重现历史人物基本的生活状况，使读者了解历史事件形成、发生的背景和环境。

在这部骗子行骗吃上官司的书中，这位骗子的骗术居然高明到，被冒名顶替者的亲属和妻子都看不出来，还跟他人的妻子度过三年的婚姻生活。如果不是被冒名的马丁的叔父与骗子因财务纠纷闹上法庭，以及

① 〔美〕娜塔莉·泽蒙·戴维斯：《奴隶、电影、历史：还原历史真相的影像实验》，陈荣彬译，左岸文化 2002 年版，序言第 11 ~ 12 页。
② 勒华拉杜里发表于 *New York Review of Books*，Vol. 30，Dec. 22，1983。

在关键时刻马丁适时出现，这位骗子与马丁的弃妇可能长期过着友爱的婚姻生活。由于冗长的官司，以及一百八十位证人的做证，戴维斯将读者引入16世纪罗马法和市民法并立的法律文化世界。尽管马丁与其妻的婚姻并不美满，以及他曾经遗弃家庭，但马丁妻仍苦守八载，直到那位骗子以其夫名出现在她眼前为止。之后马丁妻与骗子私订终身，只是瞒着大家罢了。弃妇比不上孀妇的处境之处在于，前者并无嫁妆处分权。对当时妇女而言，丧失嫁妆处分权意味的是灾难的人生。马丁妻的困境还不止于此，而是她婚姻生活的荒凉：前几年马丁因性无能使妻子从未享受过鱼水之欢，之后好不容易成功致孕，但马丁却于孩子生下后不告而别。马丁妻与骗子之间的假婚姻反倒是美满的。

　　在官司情节未出现之前，全书环绕在马丁、马丁妻以及骗子这三位角色的人生，都是一些乡民日常生活的情景。戴维斯非常细腻地依次向我们描绘了这三个人物，试图从中去寻找和解释影响他们日后行为的内在原因。马丁内向、软弱的性格和后来的离家出走是整个事件的起因，戴维斯的叙述牢牢地抓住了这一点，并把这种心理特征的源头追溯到了童年的经历上。在马丁身上，集合了巴斯克与朗格多克两种不同地方文化的痕迹，在某种意义上，这也许可以部分地解释成年后的马丁为什么会性格内向不善言辞、会不甘于平淡的农村生活、会离家出走、会投向西班牙一方与法国军队为敌等原因。戴维斯并没有像心理史学家那样，尝试用某种心理学的方法为马丁的性格及行为进行精神分析，她所做的，仅仅是尽量全面地向读者描绘马丁·盖尔这个人，告诉我们由资料可知的有关他的一切。戴维斯甚至根据有限的材料简单地勾勒了马丁离家后的大致经历。另外一个重要的人是阿尔诺（即骗子），根据史料，年轻时的阿尔诺在家乡是一个出了名的小混混，喜欢耍点小聪明、爱胡闹，吃喝嫖赌、游手好闲，还常常同一些不三不四的人混在一起，甚至一度被怀疑具有某种巫术和魔法。这些都令阿尔诺与平淡的农村生活显得格格不入，为了寻找更加冒险的生活，他同马丁一样选择了离家从军，只是他加入的是法王亨利二世的军队，与马丁成了战场上的敌人。不久以后，经过精心伪装的阿尔诺改头换面出现在了阿尔蒂加村，所有人都把他当成了失踪已久的马丁·盖尔，包括马丁的妻子贝尔特朗德。在戴维斯的叙述中，女主人公马丁妻（贝尔特朗德）是一个极为关键的人物，在整个事件中扮演着双重的身份，作为女性，她也自然而然地受到了女历史学家更多的关注。戴维斯这样概括她性格中的基本特征："一种作为女人对自身名誉的关注，一种倔强的独立性，一种在置于其性别之上的种种限制中如何应付处置的精明的现实主义。"① 但戴维斯不以此为满足，就在故事主轴之外，旁出去讲一些制度和文化故事，像嫁妆处分权、身份认定和诈欺（伪冒）、新教伦理之于私订终身的助力，以及新教运动，等等。例如老桑西死后，把财产全都留给了离家出走的儿子，但在马丁失踪期间则实际上由其叔父皮埃尔·盖尔掌管，假马丁的出现并对财产权的要求，又在新旧两代人之间产生了矛盾。戴维斯还指出，这种矛盾中还潜藏着某种宗教的冲突，即"当地的新教支持者倾向于相信新马丁，而天主教徒则倾向于相信皮埃尔·盖尔"②。这个小小的乡村并不是安逸平静的世外桃源，也有着复杂纠绕的社会关系网络，假马丁、阿尔诺与皮埃尔·盖尔间的矛盾，在某种程度上就是当时法国农村社会的一个缩影。皮埃尔·盖尔告发阿尔诺的举动，并不完全意味着他已经确认后者是一个冒牌货，他只是在尽力维护自己在家族中的权威，维护自己既得的经济利益，维护传统的道德和宗教准则。于是乎，他把阿尔诺告上了法庭。

后半部是官司，作者又顺手横生枝节去讲罗马法和市民法的新旧法之争、冒名罪及其罚则，以及与证据相关的理性思维等。戴维斯不仅对当时的法律诉讼过程予以了详尽的描述，而且从法律的角度对刑罚和量刑的有关原则规定都进行了解释。由于真马丁的归来，法庭得以做出明确的判决，阿尔诺·居·提勒被以冒名顶替和通奸的罪名判处死刑，几天后便在阿尔蒂加被绞死。在戴维斯的历史叙述中，除了这三个主要人物外，还有一个重要角色始终贯穿全书，那就是图卢兹高等法院的法官让－德·葛哈斯。值得注意的是，葛哈斯的《令人难忘的审判》（*Arrest Memorable*）一书，不仅是戴维斯关于马丁·盖尔研究的基本史料，同时作者本人也成为历史学家研究的对象之一，戴维斯在书中专门列出了两

---

① Natalie Zemon Davis，*The Return of Martin Guerre*，Cambridge，Mass：Harvard University Press，1983，p. 28.

② Natalie Zemon Davis，*The Return of Martin Guerre*，Cambridge，Mass：Harvard University Press，1983，p. 56.

个章节讨论这个讲故事的人及其著作的流传。作为法官，葛哈斯参与了马丁·盖尔一案在图卢兹的整个审讯过程，这个案子留给他的印象显然非常深刻，以至于他在事后不久就决定将之永远地记录了下来。作为作者，他细致地将各种证据、证人的证词、原告和被告的辩论、被告阿尔诺在法庭上的表现一一记录了下来，并对之进行了简要的评论和分析。由于这一事件本身的离奇，再加之葛哈斯的精彩叙述，《令人难忘的审判》一书成了世纪的畅销书，马丁·盖尔的故事也随之广为流传。不论在审判过程中还是在写作时，葛哈斯对被告阿尔诺始终怀着一种复杂的感情，其中甚至还掺杂了些许奇怪的敬意与同情，这种同情在一定程度上来源于其本人倾向新教信仰的背景。此外，在他对马丁·盖尔故事的叙述中，也在传递着一种新教的信息。戴维斯还进一步考察了葛哈斯作为法官和作家的职业生涯，以及他的个人感情和家庭生活，直至其后来改信新教并为之献身，她把对葛哈斯的研究同对于马丁·盖尔的历史分析结合在了一起。在此，我们看到了戴维斯历史研究的一个独特之处，她不仅关注历史事件本身，还包括后人对这些历史事件的记录和叙述的方式及其感情和话语，这些都是历史学家研究的对象，这也成了当代西方史学中注重文本的解读和流传的分支学科阅读史的某种先声。

等到骗子遭刑杀之后，照说故事应该结束，但戴维斯又写出一个三章之多的旁枝，大谈故事如何传世。在此，戴维斯处理了说书人、出版业、悲喜剧文类的诞生，以及这则故事的各类文本制作等。马丁·盖尔的故事不断流传开，被人们引用、转述和评论，于是同样的故事有了不同的说法、不一样的结局，对人物的命运和态度也产生了具体而微的变化。蒙田曾就此撰文《论跛足》，提出认识事物的真相是非常困难的，人的推理是有缺陷的。法官的推理未必可靠，历史学家的认识同样如此。最后时刻出现的拖着木腿的马丁在后来的传说中成了某种符号和象征，可以意味着惩罚，也可以解释成谎言。戴维斯耐人寻味地指出，尽管葛哈斯在法庭上做出了某种判决，相信已经分清了真假马丁，但在他的内心中，显然仍然有着些许怀疑和不确定。作为历史学家，她尽力使真相重现，但那也只是对此事的一种解释和复述，真与假的界线并不是绝对，而只在于如何评判他们。

《马丁·盖尔归来》一书并不仅仅是在讲故事，作者的分析同样精到。如书中关于事实婚姻的分析,戴维斯从中世纪后期以来西欧农村社会普遍的民间仪式和天主教法规对婚姻的态度入手,指出某种形式的事实婚姻在当时仍然是可以接受的,男女双方可以根据自己的愿望而不经教会同意在没有教士在场的情况下自主结成夫妻关系,同时,当时还存在另一个重要的宗教因素,那就是正在逐渐传播和扩大影响的新教信仰,戴维斯用了相当的篇幅来证明阿尔蒂加村以及阿尔诺和贝尔特朗德受到了一定的新教思想的影响,因此他们可以根据新教的解释来证明两人结合的合法性,并直接向上帝祈祷和忏悔,而不必再通过教士与上帝进行交流。

戴维斯从一个微小的案例出发,通过对三个主要人物的关系及其命运的分析,将读者带到了 16 世纪的法国乡村社会。在这一独特而微小的事件背后,是 16 世纪法国乃至西欧社会的大背景——宗教改革的影响、新教和异端信仰与天主教正统的对抗、不同民族与文化间的冲突、年青一代与保守势力的矛盾、经济生活与土地制度的变革、属于农民的大众文化中的诸多仪式和习俗。尽管作者没有对此逐一地加以详细论述,但在戴维斯的书中仍能强烈地感受到这些问题对普通人生活所产生的重要影响。戴维斯抽丝剥茧般地再现了 16 世纪法国底层社会的面貌,诸如婚姻、继承的习俗及其社会意义,当时的诉讼制度和证据法则,等等,特别是当事人以及审判法官的新教背景对其内心冲突的影响,更让我们了解到当时法国社会所潜伏的宗教暗流。

从戴维斯这本专著看来,她是贴近下层社会在倾听其声音,通过小人物让我们了解 16 世纪的法国乡村社会,让我们看到了法国下层农民的生活状况、经济活动、宗教信仰、家庭关系、婚姻关系以及当时的土地制度、财产继承关系、司法体系和审判制度。而戴维斯对于贝尔特朗德这位农村妇女的深度描写,更是让我们了解了一位普通妇女如何在当时社会习俗与制度允许的范围内,利用自己可能拥有的性别特征、家庭身份与文化资源巧妙地处理与真实丈夫马丁、冒名丈夫阿尔诺以及马丁家族之间的微妙关系,同时利用随时发生转变的有利的审判形势而积极地调整自己的供词。戴维斯在本书中所做的,正是将历史的显微镜投向了 16 世纪的阿尔蒂加村,投向了马丁、阿尔诺和贝尔特朗德这些小人物。尽管作为具体的人和事件,马丁·盖尔一案是非常特殊的,不具备任何普遍性,类似的冒名顶替的事件在历史上并不常见,但我们仍然能够通过作者对这一事件的描述和分析，了解到当时法国社会中具有普遍性的一些特征，如下层农民的生活状况、经济活动、宗教信仰和精神世界，当时的司法体系和审判制度。在这种历史中，居于社会最底层的普通人被放到了历史学家叙述的中心，历史不再是王侯将相的传记、文人僧侣的感悟，而是实实在在的普通人的生活另一方面，尽管16世纪60年代自英国兴起的社会史研究潮流就提出了"自下而上"的历史主张，但在以量化为基本形式的有关研究中，对下层群众的记载在更多时候还是被物化为一个个枯燥的统计数字或是曲线和表格，微观史学研究则通过对史料的深入发掘纠正了这一取向，展示了历史的另外一面。

　　大凡一本经典的史学研究著作之所以优秀，无非在两个方面有所突破——或者在材料上有新的发现和使用，或者在研究方法和解释上有所创新，戴维斯的《马丁·盖尔归来》一书这两方面都做到了。从史料选择来说，他选来进行分析的文本，都是"旧常性"和平凡人的笔触，颠覆和超越了传统的写精英文化和上层社会的历史，不再以宏观的理念为出发点，而是把整个社会文化——特别是中下层社会作为主体，关注普通民众日常生活的具体事实，正是如此，他才能从"启蒙"的网眼中渗透进去，为我们呈现的不仅仅是"启蒙"单一的历史形象，更是丰富多彩的16世纪法国人的"心灵"世界。从研究方法上看，他结合文化人类学的方法，对故事、仪式、文本档案进行深描分析。在戴维斯的笔下，法国人各阶层的生活和个人自由、政治、经济、文化之间的相互联系都最大限度地展示出来，她的研究注重的不是表面的人和事，而是深层的心态和文化内涵，不再遵循单一的因果解释模式，而是通过文化的理解和阐释路径，展现个人与社会以作为意义网络的文化观念为纽带的互动。这样，历史得以从全方位、深层次加以分析，从而纠正了从某个角度对一个问题定论的偏颇，以个体的方式实现了历史的综合。

三　对人类学方法的借鉴与应用

　　新文化史学家借用了文化人类学对文化的定义和解释，尤其是克利福德·吉尔兹（Clifford Geertz）在《文化的解释》中所说的，"文化的概念既不是多所指的，也不是模棱两可的，而是指从历史沿袭下来的体现于象征符号中的意义模式，是由象征符号体系表达的传承概念体系，人们以此达到沟通、延存和发展他们对生活的知识和态度"①。对文化的这种理解包含了比以往更加广泛的人类活动的领域,"不仅有艺术还有物质文化,不仅有书面的还有口述的,不仅有戏剧还有仪式,不仅有哲学还有普通人的精神状态"②。吉尔兹的著作之所以称为"文化的解释",目的就是在解读文化的时候使用一种新的解读方法,那就是解释(inter-pretation)。对于何为文化的问题,和许多核心概念一样,学术界一直没有一个定论。吉尔兹的著作里面,所谓的文化是一种符号学的概念(se-miotic)。马克斯·韦伯(Max Weber,1846－1920)曾提出,人是悬在由他自己所编织的意义之网中的动物。而吉尔兹认为,所谓的文化,就是这样一些由人自己编织的意义之网。由此,对于文化的分析不再是一种寻求规律的实验科学,而是一种探求意义的解释科学。他所追求的是析解(explication),即分析解释表面上神秘莫测的社会表达 。对于人类学的研究者而言,人类文化的发展乃是人类学研究的核心问题,这便是人类学将目光放在文化上的原因。对于文化的解释,吉尔兹认为,就是人类学研究文化的重要途径。

　　吉尔兹利用解释文化的方法进行的人类学研究被称为"阐释人类学",具体的操作就是"深描"的方法。吉尔兹在《文化的解释》中一再强调,文化研究的根本任务不是"整理抽象的规律",而是使"深描成为可能"③;不是"越过个体进行概括",而是在"个案中进行概括"。"深度描述"(thick description)即是一种意义诠释,立足微观,"寻找复杂并使之有序"。④ 吉尔兹认为"深度描述"的本质就是解释,任何人类学家在工作时都不可能摆脱解释过程留下的烙印。他们所面对的资料是当地人对本土化的第一级解释,而人类学研究往往是第二级和第三级的解释。当我们观察和描写时,我们实际上已经在解释了。⑤ 吉尔兹借用民族志的撰写策略与工作程序,将"深度描述"方法运用于文化史的研

---

① Clifford Geertz, *The Interpretation of Cultures*, New York: Basic Books, 1973, p. 89. 中译本见《文化的解释》,纳日碧力戈等译,上海人民出版社 1999 年版,第 103 页。
② Peter Burke, *What is Cultural History*? Cambridge: Polity Press, 2004, p. 195.
③ 〔美〕吉尔兹:《文化的解释》,韩莉译,译林出版社 1999 年 11 月第二版,第 5 页。
④ 〔美〕吉尔兹:《文化的解释》,韩莉译,译林出版社 1999 年 11 月第二版,第 27 页。
⑤ 转引自郑群《吉尔兹的"深度描述"理论》,陈启能主编《二战后欧美史学的新发展》,山东大学山版社 2005 年版,第 216 页。

究之中。所谓的民族志或人类学的方法，指的是企图借由对符号或象征系统的建构，去从事对社会与文化中人类行为的理解与描述。在这一过程当中，人类的行为被视为一种"符号行动"（symbolic action）①，而此一符号之意义，乃由其所处的文化与历史现实所塑造而成。吉尔兹说，这一种人类学式的诠释方法，主要是要去理解并诠释一个民族符号系统的意义，其出发点必须是以行动者为导向的，也就是必须回到行为者所处的历史现实或经验内容的角度去进行诠释。这样一种解读文本的诠释策略，其目的在于从历史现实之验证赋予文本的意义与内涵，而非要去探究其真实性。吉尔兹认为在解释中我们无法重铸别人的精神世界或者经历别人的经历，只能通过别人在构筑世界及阐释现实时所用的概念和符号去理解他们，用吉尔兹的话说，就是"就什么说点什么"（saying something of something）②。从根本上说，人类学的解释是一种"文化转译"工作，是人类学家和当地人共同参与对世界的解释。人类学家要把当地人的思维和语言转换成人类学家的学术思维和语言，使一个文化系统的意义在另一个文化系统中得到充分的表达。自从1973年吉尔兹《文化的解释》出版后，书里提出的"深度描述"的理论和方法迅速被西方历史学家所注意和采用。

戴维斯与吉尔兹曾同时任教于普林斯顿大学，在这里，戴维斯接受了相当多的吉尔兹的影响。用她自己的话说，在人类学领域，吉尔兹是自己的老师。其实不只是受吉尔兹一个人类学家的影响，戴维斯作品里显示出她受到了包括吉尔兹、道格拉斯（Mary Douglas）、特纳（Victor Turner）等一大批人类学家的影响，在她讨论人类学与历史学关系的《过去之诸种可能》③一文里，戴维斯认为在许多方面，特纳、吉尔兹和其他的人类学家都值得史学家追随，正是对人类学保持的开放态度，历史学家能扩展他们对包括那些"原始的"社会或古老的社会，或那些完全不同于史家自身所处社会的跨文化认识。她说人类学对她本人从事历

---

① Clifford Geertz, *The Interpretation of Cultures*, New York: Basic Books, 1973, p. 10.

② 转引自郑群《吉尔兹的"深度描述"理论》，陈启能主编《二战后欧美史学的新发展》，山东大学山版社2005年版，第216页。

③ Natalie Zemon Davis, "The Possibilities of the Past," *Journal of Interdisciplinary History*, Vol. 12, No. 2, Autumn, 1981, pp. 267 – 275.

史研究的影响一直在加深。"人类学可以拓展多种可能性，帮我们除去盲点，给我们以新的位所——从此可以观察过去并发现那些历史文本中过去习焉不察的奇怪或惊喜。"①戴维斯主张"改弦更张，结合人类学或许可望为历史引上新出路"，她十分肯定地指出，"若干历史学家的人类学著作以及人类学家的史学著作已经说明了，这两个学科注定要合流"②，在她看来，历史研究离不开人类学的参照和视角，人类学的文化研究，不仅有助于克服实证主义的抽象性，而且更利于超越意识形态的单一性。因为人类学家没有"一体通用的方法"，没有"无所不包的理论"，他们只能试着"从当地人的观点看事情"，试着了解"当地人寄寓所在"，也试着寻求"意义的社会面向"，从"文本的幽暗深处"，真正走近隐匿于历史深处的陌生心灵③。人类学家已经发现最不透光的地方似乎就是穿透异文化最理想的入口处。当你了解到对当地人特具意义而你却不得其门而入的东西，不论是一个笑话、一句谚语还是一种仪式，你就能够晓得从什么地方抓得住可以迎刃而解的一套素昧平生的意义系统。

在戴维斯 70 年代的著作中，她就大幅度地运用了象征人类学（Symbolic anthropology）的方法，强调文化因素而非气候、地理或社会经济因素的研究取向④。戴维斯在《马丁·盖尔归来》导言中这样自陈：葛哈斯讨论马丁·盖尔的著作⑤，结合了法律文献与文学故事两者的特征，引导我们进入农民情感与抱负的隐秘世界。对我而言，它是个非常有用的案例，因为引人注目的争执有时能暴露出在平日的纷扰里，看不见的动机与价值观。我想表明，这三位农民的奇特遭遇，跟邻人的寻常阅历，

---

① 斯通就说这些人类学家的工作"已经影响了过去 20 年里许多最优秀的史家，特别是美国和法国的史家"，参看 Lawrence Stone, "History and Postmodernism," pp. 217 - 218。关于这些人类学家的贡献及其对历史学家的影响，可参看 Peter Burke, *What Is Cultural History*, Cambridge: Polity Press, 2004, pp. 33 - 43。

② Natalie Zemon Davis, "The Possibilities of the Past," *Journal of Interdisciplinary History*, Vol. 12, No. 2, Autumn, 1981, pp. 267 - 275.

③ Natalie Zemon Davis, "The Possibilities of the Past," *Journal of Interdisciplinary History*, Vol. 12, No. 2, Autumn, 1981, p. 276.

④ 〔美〕苏珊·德山（Suzanne Desan）：《E. P. 汤普森与娜塔莉·泽蒙·戴维斯著作中的群众、社群与仪式》，收入林·亨特主编《新文化史》，江政宽译，麦田出版 2002 年版，第 83、88 页。

⑤ *Arrest Memorial*, by Jean de Coras，戴维斯本部著作利用的主要原始文献资料。

相去不远；冒名顶替者捏造的这一切，跟产生个人身份的更普遍方式有若干关联。我也想解释，为何似乎仅适于通俗小册子的故事会变成某位法官一部专著的主题；而且想指出，为何我们会在这里，看到农民的命运与富贵且博学者的命运之间有种罕见的暗合。根据这段表述，《马丁·盖尔归来》的一个基本主题可以说是：人，包括被认为缺乏主体能动性的底层农民，如何在社会的规定与限制下通过对身份的塑造，甚至虚构，来选择自己的生活、改变自己的命运。这其实是人类社会的一个恒常的主题。假马丁（阿尔诺）冒充失踪的丈夫进入别人家庭的故事，只是以突出而极端的方式表现了这一点。她在该书里对"故事"背后象征意义的揭示也说明了这一点。

再如戴维斯《马丁·盖尔归来》中，讲述了马丁·盖尔在参加同西班牙的战争回家后，发现他本人作为丈夫位置被他人取代的故事。其中特别解释了他的妻子在接受这样一个冒充者时，是怎样对日常家庭结构、婚姻结构的意义进行感受的。对她来说，这是摆脱孤独窘境的唯一体面的方式。[1]

正是对文本"深度描述"的人类学方法，使我们能够重组解体了的社会和文化的象征世界。"人类学家对语言的执着含有对表意与风格以及语汇与句法的关注，而且这一层关注同时适用于社会与个人。""文化如果有惯用语就能够失而复得。因此，文化如果有足够的文本流传下来，我们就能够从档案堆中挖掘出来。不必牵强附会探究文献如何反映其社会环境，因为那些文献全都嵌在既是社会的、同时也是文化的象征世界中"[2]。可是，怎么可能重组两个世纪以前解体了的象征世界？世界观虽然不可能用"证明"交代清楚，但世界观并非毫无证据，所以我们应该钻研文献资料。以历史的民间故事来说，我们可以研究某一传统里头某个故事的所有版本，然后有系统地比较其他传统的故事。"历史的人类学模式自有其行规，我们在我们的文化所提供的网络内透过思考而学习对种种感受进行分析并了解事物的意义。因此应该让历史学家发现思想的

① Peter Burke, ed., *New Perspectives on History Writing*, University Rark: Pennsylvanis State University Press, 2001, P. 206.
② 〔美〕罗伯特·达恩顿《屠猫记·法国文化史钩沉》（*Great Cat Massacre and Other Episodes in French Cultural History*），吕健忠译，新星出版社2006年版，第286页。

社会面向，并且从文献整理出意义。"①

　　人类学家对部落的调查积累了相当丰富的异族文化的知识。现在这套知识成了新文化史学家的学术支援。娜塔莉·戴维斯就是引领这种研究范式的代表人物。20世纪70年代中，美国的戴维斯在里昂城蹲点展开石破天惊的学术之旅。《法国前近代的社会与文化》这本书，是戴维斯在多伦多和里昂两地奔波十余年之后交出的第一份成绩单。戴维斯天性同情弱小，更使她在左派史学处取得共鸣和滋养，但她又带入了人类学家观察"他者"的眼界。里昂是法国纺织业和印刷业重镇，在工业革命之前纺织工人和印刷工人合力打造了有别于农村社会的都市文明。工人们往往是新思潮和异教文化的承载者，他们在从事两边作战：既要对抗城市的权势者，又要应付正统宗教——天主教的压迫。戴维斯的历史解剖刀从欧洲里昂这个部位划下去，使阶级、信仰以及性别等相关文化的新事物一跃而出，让现代读者目不暇接。这样掌握文化层面各个部门互相关涉的历史书写，成了戴维斯创新当代史学的正字标记。1983年和1987年，戴维斯以两本专书展开新史学的攻势。她那以大杂烩方式呈现历史复杂性的风格益发让世人印象深刻。

　　戴维斯发表于1973年的论文《暴力的仪式：十六世纪法国的宗教暴动》，也充分体现了她的文化人类学的观点。德山点评道：戴维斯的作品超越神学议题而迈向宗教改革的社会史以及民间宗教的考察，因而拓宽了宗教改革研究的焦点。尽管她的著作跟年鉴学派的情况是一致的，也跟年鉴学派朝草根历史和心态史的转向一致，不过，她的作品借由更大幅运用象征人类学，也借由强调文化因素而非气候、地理或社会经济因素来补足这一法国式的研究取向。在戴维斯的研究取向中，已经越来越多地体现出了来自人类学的影响，因此，有学者在访谈中毫不吝惜溢美之词地评价戴维斯：这是一个善于运用人类学和人种志洞识的历史学家——而且，当"证据"不足时也不惧去推测的历史学家。难能可贵的是，她在70年代初社会史依然风头正渐的时刻便能有如此的洞见和创举，对历史学的文化转向做出了开拓性的功绩，因此，至少在美国，戴

---

① 〔美〕罗伯特·达恩顿《屠猫记·法国文化史钩沉》（*Great Cat Massacre and Other Episodes in French Cultural History*），吕健忠译，新星出版社2006年版，第4页。

维斯受到了后辈新文化史家极高的推崇，被奉为他们的导师。林·亨特在 1980 年主编《新文化史》一书时，就把该书献给了戴维斯，称她是"我们所有人的灵感泉源"。可见戴维斯的作品中处处体现着文化人类学的影响。

1993 年她的学生就曾共同撰文纪念戴维斯对于早期近代法国文化和认同（culture and identity）这一研究课题的贡献，对其评价道："非但没有把文化的经验看作是存在于首先是经济的、再是社会的现实之上的某种东西，甚至最终还从属于它们，戴维斯坚持认为文化的实践和过程不仅不是社会经验的反映或表述，而且还构成了它。"① 他们还指出，在戴维斯的文化史观中一个核心的概念就是"文化与认同"，这是其连通社会史与文化史之间的桥梁，并且体现在她的大部分著作当中。②

小　结

戴维斯对于新文化史学的发展起到了非常重要的作用，但还是有学者担心戴维斯的新文化史观，特别是她显著的后现代研究取向"事实与虚构之间的界限将变得模糊不清"，③ 历史与文学之间的此疆彼界就会被取消。这种担心并非没有道理，即使戴维斯本人也曾经在别处声明："有一部分虽是我的虚构，但仍受到过去的声音严格检证。"④ 因为戴维斯这里"发现"和叙述的"故事"与文学家创作出的"故事"，在叙述的层面上实际并无多大区别，正如罗素所言："假如你的各种信念能像一部好小说上的情节那样配合得当，你的各种信念就是真实的。其实，小说家的真实和历史家的真实，其间是没有差别的。"⑤ 这就会造成对某些历史

---

① Barbara B. Diefendorf and Carla Hesse, *Culture and Identity in Early Modern Europe*, 1500 – 1800, Essays in Honor of Natalie Zemon Davis, Ann Arbor: University of Michigan Press, 1993, p. 1.

② Barbara B. Diefendorf and Carla Hesse, *Culture and Identity in Early Modern Europe*, 1500 – 1800, Essays in Honor of Natalie Zemon Davis, Ann Arbor: University of Michigan Press, 1993, p. 1.

③ Lawrence Stone, "History and Postmodernism", *Past and Present*, May 1992, p. 218.

④ 〔美〕娜塔丽·泽蒙·戴维斯：《马丹·盖赫返乡记》，江政宽译，台北联经出版公司 2000 年版，第 xxxv 页。

⑤ 罗素：《权力论》，吴友三译，商务印书馆 1998 年版，第 182 页。

学家来说不能接受的结果：这样下去，历史学家的工作与文学家的工作就毫无差别了，"历史研究几乎就不能从文学研究中区分出来，'过去'也就消解为文学"①。无怪乎有史家针对这种非常激进的做法，意味深长地指出："历史学家最好还是谨守平实的风格，若要使用文学性的技巧时，必须确知他们在做什么，并确定他们是有意识地在使用它，而且，是用它来澄清事实，而不是使事实更混乱。"② 因为，他们相信历史与文学之间还是有着一些截然不同的特质，不可以混为一谈、界域不分。文学家自然可以在作品里天马行空，肆意为之，能做到历史学家在既存史料基础上想做但却不敢做的事情，甚至一些文学家所创造出的文学作品，能给读者带来更逼真的"真实效果"。但历史学家却只能在史料的基础上进行想象、诠释和书写，而不能为无米之炊、画饼充饥，更不能自欺欺人、瞒天过海，"因为历史叙述，哪怕使用的是紧密地以文学模型为范本的叙述形式，也还是要求勾绘或者重建一种真实的过去有甚于只是文学想象的那种情况"③。历史学家尽管可以从文学家那里汲取营养（反之，亦如此），但他或她不必也不应该要求自己成为一个文学家那样的人物，我们还是应该清楚地认识到："史家的基本义务非常不同于这些小说家——史家要尽可能以精密和完善的实证方式，来为人们认识关于过去的知识做出贡献。确实，'精密'、'完善的实证'和'义务'这些的确不是适合于小说家的词汇"④。

另外，由于强调历史与文学的结合⑤，所谓"史之为务，必借于文"（刘知几语），"言之无文，行而不远"（孔子语）。新文化史家自然非常

① Gabrielle Spiegel, "History and Postmodernism," in Keith Jenkins, ed., *The Postmodern History Reader*, Routledge, 1997, p. 262.

② 〔英〕理查·伊凡斯：《为史学辩护》，潘振泰译，台北巨流图书公司2002年版，第78页。

③ 〔美〕格奥尔格·伊格尔斯：《二十世纪的历史学：从科学的客观性到后现代的挑战》，何兆武译，山东大学出版社2006年版，第153页；同时亦见 Peter Burke, "History of Events and the Revival of Narrative", in Peter Burke, ed., *New Perspectives On Historical Writing*, Cambridge: Polity Press, 2001, p. 292。

④ Arthur Marwick, *The New Nature of History*, New York: Palgrave Macmillan, 2001, p. 263.

⑤ 林·亨特有言："历史在此被视为美学的一支，而非社会史的女佣"。见林·亨特主编《新文化史》，第45页；同时亦见 Lynn Hunt, "No Longer an Evenly Flowing River: Time, History, and the Novel", *The American Historical Review*, Vol. 103, No. 5, Dec. 1998, pp. 1517 – 1521。

重视"讲故事"的手法在叙述历史中的作用，如亨特所言："历史学家工作的本质就是讲故事"①。为讲出好听、好看的故事，使历史著作更能吸引学院外的受众阅读，一些史家常常会去追求一些易投合读者猎奇心理与怀古情绪的东西，甚或采用一些非常规的策略来营造自己的影响力。于是由此亦导致了历史著作在收获更多圈外读者的同时，却面临着"媚俗"的尴尬。究竟怎样避免这个问题，依然是有待于包括戴维斯在内的新文化史家继续探索的。当然，任何学术经典都不会毫无争议，所有的学术研究典范也都会存在这样那样的问题。这些问题和争议正是我们重新思考和创新的出发点，而非我们用来墨守的成规。

不仅戴维斯的新文化史观受到质疑，随着新文化史的蓬勃发展，林·亨特等人在1989年的《新文化史》中所提出的理念却在20世纪末遭到了广泛的质疑。尤其值得注意的是，其批判者主要来自身受文化转向影响的林·亨特本人以及其他新文化史学家，而非其原先所批判的对象——社会史。林·亨特与维多利亚·邦奈尔（Victoria E. Bonnell）在1999年共同主编了《超越文化转向》，对文化转向提出了反思。正如邦奈尔和林·亨特所承认的，"'文化转向'所提出的问题要远远多于其可以解答的"②。

《超越文化转向》一书出版后，在英语世界引发了一场关于新文化史未来走向的大论战。例如《美国历史评论》专门在2002年末推出了一期有关新文化史的专题讨论。在这场讨论中，新文化史学家开始对以往过于强调文化的作用，把一切都囊括在文化背景下的弊端进行反思。美国学者索尼（Ronald Grigor Suny）指出"一种过于简化的唯物主义或结构决定论并不能由同样单向度的文化决定论所替代"③。他还指出了文化转向的几大问题。首先，在历史学的叙事风格上，"文化转向把所有社会科学视为建构性叙事，与其他杜撰的文本一样，从适合的证据中选择文本，由特定时空下的叙事者讲述"④。这样有可能从根本上导致一种不确

① 〔日〕近藤和彦：《关于母亲/政治文化/身体政治：林·亨特访谈录》，蒋竹山等译，陈恒、耿相新主编《新史学·第四辑·新文化史》，大象出版社2005年版，第268页。
② Bonnell and Hunt, *Beyond the Cultural Turn*, University of California Press, 1999, p. 30.
③ Ronald Grigor Suny, "Back and Beyond：Reversing the Cultural Turn?", *American Historical Review*, Vol. 107, Issue 5, 2002.
④ Ronald Grigor Suny, "Back and Beyond：Reversing the Cultural Turn?", *American Historical Review*, Vol. 107, Issue 5, 2002.

定性（不可知论）或历史虚无主义。历史学家不应只关注对历史的"深度描述"，而放弃因果解释，必须承认因果性叙事的基础也有一部分坚实的客观性史实，不可随意更改、解构、想象。其次，对于传统的宏大叙事范式的反思，肯定了宏大叙事的分析仍然有其合理性的一面，指出"问题并非宏大叙事有多少是正确的或错误的，而在于它被视为是真实的，是一种对真实的往昔的准确反映"①，这是肯定追求客观性、真实性仍然是历史学所致力达到的目标。最后，对于如何看待文本以及文本的选择，即历史学所谓史料的甄选方面，他指出，"尽管世界可以被作为文本来阅读，但毕竟还是和文本不同的"。其原因在于，个体是"处于时空下的观察者/分析者，（他）是在以某种方式接受教育，带有他自身的主观性"②。因此，不能不加选择地将任意文本纳入研究分析范围，仍然需要对文本进行筛选和甄别。

主要研究维多利亚时代文学的学者布兰特林格（Patrick Brantlinger）对那些他所称的新文化史领域的"新历史学家"提出了质疑和批判。对于深受后解构主义影响的"新历史学家"，他质疑道："我预感到新历史学家（他们大多来自文学系而非历史系）在后解构主义导向和不确定性方面已经有些走过了头"③。他反问道："你能既是后解构主义者又是历史学家么？你能既是'彻底的历史主义者'又是历史学家么？"④他劝告那些深受后解构主义理论影响的"新历史学家"，必须对史料有着起码的尊重和敬畏，不可肆意地将史料当作文学作品来想象、解构、批判。毕竟可以"很容易把历史和文学区分开来，理由就是历史是事实的领域，而文学则是虚构的领域"⑤。

这场大论战的原因何在？首先我们需要了解这样一个背景事实，即

---

① Ronald Grigor Suny, "Back and Beyond: Reversing the Cultural Turn?", *American Historical Review*, Vol. 107, Issue 5, 2002.

② Ronald Grigor Suny, "Back and Beyond: Reversing the Cultural Turn?", *American Historical Review*, Vol. 107, Issue 5, 2002.

③ Patrick Brantlinger, "A Response to Beyond the Cultural Turn", *American Historical Review*, 107, 2002.

④ Patrick Brantlinger, "A Response to Beyond the Cultural Turn", *American Historical Review*, 107, 2002.

⑤ LaCapra, "Rethinking Intellectural History and Reading Texts", Lynn Hunt, ed., The *New Cultural History*, p. 57.

新文化史这一术语在较大程度上是一个美国学术界的用语。由于在美国学术界内，文学批评和人类学的研究成果被新文化史学家广泛吸收，深受后解构主义影响的新历史学家宣称历史学要抛开社会学，拥抱新的盟友，即人类学和文学批评。欧洲学术界（尤其是英、法两国学术界）则对此抱有迥然不同的认知和理解。在有着悠久马克思主义史学传统的英国，像彼得·伯克这样的学者并不认为新文化史和传统的社会史之间是敌对的关系，他们仍然承认社会史宏观分析的合理性，认为社会与文化属于同一范畴。所以他们更愿意把新文化史称为社会文化史，强调两者间的对话。而在法国，那些从事新文化史研究的学者原本就是年鉴学派的第三、四代传人。所以他们更愿意称新文化史为心态史，把它视为年鉴学派"总体史学"的一个维度。对英、法两国的学者而言，与其称他们为新文化史学家，倒不如称他们为运用文化的方法来展开历史研究的社会史家为恰当。正是基于各自史学传承的差异，才引发了新文化史内部的这场大论战。

其次，后现代主义文学批评和文化人类学理论推动了新文化史的文化转向。不可否认，后现代主义的文学批评给新文化史注入了新的活力。"新文化史真正与众不同的特征在于新近的文学批判令人信服的影响力，（文学批判）教会了历史学家去理解语言、文本、叙事结构在历史真实的创造和描述中所起的积极作用。"① 与文学批判一样，人类学的学术成果也给了历史学家以新的启迪。在传统宏观叙事中，我们只能看到结构、趋向、长时段等，忽略了对个体经验的关注和感知，即缺乏"在场感"。在结构人类学的启发下，新文化史学家开始关注宏观结构下的"深度描述"、微观的个体经验以及个体如何参与社会建构。

最后，新文化史的文化转向目前暴露出来的主要问题还在于文化转向过于强调文化的建构和虚构，否认史实仍具有客观性的一面，对历史抱有一种虚无主义的态度。在他们看来，"文本之外别无他物"，一切都是文本，以至于把文化与社会完全割裂甚至敌对。正是由于文化转向所引发的诸多问题，林·亨特等新文化史学家才提出"超越文化转向"的

---

① Lloyd Kramer, "Literature, Criticism, and Historical Imagination: The Literary Challenge of Hayden White and Dominick LaCapra", Lynn Hunt, ed., *The New Cultural History*, pp. 97 – 98.

口号，力图继续求索。

　　事实上，新文化史自身也并非没有受到外部的挑战，其理论立场及研究方法经常遭受一些史家包括个别后现代主义者的批评或拒绝。种种的问题，也迫使新文化史家与有关学者展开进一步的反思，[①] 究竟未来的新文化史走向会如何？我们且拭目以待。

---

① 对新文化史发展的检讨和反思可参见 Victoria E. Bonnelt and Lynn Hunt, eds., *Beyond the Cultural Turn: New Directions in the Study of Society and Culture*。《美国历史评论》也刊发了主题为 "What's Beyond the Cultural Turn" 的三篇评论 *Beyond the Cultural Turn: New Directions in the Study of Society and Culture* 一书的文章，见 *The American Historical Review*, Vol. 107, No. 5, Dec. 2002, pp. 1475 – 1520。还可参见 Peter Burke, *What Is Cultural History*, pp. 100 – 126; Joyce Appleby, Lynn Hunt and Margaret, *Telling the Truth About History*, p. 223;〔英〕彼得·伯克:《西方新社会文化史》，刘华译，李宏图校，《历史教学问题》2000 年第 4 期；蒋竹山:《"文化转向" 的转向或超越？——介绍四本论欧美新文化史的著作》，《新史学》2001 年 3 月第 12 卷第 1 期。

结语　对娜塔莉·泽蒙·戴维斯史学思想的评价

一　戴维斯史学思想的特点

（一）广阔的研究视野

回顾戴维斯求学、治学道路，她学术生涯的特点十分清晰，她的研究视野非常广阔。从早期相对纯粹的社会史研究到观念史研究，接着转向受人类学影响较为明显的新文化史，后期则在历史编纂学上，进行了民族志、微观史学、历史叙事、妇女史和影视史等几个方面的实践。她涉及的题目也很广泛，从里昂的印刷工人到比利牛斯山的农妇，从工商业行会到宗教战争，从赦罪故事到礼物，从犹太女商人到阿拉伯骗子，等等。她的研究范围也很广泛，从早期现代法国到西欧，再到北非和加勒比。

她在与玛利亚·露西娅·帕拉蕾丝－伯克的访谈录中说道："我不会建议一位历史学家不做别的，专做微观史，就像是我不会建议一个人只去做妇女史而不做任何别的东西一样。理想的状况是，单个的历史学家应该在某个时期尝试进行不同模式的研究，这样就可以了解问题所在、了解地方性的和普遍性框架之间的联系。比如，就马丁·盖尔而论，没有了早期现代法国国家的司法体系和人们对于社会流动性的广泛期望，他的故事就没有了意义。历史学家必须在这些高度聚焦的研究和更加宽泛的研究之间保持不间断的对话，并将对话所可能具有的意蕴充分发挥出来。"①

---

① 玛丽亚·露西娅·帕拉蕾丝－伯克编《新史学：自白与对话》，彭刚译，北京大学出版社 2007 年版，第 76 页。

《马丁·盖尔归来》无疑是她以上观点的最真实体现，她研究中的不少写作风格与方法论的特点，都可以在该书找到源头。诸如她对司法审判制度、婚姻、家庭法、财产继承的惯例及其社会意义，当时的诉讼制度和证据法则等的阐述。其中最值得一提的是她在《马丁·盖尔归来》一书中对家庭史的研究。从历史学研究的角度看，普通人的家庭生活史是以往历史论著中不太注意的题材，但这本书向我们展示了，这种贴近生活、具体细致的微观史研究对于反映宏大的社会历史主题有着独特的作用，她透过"家庭"这个基本单位揭示出农民世界中的错综复杂的社会关系和权力结构。她指出，家庭控制着男女之间、父母与子女之间，还可能包括主仆之间的各种关系，同时还控制着这一批人与农田牧场的关系。在书中，戴维斯还向我们展示了法国 16 世纪司法审判，笔者认为，当时的司法程序过程艰辛且不可靠，但已充分表现民主作风，呈现了历史的复杂性，光从市井小农便可窥其一斑。戴维斯的另外一个研究特点就是跨学科研究。

（二）跨学科的研究方法

戴维斯具有敏锐的洞察力和富有创意的思辨能力，她能及时而准确捕捉社会变迁中各个学科悄然发生的变化，并将这一切纳入其研究视野予以梳理、分析、归纳、综合。在研究中，她大胆地跨越历史学、文学、人类学、人种志学、政治学、经济学等各学科，借鉴各学科发展的最新成果与方法，予以融会贯通，大胆创新。最突出地表现在她把人类学和文学的研究方法运用于对历史问题的探讨中，把电影当作叙述历史的一种方法，成为跨学科的典范。

戴维斯跨学科研究首先表现在历史研究中借用人类学的研究方法。在戴维斯 70 年代的著作中，她就大幅度地运用了象征人类学的方法，强调文化因素而非气候、地理或社会经济因素的研究取向。她说人类学对她本人从事历史研究的影响一直在加深。"人类学可以拓展多种可能性，帮我们除去盲点，给我们以新的位所——从此可以观察过去并发现那些历史文本中过去习焉不察的奇怪或惊喜"①。以田野调查为其基本作业方

---

① 斯通就说这些人类学家的工作"已经影响了过去 20 年里许多最优秀的史家，特别是美国和法国的史家"，参看 Lawrence Stone，"History and Postmodernism，"pp. 217 – 218。关于这些人类学家的贡献及其对历史学家的影响，可参看 Peter Burke，*What Is Cultural History*，Cambridge：Polity Press，2004，pp. 33 – 43。

式的人类学，它的一个重要特点曾被人表述为"小地方，大问题"（small place，large issues），这一特点用在娜塔莉这里或许可以略作改写："小故事，大问题"。以微观视角去建构宏观事物的历史，重视下层社会的精神世界。

其次表现在对历史研究中借用文学的研究方法。在《档案中的虚构》里，戴维斯打破了学科之间的壁垒，而且提出了对叙述的"文学家"读法和对文学杰作之"历史学家"的理解法。她打通了历史与文学的传统分界，激活了人们读史的兴趣，其法宝就在于"写得好看"。它以"跨学科"的写作方式，穿行于文学与历史的结合部，打破了"历史"与"虚构"的界限，为文学与历史书写的沟通架设了一座桥梁。从文学层面看，以"文学"的方式撰写历史文本，"真实的历史"进一步厚实了文学的"思想容量"，文学叙事与社会叙事之间取得了良好的平衡，据此而言，这种书写方式是对矫枉过正的文学"形式主义"理论的一种纠偏。《档案中的虚构》的热销证明了读者大众对这种写作方式的认同。

最后表现在用电影来叙述历史。历史如何在电影中被书写？电影如何书写历史？我们又如何去观看被电影所书写的历史？这是非常有趣的关于历史与电影之间的关系问题。这也一直是历史学家和电影史家们关注的问题。在20世纪60年代初，专业的历史学者开始投入电影的制作，其中最为著名的是法国年鉴学派史家马克·费侯、任教于普林斯顿大学的历史学家娜塔莉·泽蒙·戴维斯，以及罗森斯通（Robert A. Rosenstone）三位。1980至1982年，戴维斯在由丹尼尔·维涅（Daniel Vigne）导演的《马丁·盖尔归来》担任历史顾问的工作，协助剧作家让-克劳德·卡里埃（Jean-Claude Carriere）进行的电影拍摄工作。由于较为成功地将历史与电影的叙事方式结合在了一起，同时又兼顾了戏剧性和历史性，因此这部电影自公映起，就被推崇为历史电影或影视史学的代表作，而从历史学家的角度则将之评价为影视史学研究的一个成功范例。也让戴维斯确信，只要拥有耐心、想象力与实验精神，透过电影所完成的历史叙事，能够比现在的电影作品更具有戏剧性，同时，更能符合于过去的数据。

（三）极强的理论综合能力

综观戴维斯的史学思想研究，可以看出她具有极强的理论综合能力，具体表现在以下几方面。首先是她对影视史学中真实与虚构的理解。影视史学一出现，历史的真实性与艺术的虚构性之间的关系便引起了人们的广泛而深入的关注和思索。影视史学的真实性蕴涵在刻意营造与提炼的虚假性之中，其所描述的人物与社会情境，不是一种对历史原型的完全复制，而是典型化的人物与社会情境。它不是历史上的人与事的简单再现，而是赋予它新的艺术生命，从而创造出了高于历史原型的艺术典型。没有提炼和浓缩、缺少集中和概括的影视史学只能是事件的堆积和人物的排比。影视史学的真实性不是与外在的、直观的、浅层意义上的历史事实相一致，而是与内在的、思辨的、深层意义上的历史本质相符。影视史学的真实性和虚假性之间的关键点在于是否符合历史精神和时代精神。影视史学最重要之处就是通过整体的布局和局部的细节来体现当时的社会文化和时代精神。影视当中的历史只能是历史精神的一致，不可能也不必要与客观的历史完全相符。简而言之，就像戴维斯所总结的那样，也许可以主要将电影视作一场在实验室中进行的实验、一场思想实验，而不是在讲述真相。历史与电影的关系乃至历史电影的概念本身，电影与历史之间的联系是电影的一个最复杂而微妙的部分，它利用了虚构与真实间含混不明的领域，在缝隙与边缘中"创造"了历史。

相信任何历史事实客观地、独立地存在于历史学家的解释之外，这是一种可笑的谬论，然而这也是一种不易根除的谬论。要求影视史学"完美逼真"是不现实的，"影视史学"的独特之处在于，它不局限于追求客观事实，而是试图探索出一种新的观察过去的方法，这种方法允许用"虚构"来讲述历史。影视历史最重要之处不在于它所讲述事实的真实性，而在于为讲述这些事实所选择的方式。影视历史的目的并不在于提供一个看过去的窗口，而在于提供给人们另外一个解读过去的角度和方法。

其次是她的社会性别理论，其中影响最大的就是对于生理性别与社会性别群体的强调。她认为在妇女史研究中应当关注女性与男性的双重历史。戴维斯认为"性"指的是生物学的概念，体现着人的自然特性；而"性别"则指两性之间的差异，不再仅是由生物特性所决定，而是为社会、文化和政治所建构的。"社会性别"概念的引入标志着女权主义学术研究的一个新阶段的开始，为社会科学的研究提供了一个新的视角。自这一概念提出以来，社会性别理论成为女权主义的学术基础与理论核心，为女权主义理论形成了一个普遍有效的阐释框架，并逐渐成为学术界各个学科中广泛适用的一种分析范畴，也使女权主义者首次拥有了属于自己的话语权力。因为这一概念的提出，使女权主义有了自己独立的研究对象和研究视角，即在已有的社会的、文化的、政治的、经济的、心理的坐标之外，又确立了性别视角。可以说这是对自20世纪70年代开始发展起来的社会性别概念的最为完整和系统的解释，并把女性作为历史的主体来研究，在女性主义史学理论探索中迈出了重要一步。总之，把性别作为一种如同阶级、种族等一样的分析社会制度的基本范畴，把两性关系看作能够影响历史事件和社会变化的重要力量，这是研究妇女史乃至人类历史的一个新的视角。

最后是她的文本理念。新文化史在叙述中，首先承认了话语和文本本身的虚构性，因此不光在自己的叙述中尽量避免主观和绝对的做法，而且以作为史料的文本为研究对象，揭示其中的话语结构和文化意义。戴维斯对文本有自己独特的理解，她认为思想史家要去做的，不仅仅是要关注被称为经典文本的那些书目，还应在更广阔的思想传统和框架中去考察研究这些经典文本所占有的地位，也就是这些文本之外的观念的历史，对于传统的历史文献进行新的解读，从而有意识地去发掘文献背后所隐含的真正意义，发现新的问题，并重现历史的真正面貌。要将文本作为一种社会行为来进行解读，试图借之找到作者写作时的真正意图。另外，就是对现实的社会生活进行实际的田野考察，包括在一个地区进行参与式观察，对当地人进行访谈等，这是传统史学中很少运用到的方法。文本本身的意涵因为这样的阐释方法而得到了扩充，而被挖掘出来的作者的著述意图，在思想史研究中的作用可能比对文本的阐释更大，可以更加全面地了解作者在使用特定语句与概念时候的所指。因此，历史学者在进行历史研究时，可以采用文本分析和现实田野相结合的方式。戴维斯的文本理论打通了历史与文学的界限，为历史研究敞开了一扇审视历史与文学问题的窗子，提供了有益的可资借鉴的方法。

（四）研究对象的多样化

在研究对象上，戴维斯所关注的对象已不再是精英人物，她的眼光转向了一般大众，转向了能反映社会各阶层心态的个人。对一个地区或一个城市的所有居民，对一个社会的所有成员都感兴趣。特别是对历史上的普通民众更加重视，农民、技工、印刷工人、小市民、文学家等"小人物"成为戴维斯笔下的主角。在具体研究的侧重点上，戴维斯是选择传统叙事史学所忽略的领域，婚姻、家庭、性观念、宗教信仰、日常生活、节日庆典等与普通民众有关的最普遍的观念行为都是她关心的内容。即不再追求"大历史"或"宏观历史"的抱负，而是注重"小历史"或"微观历史"的意义，以微观视角去建构宏观事物的历史，重视下层社会的精神世界。她注重观念、心态，把行为和语言作为探寻心态的切入点，将研究的触角伸出了帝王家谱外，反对那种认为文化属于少数人的"精英"文化史，提倡大众文化的社会史，研究普通人的知识、意识、心理和情感，或者说，社会上流行的普通人的理性和非理性的观念。这种以小见大的微观研究方法，无论是在历史学中还是在人类学研究中都是有启发意义的。由于戴维斯将人们认为可以忽略的和处于边缘的东西纳入历史现象，她为史学研究开辟了一条新的道路，引导了日益众多的此种取向的研究。

（五）对新史料的发掘

戴维斯一反传统史学注重经济、统计等大量数据图表的史料选择原则，她所选择的史料多种多样，涉及社会生活的各个领域。这些史料包括地方档案、口述材料、当庭法官的事后回忆录、私人笔记信件、法庭诉讼记录、婚姻人口登记以及当地居民的访谈、相关的契约、文件土地册、税收记录、婚姻记录、姓氏录、信件、词典以及档案资料、印发的小册子等有关下层普通民众的史料。不过，她所选择的这些史料，即使通过类似刑案记录方式留下的有关底层社会的信息，也一样充满着许多空白，史家必须通过诸种方式来填补它们，其中戴维斯所用史料的"拼接"就是一个重要的方式。她尽可能搜集相关的零散信息，并将它们有效地组织起来。比如法官葛哈斯虽然记录了马丁一家早期的迁移，但他并没有对迁出地与迁入地的经济、社会状况做出交代，因为这些情况对于他主持的案件审理可以是无关的，或者可以因为时人熟悉而无须交代，戴维斯作为研究者则必须对这种背景予以补足乃至重构，为了这种补足，资料的来源可以是也应该是不拘一格的。她甚至根据间接史料还对马丁一家迁移的原因做出了有根据的推断。这种对史料拼接独到的运用，正是新文化史的一大特点。

二　戴维斯史学思想的影响

（一）开辟了新的研究领域

戴维斯在妇女史学、新文化史学和影视史学所获得的成就，使得一些因种种原因未受到关注的领域也开始兴盛起来，例如影视史学和跨民族史学等，从而形成了生机勃勃的研究局面。

戴维斯的影视史观，拓宽了史学的研究领域。影视史学作为一门新兴的、具有强大生命力的史学分支学科，或者说是影视与史学交叉的边缘学科，其魅力在于它能集图像、声音甚至文字于一体，吸收了绘画、照相艺术的构图和光影，借鉴了戏剧、小说的表演和叙述，又从音乐那里学来了节奏和流动，视听结合、声画并蓄、多管齐下地激荡着观众的感官和心灵，具有强烈的感染力和吸引力。这表示电影有潜力以一种"图像"的方式为我们解释历史。影视史学借助影像视觉的手段，为实现史学文化的社会价值与认识价值而做出自己的贡献，它将对史学产生无与伦比的影响，有着难以估量的意义。它突破了传统史学的政治军事史尤其是精英人物的政治军事史。同时促进了历史学观念的更新与历史学家自身观念的更新，使人们重新思考什么是历史学、历史学家的职责及其作用、历史学应按什么方向发展、如何构建过去与现在的交流互动、历史文本与史料的取舍、历史的真实性与艺术的虚构性等一系列问题。它不仅给历史学科领域注入了新的气息和活力，而且作为一种新的历史表述方法，对长期以来的史学观念产生了深远的影响。

其次是她的跨民族史学。随着全球化和欧洲一体化进程的加速，受后现代主义思潮对西方文化批判性反思的启发，20 世纪 90 年代跨民族史学在德国逐渐兴起，进入 21 世纪后形成一股热潮。这种史观放弃了民族—国家历史的传统范式，而是格外关注跨民族的历史空间，强调各种社会历史现象之间的联系与互动，并力求在全球性视野下研究局部的、具体的历史现象。戴维斯于 2007 年出版的《骗子游历记：一位 16 世纪穆斯林的双重世界》，通过描写一个游移于阿拉伯世界与欧洲之间的骗子，讨论了文化越界与文化认同的流动性问题，字里行间流露出她对跨民族史的独特观点。跨民族史学必将是将来史学研究的一大亮点。

（二）为史学研究提供了新的前景

戴维斯超越传统的精英文化史和注重伟大人物及其伟大思想的思想史，颠覆了传统的写精英文化和上层社会的历史，不再以宏观的理念为出发点，而把整个社会文化、中下层社会作为主体，关注普通民众日常生活的具体事实，任何一个普通的人都可能成为历史描述的中心。戴维斯这种从小问题入手、以小见大的运思方式，为当代历史学开辟了一系列新的研究对象。

原本事无巨细的历史，因为时间的洗刷，叙述的选择，历史几乎成为风云人物和大事件的集散地。的确，风云人物许多时候改变了历史，大事件也理所当然是历史的骨架，但并不能以此就湮没小人物小事件，如同参天大树，躯干固然显现，而枝叶也是不可或缺的部分。从技术层面而言，选取大人物大事件是研究历史、创作历史纪实文学的捷径，便于操作，容易得到称赞。将笔触及小人物小事情，难度相当大，风险也相当高。这也许就是长久以来历史研究和创作紧盯大人物大事件不放的缘故。而戴维斯颠覆了一以贯之的历史叙述策略公认的守则，回到历史的本源，处于历史的实在时空，敏锐而满怀深情地抚摸历史的细节。在戴维斯的心中生长着浓重的平民意识，她不敢也不愿意漠视那些挺立于历史中但背影渺小的人物。她对小人物凝结了太多的敬意和关怀，乐意走近他们身边，潜入他们的内心，从他们的脉搏和血液有时甚至只是表情中体察他们的情绪和信念，进而从一个崭新的角度探视历史。从表象上看，戴维斯贴近历史细节，钟情于小场景，发现最普通不过的小人物，丰富了历史的记忆层面，增强了作品的可读性；而进入深层次，这恰恰填补了人为的历史空白，为还原历史提供了新可能。更重要的是在于，戴维斯没有做一个旁观者或学究式的阅读者，而以她的真情和对人性的极度关怀体验历史。这其实已经远远超过了对待历史态度的范畴，而是对芸芸众生的敬重，对一个个灵动生命和情感的膜拜。这也正是当今我们最为缺失的人文精神。戴维斯的小人物大故事的研究方法为史学研究提供了新的前景。

另外一个巨大的贡献是戴维斯用人类学方法与视角去分析历史材料，这为史学研究提供了新的前景。在她看来，历史研究离不开人类学的参照和视角，人类学的文化研究，不仅有助于克服实证主义的抽象性，而且更利于超越意识形态的单一性。因为人类学家没有一体通用的方法，没有无所不包的理论，他们只能试着从当地人的观点看事情，试着了解当地人寄寓所在，也试着寻求意义的社会面向，从文本的幽暗深处，真正走近隐匿于历史深处的陌生心灵。她认为人类学史学的研究有着非常广阔的前景，它不是年鉴学派的那种"静止的历史"的延续，也不是人类学和历史学的简单结合，它为历史学家提供了更好地认识和理解过去的一种途径。随后她指出了人类学研究中对历史学家可资借鉴的四个特点，"对社会互动的生动过程的近距离观察；对象征行为的有趣解释；关于社会体系的各个部分是如何结合起来的意见；不同于历史学家习惯使用的那些来自文化的材料"①。借助这些特点，历史学家可以进一步改进自身的研究，运用新的资料、新的研究角度和对象，甚至新的叙述和解释的方式。她十分肯定地指出：若干历史学家的人类学著作以及人类学家的史学著作已经说明了，这两个学科注定要合流。由于人类学、社会学、文学等学科日益"侵入"历史研究领域，不少学者感到了危机，担心历史学将因此被"解构"。戴维斯认为这是杞人忧天，多学科交叉，不仅没有给历史学带来危机，而且开拓了新的方向，给历史学带来了新机和活力。过去历史学无法进行研究的课题，或者有些老课题似乎已经山穷水尽，但由于新思维、新方法的引进，许多新课题得到开拓，老课题有了新发展。其实，如果说许多其他学科"侵入"了历史学领地，那么历史学实际上也"侵入"了其他学科的"势力范围"。

然而，人类学与史学结合所带来的革命，远远超过一个学派的兴起，而是带来整个学科理论、方法的更新。可以说，20世纪上半叶以来，古典人类学的结构主义、功能主义和象征主义等理论模式的突破，其主要

---

① Natalie Zemon Davis, "The Possibilities of the Past," *Journal of Interdisciplinary History*, Vol. 12, No. 2, Autumn, 1981, pp. 267–275.

动力是吸纳了历史过程、时间、连续、断裂、变化以及人的能动性等概念。在吸纳历史过程的同时，人类学也将"文化"的概念纳入社会理论及史学，使"历史"的概念得到新的解释。在 20 世纪最后的 20 多年，人类学可以说是历史学最主要的一个盟友。如果说年鉴学派的"心态史"的影响主要还局限在法国，那么，在英美史学界，人类学是新文化史产生的一个更为重要的推动力。因此可以说，在 21 世纪，无论是人类学家还是史学家，将继续在同其他学科的相互挑战与对话之中找到发展的动力，并对社会理论的更新做出自己的贡献。

（三）推动了西方史学理论的新发展

作为新文化史的代表人物之一，戴维斯的史学实践很好地反映了新文化史独特的研究取向。一是在研究的内容和对象上，戴维斯的研究对象和研究领域从以往偏重于政治军事或经济社会等方面转移到社会文化的范畴，并且从传统的精英文化、哲学思想转向了大众文化、集体心态的层面，大大发展了过去政治史、社会史以及传统文化史和思想史研究的视野。而得以更具体、更多元地反映人类历史的精神与文化进程；另一方面则主要体现在研究的方法和手段上，她提出用文化的观念来解释历史，在方法上借助了人类学、文学理论和文化研究等学科的理论和方法，通过对语言、仪式等文化象征的分析，解释其中的文化内涵与意义。在观念上还原了社会史中被数字化和计量化了的普通人的生活和情感世界，文化的视野进一步拓展了对历史本质和根本决定因素的认识，文化不再是被排斥在经济、社会基础之上的"上层建筑"，而是有着同样作用和影响的因素之一。受人类学的影响，戴维斯把文化也视为一种"文本"、一种意义的网络。把它放在特定的历史"语境"或"公共空间"中进行考察，既还原和解读其本来的意义，又强调了文化与社会因素之间的互动和联系。这些研究特点表现在大量的当代西方历史研究论著之中，各个领域的历史学家都不能避免地受到了这一研究风气的影响，其他很多学科对之有不同程度的借鉴，从而主动或被动地参与到了新文化史的潮流之中。最重要的价值和值得借鉴之处在于其中对西方史学理论的发展睿智的启发性和开创性。它最大的魅力在于引导了史学走向的文化转向。

戴维斯作为新文化史运动的开山，以及在文化史领域的积极实践，使新文化史取代了社会史的地位，而成为 20 世纪最后 20 多年中西方史学中最为鼎盛的一个门类。她的所有研究几乎都是一种新文化史的实践和探索，将新文化史的方法融会在具体的历史考察中，从而给出了不同于传统的新的解释、新的视角，同其他许多新文化史家一起，共同创造了20世纪八九十年代新文化史的繁荣。更为重要的是，她还是这场运动的积极倡导者和实践者。她联系和团结了同道史家，共同协力在理论和方法上对新文化史进行总结，她的新文化史的具体实践，更是极具理论意义的重要文献。今天，新文化史的生命力和魅力并未有些许黯淡，文化及文化的研究取向依然是当今历史研究中的热点之一，更成为漫长的西方史学长河中的一个重要篇章。由此建立起来的新文化史，扭转了西方史学长河前进的方向，在新的潮流的引领下，古老的历史学始终没有停下脚步，反而展现出愈加年轻和活跃的生命力。

三　戴维斯史学思想的不足

戴维斯史学思想所暴露出的缺陷，主要体现在以下三个方面。

（一）忽视了历史客观性

戴维斯的文本理念受到很多历史学家的质疑，尽管他们承认利用文学资料和文学研究的成果进行历史研究的必要性和可能性，但仍认为"尽管虚构的文学作品不无参考性，但却不能同通常类型的历史资料一样的方式加以参考"①。文本能否重构历史？戴维斯的理论是以"文本"为工作平台的，如果不加以区分，"历史的文本性"极易滑入"历史＝文本"的错误推演中，也就是说，如果没有清醒的意识去界定"历史"与"文本"的区别，就很容易将二者混淆。若将文本与历史混为一谈，以对文本的研究代替对历史事件的研究，以对文本的主观性的强调置换历史事件的客观性，最终必然导致以历史文本的主观性否定历史事件的客观性。

这就牵涉到如何"读"史料的问题，这也是新文化史研究的重要问题。这个"读"不仅是对史料字面上的理解，更重要的是从什么角度对

---

① Philip Stewart, "This Is Not a Book Review: On Historical Use of Literature," *Journal of Modern History*, 66, Sept. 1994, p. 522, 537.

史料进行诠释和利用。一条史料不仅反映了某个历史事实本身，而且从中可能折射出在社会和政治方面具有深刻意义的东西。而且正是对史料阅读和理解的不同，常常体现了历史学家的理论、方法及所持历史观的相异。在读史料的过程中，历史学家应该对史料的主观化因素有清醒的认识，对其主观因素深入的不可避免性有正确的理解，是十分必要的。因此要用批判的方法解决上述存在的问题，寻找"真实"与"虚构"的结合点，使历史记述在可能的条件下，更接近历史真实。

我们不应回避"历史事实"中的主观因素，关键是对这些主观因素形成的原因、内容，以及它们在整个"历史事实"的构成中所占的地位和所产生的影响，更有一个符合情况的了解。只有这样，我们才能有的放矢地在历史认识中清醒地克服主观因素，使历史认识真正地建立在科学的基础之上。有学者认为，"历史认识是主体对客体辩证的能动的反映"①。这种关系就决定了"历史事实"不存在着所谓的"纯客观性"，当然，它也不应该体现出"纯主观性"。在"反映"的过程中，认识主体的世界观、价值观、历史观不可避免地会渗透在对认识客体的分析和诠释中。在历史研究中，主体意识发挥的重要内容，并不是如何"完全客观"地、"真实"地反映历史所谓的"真实面目"，因为这实际上是不可能的，之所以如此，并非当代历史学理论方法论的缺陷和无能，而主要是由客观存在的历史认识的相对性决定的。任何高明的历史认识主体，都不可能穷极客观的历史真理，否则，历史科学就将停滞而失去生命力。

（二）忽略了历史上规律性、结构性的东西

20世纪70年代新文化史学兴起，新文化史学强调重述历史不能采取简单化的方式，而应该重视交织杂糅的当下状态，不应仅仅关注"大历史"，而且要注意边缘的、普通人的"小历史"，从而让现实生活中的每个人都能与历史沟通，寻求创造新的生命共同体。戴维斯就是引领这种研究范式的代表人物。所以她的这种研究方法受到了有些史学家的质疑，她的研究重点不再是宏观领域而是研究微观领域，不再强调一致性而是强调多样性，不再强调确定性而是强调不确定性，不仅强调自我还强调他者，强调细节、断裂、变化。这种过于强调表象的东西似乎是对

① 于沛：《史学思潮和社会思潮》，北京师范大学出版社2007年版，第229页。

传统史学有点矫枉过正。

在这样的情况下，历史书写的碎裂化似乎不可避免，这就提出了一个微观叙述是否必要的问题。微观研究的意义在于，能为历史认识上升到一个更广义层次提供个案分析，它不仅能丰富我们对地方的知识，而且有助于我们对整个事件的理解。当我们研究农民、工匠、手工业者等一般民众时，是有非常重要的意义的。一方面，对微观和下层的研究使我们能观察那些发生在社会底层的、原来知之不多的现象；另一方面，对具有历史意义的小事件的考察可以加强我们对政治和日常生活的深刻理解。因此，当我们将微观视野放在一般民众等问题上时，精英、国家、政治运动等也不可避免地被纳入我们的讨论之中。这种取向使我们在研究微观问题时，也充分注意到宏观的历史事件。虽然微观历史津津乐道那些微不足道的细节或"小历史"，但其所揭示的问题有助于我们理解政治、社会演变的"大历史"。

在笔者看来，没有无意义的研究对象，无论我们的研究对象是多么平淡无奇，多么缺乏宏大的"政治叙事"，如果我们有利用"显微镜"解剖对象的本领，有贴近底层的心态和毅力，我们可以从那些表面看来"无意义"的对象中，发现历史和文化的有意义的内涵。

（三）历史学的界限变得越来越模糊了

作为新文化史学代表人物之一的戴维斯，其史学思想受新史学思想的影响很大，她所惯用的许多研究方法都承继于新史学的传统。其中对于新史学派跨学科研究的倡导，戴维斯更是始终奉为圭臬，在她的全部著作中都使用了跨学科的研究手法，只是不同阶段的著作中所借鉴其他学科的方法有所不同罢了。以上的戴维斯所倡导的历史研究方法导致了一些历史学家担心自己本身学科的特点消失，使历史学和其他学科的界限变得越来越模糊了。

任何一门新的历史学分支学科，都不是史学理论和方法与相关学科的理论和方法进行简单的嫁接的产物，而是从科学研究的实际出发相互吸取、彼此交融的结果。第二次世界大战后，世界历史进入了一个新的发展阶段，传统史学已经显得无能为力，不得不借助跨学科的方法充分发挥历史认识主体的积极作用，对历史认识客体进行总体性的研究，这极大地丰富和完善了史学研究的方法，弥补了传统史学方法的某些不足或缺陷，有力地推动了当代史学的发展。但是，如果认为戴维斯所倡导的历史研究方法将会代替或已经动摇了历史学科本身方法的基础，那是不符合实际情况的。因为这些理论和方法，是在丰富和完善历史学的理论和方法，是一种补充。于沛老师在上史学理论这门课时说过："在历史研究中，各个分支学科是相互配合的，并非要使用某一种方法，就一定要排除其他的方法，而是彼此交融。"

尽管戴维斯的史学思想观本身可能存在值得商榷的地方，但其理论至少在方法论层次启迪我们去关注那些曾经被忽略、被轻视和被遗忘的历史因素，这对扩展人们的历史理论思维，打开人们的历史视野是有益的，为全面、完整地理解历史真实、历史结构、历史过程和历史发展提供了重要的参照系统。

最后，我们不妨举几个例子来简要说明一下娜塔莉·泽蒙·戴维斯在西方史学史中的作用和地位。其一，1983 年，美国"激进历史学家组织"（The Radical Historians Organization）将历年来刊登在《激进历史评论》（*Radical History Review*）杂志上的历史学家访谈结集出版，采访对象主要是一些知名的欧美左翼历史学家，包括 E. P. 汤普森、霍布斯鲍姆、戴维斯等。在访谈结束后，编者还根据每位史家的研究专长和成就各配上一幅漫画肖像以作图式。画家把戴维斯的头像放到了德拉克洛瓦（Delacroix）的名画《自由引导人民》里手擎三色旗的自由女神身上，女神手中的武器换成了历史学家的书册①。这里的含意再明显不过了，戴维斯化身为在历史学（或者至少是法国史）领域里引导推翻"旧制度"的历史女神，对其之推崇可谓高矣。其二，1987 年，戴维斯当选为美国历史学会主席，美国历史学会一向是举世最大的民间学术团体，会员有一万五六千人，每年经由全员票选年度会长，这种全员直选的会长可说是实至名归的一代大师。女性会长，更是历届获得此专业桂冠中的少数。须知道，在她之前只有一个女性曾得到过这一殊荣，那还是在四十多年前。其三，1989 年由林·亨特主编的《新文化史》一书在扉页的献词里将书敬献给戴维斯，称她为"我们所有人的灵感泉源"②，在书中苏珊·德

---

① "Interview with Natalie Zemon Davis," Interview with Natalie Zemon Davis, *Visions of History*, MARHO: The Radical Historians Organization, New York: Pantheon Book, 1983. p. 97.

② 〔美〕林·亨特主编《新文化史》，江政宽译，麦田出版 2002 年版，扉页。

山更撰文将戴维斯同汤普森一起看作是在 20 世纪六七十年代即率先突破社会史局限、探索文化史的先驱，"这两位历史学家，对于大众行为及态度的文化分析所提供的方向、有效性以及方法，有极大的影响力。尤其，他们讨论群众暴力的作品，对于社会史的新文化研究取向之定义与形构，是不可或缺的"①。这些启示，来自我们对戴维斯史学思想研究实践的回顾与思考；其对历史学的意义，也只有在借鉴启示、取长补短进行新文化史学研究时，才会有更直观和深切的体会。

总之，娜塔莉·泽蒙·戴维斯以其勤勉、聪慧、创新著称，是 20 世纪西方史学界的一颗耀眼明星，她的更为广阔研究视野的探索引起史学界轩然风波，已经而且必将引起学术界长久而不断深入的思考。

最后，囿于笔者目前水平以及时间和所搜集到的相关研究资料有限，更多本应在此进行的理论探讨，就目前的情况来说还不成熟。毕竟戴维斯的学术生涯远未结束，而学者的经验往往会使"后半程"的风光更美好。笔者尚浅的学术功力，以及对戴维斯史学思想的粗浅的认识，都有待进一步提高。

因此，本书仅仅是对戴维斯前期研究的总结，更多的研究还有待继续！

---

① 〔美〕苏珊·德山：《E. P. 汤普森与娜塔莉·泽蒙·戴维斯著作中的群众、社群与仪式》〔美〕林·亨特编，《新文化史》，江政宽译，麦田出版 2002 年版，第 81 页。

参考文献

一　戴维斯的著述

（一）戴维斯的专著

Natalie Zemon Davis, *Society and Culture in Early Modern France*, Stanford, California: Stanford University Press, 1975.

Natalie Zemon Davis, *The Return of Martin Guerre*, Cambridge, Mass: Harvard University Press, 1983.

Natalie Zemon Davis, *Fiction in the Archives: Pardon and Their Tellers in Sixteenth-century France*, Stanford: Stanford University Press, 1987.

Natalie Zemon Davis, *Women on the Margins: Three Seventeenth-century Lives*, Cambridge: Harvard University Press, 1995.

Natalie Zemon Davis, *The Gift in Sixteenth-century France*, Oxford: Oxford University Press, 2000.

Natalie Zemon Davis, *Slaves on Screen: Film and Historical Vision*, Cambridge, Mass: Harvard University Press, 2000.

Natalie Zemon Davis, *Trickster Travels: A Sixteenth-Century Muslim between Worlds*, New York: Hill and Wang, 2006.

（二）戴维斯写的论文

Natalie Zemon Davis, "A Life of Learning", American Council of Learned Society Occasional Paper No. 39, http://www. acls. org.

Natalie Zemon Davis, "A Trade Union in Sixteenth-Century France", *The Economic History Review*, New Series, Vol. 19, No. 1, 1966.

Natalie Zemon Davis, "Beyond the Market: Books as Gifts in Sixteenth-Century France: The Prothero Lecture", *Transactions of the Royal Historical Society*, 5th Ser. , Vol. 33, 1983.

Natalie Zemon Davis, "City Women and Religious Change in Sixteenth-Century France", *Society and Culture in Early Modern France*, Stanford: Stanford University Press, 1975.

Natalie Zemon Davis, "History's Two Bodies", *The American Historical Review*, Vol. 93, No. 1, Feb. 1988.

Natalie Zemon Davis, "Movie or Monograph? A Historian/Filmmaker's Perspective", *The Public Historian*, Vol. 25, No. 3, Summer 2003.

Natalie Zemon Davis, "On Reviewing", *Feminist Studies*, Vol. 14, No. 3, Autumn 1988.

Natalie Zemon Davis, "On the Lame", *The American Historical Review*, Vol, 93, No. 3, June 1988.

Natalie Zemon Davis, "Protestantism and the Printing Workers of Lyons: A Study in the Problem of Religion and Social Class during the Reformation", *Church History*, Vol. 29, No. 1, Mar. 1960.

Natalie Zemon Davis, *Protestantism and the Printing Workers of Lyons: A Study in the Problem of Religion and Social Class during the Reformation*, Doctoral dissertation, Brown University.

Natalie Zemon Davis, "Rabelais among the Censors (1940s, 1540s)", *Representations*, No. 32, Autumn, 1990.

Natalie Zemon Davis, "Religion and Capitalism Once Again? Jewish Merchant Culture in the Seventeenth Century", *Representations*, No. 59, Special Issue: The Fate of "Culture": Geertz and Beyond, Summer, 1997.

Natalie Zemon Davis, "Sixteenth-Century French Arithmetics on the Business Life", *Journal of the History of Ideas*, Vol. 21, No. 1, Jan. 1960.

Natalie Zemon Davis, "The Possibilities of the Past," *Journal of Interdisciplinary History*, Vol. 12, No. 2, Autumn, 1981.

Natalie Zemon Davis, "The Protestantism of Jacques Besson", *Technology and Culture*, Vol. 7, No. 4, Autumn, 1966.

Natalie Zemon Davis, "The Reasons of Misrule," Davis, *Society and Culture in Early Modern France*, Stanford: Stanford University Press, 1975.

Natalie Zemon Davis, "The Rites of Violence: Religious Riot in Sixteenth-Century France," *Past and Present* 59 (1973).

Natalie Zemon Davis, "The Sacred and the Body Social in Sixteenth-Century Lyon", *Past and Present*, No. 90, Feb. 1981.

Natalie Zemon Davis, "Toward Mixtures and Margins", *The American Historical Review*, Vol. 97, No. 5, Dec. 1992.

Natalie Zemon Davis, "What is Women's History", *History Today* Vol. 35, June 1985.

Natalie Zemon Davis, "Women in the Crafts in Sixteenth Century Lyon", *Feminist Studies*, Vol. 8, No. 1, 1982.

Natalie Zemon Davis, "Women in the Crafts in Sixteenth-Century Lyon", *Feminist Studies*, Vol. 8, No. 1, Spring, 1982.

Natalie Zemon Davis, "Women on Top", *Society and Culture in Early Modern France*, Stanford: Stanford University Press, 1975.

Natalie Zemon Davis, "'Women's History in Transition: The European Case", *Feminist Studies*, Vol. 13, No. 3/4, 1975 – 1976.

二 英文参考著述

(一) 专著

Andermahr, Sonya, Lovell, Terry and Wolkowitz, Carol, *A Glossary of Feminist Theory*, London, Arnold, 1997.

Arnold J. Toynbee, *A Study of History*, New York & London: Oxford University Press, 1947.

Arthur Marwick, *The New Nature of History*, New York: Palgrave Macmillan, 2001.

Barbara B. Diefendorf and Carla Hesse, *Culture and Identity in Early Modern Europe*, *1500 – 1800*: *Essays in Honor of Natalie Zemon Davis*, Ann Arbor: University of Michigan Press, 1993.

Bonnell and Hunt, *Beyond the Cultural Turn*, University of California Press, 1999.

Carlo Ginzberg, *The Cheese and The Worms*: *The Cosmos of a Sixteen-century Miller*, New York: The Johns Hokins University, 1992.

Clifford Geertz, *The Interpretation of Cultures*, New York: Basic Books, 1973.

Code, Lorraine, ed., *Encyclopedia of Feminist Theories*, London: Routledge, 2000.

Edward Hallett Carr, *What is History?* New York: Afred A. Knopf, 1963.

Fernand Braudel, *The Mediterranean and the Mediterranean World in the Age of Philip II*, Berkeley: University of California Press, 1996.

Fernand Braudel, *Civilization and Capitalism: 15th – 18th Century*, Berkeley: University of California Press, 1993.

Geoffrey Barraclough: *History in a Changing World*, London: Basil Blackwell & Mott, 1955.

Hayden White, *Metahistory: The Historical Imagination in Nineteenth-Century Europe*, Baltimore and London: Johns Hopkins University Press, 1973.

Hayden White, *The Content of the Form: Narrative Discourse and Historical Representation*, Baltimore: The Johns Hopkins University Press, 1987.

Joan Wallach Scott, *Gender and Politics of History*, Columbia University Press, 1988.

Joyce Appleby, Lynn Hunt and Margaret, *Telling the Truth About History*, New York and London: Norton & Company, 1994.

Leger Grindon, *Shadows on the Past: Studies in the Historical Fiction Film*, Temple University Press, 1994.

Lynn Hunt, "Introduction: History, Culture, and Text", *New Cultural History*, edited by Lynn Hunt, Berkeley, Calif.: University of California Press, 1989.

Lynn Hunt, ed, *The New Cultural History*, Berkeley & Los Angeles: University of California Press, 1989.

Manlyn Silverrnan & P. H. Gulliver, eds, *Approaching the Past: Historical Anthropology Through Irish Case Studies*, Columbia: Columbia University Press, 1992.

Markc Cones, *Past Imperfect: History According to the Movies*, Henry Holtand Company, 1995.

Marnie Hughes-Warrington, "Natalie Zemon Davis", Marnie Hughes-

Warrington, *Fifty Key Thinkers on History*, New York: Routledge, 2000.

Mary Wollstonecraft, *A Vindication of the Rights of Woman with Strictures on Moral and Political Subjects*, London: Joseph Johnson, 1792.

Peter Burke, "History of Events and the Revival of Narrative", Peter Burke, ed., *New Perspectives On Historical Writing*, Cambridge: Polity Press, 2001.

Peter Burke, *What Is Cultural History?* Cambridge: Polity Press, 2004.

Robert-A-Rosenstone, *Revisioning History: Film and the Construction of a New Past*, Princeton University Press, 1995.

Robert-A-Rosenstone, *Visions of the Past: the Challenge of Film to Our Idea of History*, Harverd University Press, 1995.

Robert Darnton, *The Great Cat Massacre and the other Episodes in French Cultural History*, New York: Vintage Books, 1985.

Roger Adelson, ed., *Speaking of History: Conversation with Historians*, East Lansing: Michigan State University Press, 1997.

Rosalie Colie, Paradoxica Epidemica, *The Renaissance Tradition of Paradox*, Princeton, Princeton University Press, 1966.

Rosalie Colie, *Shakespeare's Living Art*, Princeton, Princeton University Press, 1974.

Sara Mendelson and Patricia Crawford, *Women in Early Modern England, 1550 – 1720*, Oxford: Clarendon Press, 1998.

Victoria E. Bonnell & Lynn Hunt, *Culture*, Berkeley, Calif.: University of California Press, 1999.

（二）论文

Ankersmit, "Historiography and Postmodernism," *The Postmodern History Reader*, London and NY: Routledge, 1997.

Anne Jacobson Schutte, "Review of Women on the Margins: Three Seventeenth-Century Lives", In *Renaissance Quarterly*, Vol. 50, No. 1, 1997.

Bernard S. Cohn, History and Anthropology: the State ofPlay, *Comparative Studies in Society and History*, 1980（22）.

C. Jarvie, Seeing through Movies, *Philosophy of the Social Sciences*,

Vol. 8 （1978）.

Dan Georgakas, Lenny Rubenstein, eds, "The Cineaste Interview: On the Art and Politics of the Cinema," *American Historical Review*, Vol. 93, No. 5, December 1983.

David Herlihy, "Am I a Camera? Other Reflections on Films and History," *American Historical Review*, Vol. 93, No. 5, December 1988.

Edward Palmer Thompson, "History from Below", *Times Literary Supplement*, April 7, 1966.

Edward Palmer Thompson, "The Moral Economy of the English Crowd in the Eighteenth Century," *Past and Present* 50, 1971.

Gerda Lerner, "The Necessity of History and the Professional Historian", *The Journal of American History*, Vol. 69, June 1982.

Hayden White, "Historiography and Historiophoty", *American Historical Review*, Vo l. 93, No. 5, December 1988.

Jacques Barzun, "History: The Muse and Her Doctors," *The American Historical Review*, Vol. 77, No. 1, Feb. 1972.

Joan Scott, "Women in History: The Modern Period", *Past and Present*, Vol. 101, 1983.

Joan Scott, "Women's History as Women's Education", Natalie Zemon Davis and Joan Scott, *Women's History as Women's Education: Essays by Natalie Zemon Davis and Joan Wallach Scott, From a Symposium in Honor of Jill and John Conway*, Northampton: Sophia Smith Collection and College Archives, Smith College, 1985.

La Capra, "Rethinking Intellectural History and Reading Texts", Lynn Hunt, ed., *The New Cultural History*, Calif.: University of California Press, 1989.

Lawrence Stone, "History and Postmodernism," *Past and Present*, May 1992.

Lawrence Stone, "The Revival of Narrative: Reflection on a New Old History", *The Past and Present*, No. 85, Nov. 1979.

Lloyd Kramer, "Literature, Criticism, and Historical Imagination: The Literary Challenge of Hayden White and Dominick LaCapra", Lynn Hunt, ed. , *The New Cultural History*, Calif. : University of California Press, 1989.

Lynn Hunt, "Introduction: History, Culture, and Text," *The New Cultural History*, Lynn Hunt, ed. , Berkeley, Calif. : University of California Press, 1989.

Lynn Hunt, "No Longer an Evenly Flowing River: Time, History and the Novel," *The American Historical Review*, Vol. 103, No. 5, Dec. 1998.

Martyn Lyons and Monica Azzolini, "Natalie Zemon Davis: An Email Interview with Martyn Lyons and Monica Azzolini," *History Australia*, Vol. 2, Dec. 2005.

Patricia Seed, "Review of Women on the Margins: Three Seventeenth-Century Lives", *The William and Mary Quarterly*, Vol. 54, No. 3, 1997.

Patrick Brantlinger, A Response to Beyond the Cultural Turn, *American Historical Review*, 107, 2002.

Philip Stewart, "This Is Not a Book Review: On Historical Use of Literature", *Journal of Modern History*, 66, Sept. 1994.

R. C. Raack, "Historiography as Cinematography: A Prolegomenon to Film Work for Historians", *Journal of Contemporary History*, Vol. 18, No. 3, July 1983.

Robert A. Rosenstone, "History in Images/ History in Words: Reflections on the Possibility of Really Putting History onto Film," *American Historical Review*, Vol. 93, No. 5, December 1988.

Robert Brent Toplin, "The Filmmaker as Historian," *American Historical Review*, Vol. 93, No. 5, December 1988.

Ronald Grigor Suny, "Back and Beyond: Reversing the Cultural Turn?", *American Historical Review*, Vol. 107, Issue 5, 2002.

West, Candace, Zinmmerman, Don H. , 1987, Doing Gender, Myers, Kristen A. , ed. , *Feminist Foundations: Toward Transforming Sociology*, Thousand Oaks, California, 1998.

（三）他人对戴维斯的书评

Robert Finlay, 'The Refashioning of Martin Guerre' AHR Forum: The Return of Martin Guerre, *The American Historical Review*, Vol. 93, No. 3. Jun. 1988.

Alex Keller, Reviewed Work (s): *Society and Culture in Early Modern France* by Natalie Zemon Davis, *Technology and Culture*, Vol. 17, No. 2, Apr. 1976.

Anne Jacobson Schutte, Reviewed Work (s): *Women on the Margins: Three Seventeenth-Century Lives.* by Natalie Zemon Davis, *Renaissance Quarterly*, Vol. 50, No. 1, Spring 1997.

Anne Serafin, Reviewed Work (s): *Slaves on Screen: Film and Historical Vision* by Natalie Zemon Davis, *The International Journal of African Historical Studies*, Vol. 34, No. 1, 2001.

Barbara B. Diefendorf and Carla Hesse, *Culture and Identity in Early Modern Europe*, 1500 – 1800: *Essays in Honor of Natalie Zemon Davis*, Ann Arbor: University of Michigan Press, 1993.

Charmarie J. Blaisdell, Reviewed Work (s): A History of Women in the West. Vol. 3, *Renaissance and Enlightenment Paradoxes* by Natalie Zemon Davis; Arlette Farge, *Sixteenth Century Journal*, Vol. 25, No. 3, Autumn, 1994.

Charmarie J. Blaisdell, Reviewed Work (s): *Women on the Margins: Three Seventeenth Century Lives* by Natalie Zemon Davis, *Church History*, Vol. 65, No. 4, Dec. 1996.

Charmarie Jenkins Blaisdell, Reviewed Work (s): *Society and Culture in Early Modern France: Eight Essays* by Natalie Zemon Davis by Natalie Zemon Davis, *The American Historical Review*, Vol. 81, No. 3, Jun. 1976.

Christine Adams, Reviewed Work (s): *Women on the Margins: Three Seventeenth-Century Lives* by Natalie Zemon Davis, *Journal of Social History*, Vol. 30, No. 2, Winter, 1996.

Daniel Snowman, "Natalie Zemon Davis", *History Today*, Vol. 52, No. 10, 2002.

David Potter, Reviewed Work(s): *The Return of Martin Guerre* by Natalie Zemon Davis, *The English Historical Review*, Vol. 101, No. 400, Jul. 1986.

Donald R. Kelley, Reviewed Work (s): *The Return of Martin Guerre* by Natalie Zemon Davis, *Renaissance Quarterly*, Vol. 37, No. 2, Summer, 1984.

Edward Benson, Reviewed Work (s): *Fiction in the Archives: Pardon Tales and Their Tellers in Sixteenth Century France* by Natalie Zemon Davis, *The French Review*, Vol. 62, No. 3, Feb. 1989.

Edward Benson, Reviewed Work (s): *The Return of Martin Guerre* by Natalie Zemon Davis, *The French Review*, Vol. 57, No. 5, Apr. 1984.

E. William Monter, Reviewed Work (s): *The Return of Martin Guerre* by Natalie Zemon Davis, *Sixteenth Century Journal*, Vol. 14, No. 4, Winter, 1983.

James Eastgate Brink, Reviewed Work (s): *A History of Women in the West.* Vol. III: *Renaissance and Enlightenment Paradoxes* by Natalie Zemon Davis; Arlette Farge, *The History Teacher*, Vol. 28, No. 1, Nov. 1994.

Jane Fair Bestor, Reviewed Work(s): *The Gift in Sixteenth-Century France* by Natalie Zemon Davis, *Annals of the American Academy of Political and Social Science*, Vol. 579, Exchange Rate Regimes and Capital Flows, Jan. 2002.

J. H. Elliott, Reviewed Work (s): *Society and Culture in Early Modern France* by Natalie Zemon Davis, *Sixteenth Century Journal*, Vol. 7, No. 1, Apr. 1976.

Joan W. Scott, Reviewed Work(s): *Society and Culture in Early Modern France: Eight Essays* by Natalie Zemon Davis, *History of Education Quarterly*, Vol. 18, No. 1, Spring 1978.

Jonathan Dewald, Reviewed Work (s): *Fiction in the Archives. Pardon Tales and Their Tellers in Sixteenth-Century France* by Natalie Zemon Davis, *Journal of Social History*, Vol. 22, No. 4, Summer, 1989.

Joyce Coleman, Reviewed Work (s): *Fiction in the Archives: Pardon Tales and Their Tellers in Sixteenth-Century France* by Natalie Zemon Davis, *The Journal of American Folklore*, Vol. 105, No. 416, Spring, 1992.

Karen Ordahl Kupperman, Reviewed Work(s): *Women on the Margins: Three Seventeenth-Century Lives* by Natalie Zemon Davis, *The Journal of Modern History*, Vol. 69, No. 4, Dec. 1997.

Leigh Buchanan Bienen, Reviewed Work (s): *The Return of Martin Guerre* by Natalie Zemon Davis, *Harvard Law Review*, Vol. 98, No. 2, Dec., 1984.

Linda S. Popofsky; Robert T. Anderson, Reviewed Work (s): *Society and Culture in Early Modern France* by Natalie Zemon Davis, *Ethnohistory*, Vol. 21, No. 3, Summer, 1974.

Lindsay Wilson, Reviewed Work (s): *A History of Women in the West. Volume 3, Renaissance and Enlightenment Paradoxes* by Natalie Zemon Davis; Arlette Farge, *The American Historical Review*, Vol. 99, No. 5, Dec. 1994.

Lloyd Moote, Reviewed Work(s): *The Return of Martin Guerre* by Natalie Zemon Davis, *The American Historical Review*, Vol. 90, No. 4, Oct. 1985.

Mary Lynn McDougall, Reviewed Work (s): *Society and Culture in Early Modern France* by Natalie Zemon Davis, *Signs*, Vol. 1, No. 4, Summer, 1976.

Maurice Godelier, Reviewed Work (s): *The Gift in Sixteenth-Century France* by Natalie Zemon Davis, *The American Journal of Sociology*, Vol. 107, No. 1, Jul. 2001.

Merry Wiesner-Hanks, Reviewed Work (s): *Women on the Margins: Three Seventeenth-Century Lives* by Natalie Zemon Davis, *Sixteenth Century Journal*, Vol. 27, No. 4, Winter, 1996.

M. G. A. Vale, Reviewed Work(s): *Society and Culture in Early Modern France* by Natalie Zemon Davis, Renaissance Quarterly, Vol. 30, No. 1, Spring, 1977.

Nancy L. Roelker, Reviewed Work (s): *Fiction in the Archives: Pardon Tales and their Tellers in Sixteenth-Century France* by Natalie Zemon Davis, *The American Historical Review*, Vol. 94, No. 5, Dec. 1989.

Orest Ranum, Reviewed Work(s): *Women on the Margins: Three Seventeenth-Century Lives* by Natalie Zemon Davis, *The American Historical Review*, Vol. 102, No. 3, Jun. 1997.

Patricia Seed, Reviewed Work(s): *Women on the Margins: Three Seventeenth-Century Lives* by Natalie Zemon Davis, *The William and Mary Quarterly*, 3rd Ser. , Vol. 54, No. 3 (Jul. , 1997) .

Philip Benedict, Reviewed Work(s): *Society and Culture in Early Modern France: Eight Essays* by Natalie Zemon Davis, *The Journal of Modern His-*

tory, Vol. 48, No. 2, Jun. 1976.

Richard C. Trexler, Reviewed Work(s): *Fiction in the Archives: Pardon Tales and Their Tellers in Sixteenth-Century France* by Natalie Zemon Davis, *Renaissance Quarterly*, Vol. 42, No. 1, Spring, 1989.

Richard M. Fraher, Reviewed Work(s): *Fiction in the Archives: Pardon Tales and Their Tellers in Sixteenth Century France* by Natalie Zemon Davis, *The University of Chicago Law Review*, Vol. 55, No. 3, Summer, 1988.

Richard M. Golden, Reviewed Work(s): *Fiction in the Archives: Pardon Tales and Their Tellers in Sixteenth-Century France* by Natalie Zemon Davis, *Sixteenth Century Journal*, Vol. 20, No. 1, Spring, 1989.

Robert A. Rosenstone, Reviewed Work(s): *Slaves on Screen: Film and Historical Vision* by Natalie Zemon Davis, *History and Theory*, Vol. 41, No. 4, Theme Issue 41: *Unconventional History*, Dec. 2002.

Roger Chartier, Reviewed Work(s): *Fiction in the Archives: Pardon Tales and Their Tellers in Sixteenth-Century France* by Natalie Zemon Davis, *The Journal of Modern History*, Vol. 62, No. 2, Jun. 1990.

Sandra Dijkstra, Reviewed Work(s): *Society and Culture in Early Modern Europe: Eight Essays* by Natalie Zemon Davis, *The French Review*, Vol. 50, No. 1, Oct. 1976.

Sheila Ffolliott, Reviewed Work(s): *The Gift in Sixteenth-Century France* by Natalie Zemon Davis, *Renaissance Quarterly*, Vol. 55, No. 4, Winter, 2002.

Thomas Cripps, Reviewed Work(s): *The Historical Film: History and Memory in Media* by Marcia Landy, *Slaves on Screen: Film and Historical Vision* by Natalie Zemon Davis, *The Public Historian*, Vol. 24, No. 1, Winter, 2002.

三　中文参考著述

(一) 专著

陈新:《当代西方历史哲学读本 (1967 - 2002)》,上海复旦大学出版社 2004 年版。

董学文等:《当代世界美学艺术学辞典》,江苏文艺出版社 1990

年版。

何兆武、陈启能：《当代西方史学理论》，上海社会科学院出版社 2003 年版。

何兆武：《历史理论与史学理论——近现代西方史学著作选》，商务印书馆 1999 年版。

金岳霖：《知识论》，商务印书馆 1983 年版。

李恒基、杨远婴主编《外国电影理论文选》，上海文艺出版社 1995 年版。

李宏图选编《表象的叙述——新社会文化史》，上海三联书店 2003 年版。

李银河：《妇女：最漫长的革命－当代西方女权主义理论精选》，生活·读书·新知三联书店 1997 年版。

卢建荣：《新文化史的学术性格及其在台湾的发展》，载陈恒、耿相新主编《新史学·第四辑·新文化史》，大象出版社 2005 年版。

卢奇安：《论撰史》，章安祺编《缪灵珠美学译文集》（第 1 卷），中国人民大学出版社 1987 年版。

罗素：《权力论》，吴友三译，商务印书馆 1998 年版。

罗志田：《"诗史"倾向及怎样解读历史上的诗与诗人》，《二十世纪的中国思想与学术掠影》，广东教育出版社 2001 年版。

茅盾：《关于历史和历史剧》，作家出版社 1962 年版。

庞卓恒主编《西方新史学述评》，高等教育出版社 1992 年版。

钱锺书：《管锥编》，中华书局 1994 年版。

钱锺书：《宋诗选注》，生活·读书·新知三联书店 2002 年版。

盛宁：《人文困惑与反思——西方后现代主义思潮批判》，生活·读书·新知三联书店 1997 年版。

汪荣祖：《史学九章》，生活·读书·新知三联书店 2006 年版。

王先霈、王又平：《文学批评术语词典》，上海文艺出版社 1999 年版。

王政、杜芳琴主编《社会性别研究选译》，生活·读书·新知三联书店 1998 年版。

于沛：《现代史学分支学科概论》，中国社会科学出版社 1998 年版。

张冰：《陌生化诗学》，北京师范大学出版社 2000 年版。

张广智:《影视史学》,(台湾)扬智文化事业股份有限公司1998年版。

张广智、张广勇:《史学,文化中的文化——文化视野中的西方史学》,浙江人民出版社1990年版。

张广智、张广勇:《现代西方史学》,复旦大学出版社1996年版。

郑群:《吉尔兹的"深度描述"理论》,陈启能主编《战后欧美史学的新发展》,山东大学山版社1986年版。

朱景和:《电视纪实艺术论》,华文出版社1998年版。

朱立元、张德兴:《二十世纪美学》上册,上海文艺出版社1999年版。

(二)译著

〔法〕埃马纽埃尔·勒华拉杜里:《蒙塔尤:1294–1324年奥克西坦尼的一个小山村》,许明戈、马胜利译,商务印书馆1997年版。

〔法〕蒂埃里·茹斯等编《电光幻影100年》,蔡秀女等译,广西师范大学出版社2003年版。

〔法〕罗贝尔·布烈松:《电影书写札记》,谭家雄、徐晶明译,生活·读书·新知三联书店2001年版。

〔法〕马克·费侯:《电影与历史》,张淑娃译,麦田出版1998年版。

〔法〕雅克·勒高夫等编《新史学》,姚明译,上海译文出版社1989年版。

〔法〕雅克·勒高夫、诺拉主编《史学研究的新问题新方法新对象》,郝名玮译,社会科学文献出版社1988年版。

〔美〕吉尔兹:《地方性知识——阐释人类学论文集》,王海龙等译,中央编译出版社2004年版。

〔美〕林·亨特编《新文化史》,江政宽译,麦田出版2002年版。

〔美〕贝尔胡克斯著《女权主义理论:从边缘到中心》,晓征、平林译,江苏人民出版社1999年版。

〔美〕吉尔兹:《文化的解释》,韩莉译,译林出版社1999年11月第二版。

〔美〕罗伯特·达恩顿《屠猫记.法国文化史钩沉》,吕健忠译,台湾:新星出版社2006年版。

〔美〕娜塔莉·泽蒙·戴维斯:《档案中的虚构:十六世纪法国司法

档案中的赦罪故事及故事的叙述者》，杨逸鸿译，麦田出版 2001 年版。

〔美〕娜塔莉·泽蒙·戴维斯：《马丹·盖赫返乡记》，江政宽译，联经出版公司 2000 年版。

〔美〕娜塔莉·泽蒙·戴维斯：《奴隶、电影、历史：还原历史真相的影像实验》，陈荣彬译，左岸文化 2002 年版。

〔美〕乔伊斯·阿普尔比、林恩·亨特、玛格利特·雅各布：《历史的真相》，中央编译出版社 1999 年版。

〔美〕乔治·伊格尔斯：《二十世纪的历史学从科学的客观性到后现代的挑战》，何兆武译，山东大学出版社 2006 年版。

〔美〕娜塔莉·泽蒙·戴维斯：《历史学的两个主体》，《现代史学的挑战：美国历史协会主席演说集（1961–1988）》，王建华等译，上海人民出版社 1990 年版。

〔日〕近藤和彦：《关于母亲/政治文化/身体政治：林·亨特访谈录》，蒋竹山等译，陈恒、耿相新主编《新史学·第四辑·新文化史》，大象出版社 2005 年版。

〔法〕西蒙娜·德·波伏娃：《第二性》，陶铁柱译，中国书籍出版社 1998 年版。

〔英〕巴勒克拉夫：《当代史学主要趋势》，杨豫译，上海译文出版社 1987 年版。

〔英〕彼得·伯克：《西方新社会文化史》，刘华、李宏图译，《历史教学问题》2000 年第 4 期。

〔英〕劳伦斯·斯通：《历史叙述的复兴：对一种新的老历史的反省》，陈恒、耿相新主编《新史学·第四辑·新文化史》，大象出版社 2005 年版。

〔英〕玛丽亚·露西娅·帕拉蕾丝-伯克编《新史学：自白与对话》，彭刚译，北京大学出版社 2006 年版。

〔英〕汤因比著《历史研究》（下册），曹未风译，上海人民出版社 1986 年版。

〔英〕特里·伊格尔顿：《二十世纪西方文学理论》，陕西师范大学出版社 1986 年版。

〔英〕约翰·斯图尔特·穆勒：《妇女的屈从地位》，王溪译，商务印书馆 1995 年版。

（三）论文

彼得·伯克：《西方新社会文化史》，刘华译，《历史教学问题》 2000 年第 4 期。

陈新：《论 20 世纪西方历史叙述研究的两个阶段》，《史学理论研究》 1999 年第 2 期。

杜维运：《史学方法论》，台湾三民书局 1992 年增订版。

劳伦斯·斯通：《历史叙述的复兴：对一种新的老历史的反省》，古伟瀛译，《历史：理论与批评》第 2 期，2001 年 5 月。

李宏图：《从现代到后现代：当代西方历史学的进展——帕特里克乔伊斯教授访谈录》，《历史学理论》2003 年第 2 期。

刘爽：《历史学功能的动态结构——兼论历史学的科学性及其与艺术的关系》，《史学理论研究》1996 年第 1 期。

刘为：《当代西方史学转向文化史的最新趋势》，《史学理论研究》 1992 年第 1 期。

卢建荣：《台湾史学界的后现代状况》，《汉学研究通讯》2002 年第 21 卷 1 期。

王挺之：《社会变动中的群体与个人——新微观史学述评》，《史学理论研究》2002 年第 2 期。

王政：《浅议社会性别学在中国的发展》，《社会学研究》2001 年第 5 期。

温桢文：《书评——评娜塔莉·泽蒙·戴维斯著　杨逸鸿译〈档案中的虚构〉》，《中国历史学会史学集刊》2006 年第 38 期。

吴紫阳：《影视史学的思考》，《史学史研究》2001 年第 4 期。

夏小娜：《戴维斯妇女史研究的社会性别视角》，《国外社会科学》 2009 年第 5 期。

徐杰舜、王明珂：《在历史学与人类学之间》，《广西民族学院学报》 （哲学社会科学版）2004 年第 4 期。

杨豫、李霞、舒小昀：《新文化史学的兴起——与剑桥大学彼得·伯克教授座谈侧记》，《史学理论研究》2000 年第 1 期。

裔昭印：《妇女史对历史学的贡献》，《史学理论研究》2004 年第

3 期。

于沛：《史学思潮和社会思潮》，北京师范大学出版社 2007 年版。

于沛：《史学思潮、社会思潮和社会变革》，《社会科学管理和评论》2000 年第 3 期。

张广智：《影视史学：历史学的新领域》，《学习与探索》1996 年第 6 期。

张广智：《影视史学与书写史学之异同——三论影视史学》，《学习与探索》2002 年第 1 期。

张广智：《重视历史——再谈影视史学》，《学术研究》2000 年第 8 期。

张仲民：《典范转移：新文化史的表达与实践》，《社会科学评论》2006 年第 4 期。

张仲民：《"讲故事"的文化史研究——读〈档案中的虚构〉》，《史学理论研究》2007 年第 2 期。

周兵：《当代西方新文化史研究》，复旦大学博士学校论文，2005。

周兵：《美国妇女史的回顾和展望》，《史学理论研究》1999 年第 3 期。

周兵：《新文化史与历史学的"文化转向"》，《江海学刊》2007 年第 4 期。

周梁楷：《辛德勒选民：评史匹柏的影视叙述和历史观点》，（台湾）《当代》1994 年第 96 期。

周梁楷：《银幕中的历史因果关系：以"谁刺杀了肯尼迪"和"返乡第二春"为讨论对象》，（台湾）《当代》1992 年第 74 期。

周梁楷：《影视史学和历史思维》，（台湾）《当代》1996 年第 118 期。

周梁楷：《影视史学：课程的主题、内容和教材》，张哲郎编《历史系课程教学研讨会论文集》，（台湾）政治大学历史系，1993 年。

周梁楷：《影视史学：理论基础及课程主旨的反思》，《台大历史学报》1999 年第 23 期。

周梁楷：《以影视辅助中国史教学》，《中国历史教学研讨会论文集》，（台湾）政治大学历史系。

后 记

人间四月天，正是好时光。当又一个春天的阳光洒满我的窗台的时候，长久以来紧绷的神经终于可以稍微放松一下了。看着眼前刚刚画上最后一个句号的书稿，心中既充满了无限的感慨，又流淌着绵绵的谢意。

这本书的完成，首先得益于我的恩师于沛研究员。自 2006 年进入中国社会科学院世界历史研究所追随先生，我开始涉足西方史学史这个领域。恩师是一位造诣深厚、德高望重的西方史学理论专家。作为一名跨学科的学生，我真是个彻彻底底的"门外汉"，是先生在专业上谆谆教诲，耳提面命，悉心点拨，使我这样一个先前在西方史学方面知之甚少的"门外汉"在史学这个学术的殿堂里常常有"美景无限、别开洞天"之感！毫不夸张地说，是先生把我引入了一个新的世界，他所给予我的指点和帮助既是学术的，又是人生的，其为人为学之风范，让我受益匪浅，永刻我心！还记得 2009 年 6 月的一天，我和先生说起想研究娜塔丽·泽蒙·戴维斯的史学思想，先生给予我热情鼓励和大力支持，帮助我联系戴维斯教授本人，还有几位在这方面颇有造诣的师兄。我很庆幸能够遇到我的恩师，我将永远铭记和感激恩师给予我的关心和帮助，希望我的努力没有令他失望。这本书正是在他的悉心指导下完成的，"感谢"二字已不足以表达我心中太多的感激之情，惟愿先生身体健康、晚年幸福！

我还有幸遇到了世界历史研究所亦师亦友的张旭鹏研究员，他学识渊博，思维清晰，视野宽阔，情感真挚丰富，极富感召力。在以后的交往中，我多次得到张旭鹏研究员的热心帮助，并在他的影响下对新文化史、影视史、环境史做进一步探索和研究。在我求学的道路上，旭鹏可谓对我帮助甚大。每逢写作过程中因思路枯竭而产生困惑、焦虑时，他总能在关键的节点上指点迷津。他的点拨，就像大师的点化一样，看似轻巧，其实内力深厚，使我受益良多。2014 年，旭鹏介绍我认识了美国弗吉尼亚大学历史系的阿兰·梅吉尔教授，随后我到弗吉尼亚大学访学一年。梅吉尔教授在西方史学理论方面成绩斐然。在本书的写作过程中，梅吉尔教授一次次耐心细致地为我答疑解惑，使我在学术视野、理论建构方面获益颇多。在生活上对我也关怀备至，令我在异国他乡倍感温暖。在此，对于他一直给予我的帮助和激励，深表谢意。

感谢我所在的单位北京林业大学一直尽力为我创造理想的科研条件，使我在紧张的教学之余，尚有余力去完成这本著作。另外要感谢社会科学文献出版社的赵怀英女士，她以耐心细致、认真负责的职业出版人态度，为本书增色不少。

从 2009 年开始阅读戴维斯，到如今完成这部专著，已近 10 年，我心中并不释然。尽管我在研究戴维斯方面付出了一些心血，但受时间和能力所限，书稿还存在诸多不足。希望以后还有机会进一步充实和完善。

梁艳春　2019 年 5 月于北林寓所

图书在版编目(CIP)数据

娜塔莉·泽蒙·戴维斯史学思想研究 / 梁艳春著
. -- 北京:社会科学文献出版社,2019.7
ISBN 978 - 7 - 5201 - 4572 - 5

Ⅰ.①娜… Ⅱ.①梁… Ⅲ.①娜塔莉·泽蒙·戴维斯
- 史学思想 - 研究 Ⅳ.①K097.12

中国版本图书馆 CIP 数据核字(2019)第 054707 号

娜塔莉·泽蒙·戴维斯史学思想研究

著　　者 / 梁艳春

出 版 人 / 谢寿光
责任编辑 / 赵怀英
文稿编辑 / 王玉敏

出　　版 / 社会科学文献出版社·独立编辑工作室 (010) 59366446
　　　　　　地址:北京市北三环中路甲 29 号院华龙大厦　邮编:100029
　　　　　　网址:www.ssap.com.cn
发　　行 / 市场营销中心 (010) 59367081　59367083
印　　装 / 三河市尚艺印装有限公司

规　　格 / 开　本:787mm × 1092mm　1/16
　　　　　　印　张:12　字　数:190 千字
版　　次 / 2019 年 7 月第 1 版　2019 年 7 月第 1 次印刷
书　　号 / ISBN 978 - 7 - 5201 - 4572 - 5
定　　价 / 89.00 元